U0906119

品牌密码

BRAND PASSWORD

探究品牌真谛 引爆企业利润

李宝华◎著

中国财富出版社

图书在版编目(CIP)数据

品牌密码：探究品牌真谛 引爆企业利润/李宝华著.—北京：中国财富出版社，2017.1

ISBN 978-7-5047-6333-4

Ⅰ.①品… Ⅱ.①李… Ⅲ.①品牌营销－研究 Ⅳ.①F713.50

中国版本图书馆CIP数据核字（2016）第290468号

策划编辑 刘 晗 责任编辑 白 柠

责任印制 方朋远 责任校对 梁 凡 张营营 责任发行 张红燕

出版发行 中国财富出版社

社 址 北京市丰台区南四环西路188号5区20楼 邮政编码 100070

电 话 010-52227568（发行部） 010-52227588转307（总编室）

010-68589540（读者服务部） 010-52227588转305（质检部）

网 址 http://www.cfpress.com.cn

经 销 新华书店

印 刷 北京市俊峰印刷厂

书 号 ISBN 978-7-5047-6333-4/F·2691

开 本 710mm×1000mm 1/16 版 次 2017年1月第1版

印 张 22.25 印 次 2017年1月第1次印刷

字 数 410千字 定 价 68.00元

谨以此书

献给中国成长型企业经营者及品牌运营官

李宝华简介

天堂鸟品牌策划顾问机构诞生至今 18 年，与“阿里金币”“金帐篷户外”“居香实业集团”“青辣媚娘”等千家以上企业进行品牌建设的合作，使上述企业销售额由过去几千万元跃升至数十亿元，或由区域中小企业，成为加盟商超、店铺迅速发展到数万家的大企业，并使企业以低成本、效果好的餐饮品牌亮相京城，投资商、加盟商趋之若骛……自 1999 年始，李宝华老师率香港天堂鸟、北京创亿天堂和吉林省天堂鸟等品牌策划顾问机构团队，先后为遍布全国的数千家企业提供了品牌建设服务。

他秉持“点亮创意梦想，见证中国企业一路成长”的企业价值观，以“挖掘中国传统文化，帮助中国企业树立品牌，成就中国品牌走向世界”为使命，树立“中华品牌必定撼动世界，中国文化必定照耀全球”的伟大企业愿景，率先在品牌业界规划品牌打造之“品牌思维八步逻辑”，并创建中国 FID（五行设计）“五行品牌”系统，及中国品牌“文化符号”系统。

他坚信：未来的 5 年至 50 年里，市场竞争必定上升为品牌竞争。

他是：

作者微信二维码

作者电子信箱：254987137@qq.com

怎样从产品思维进入品牌思维？
怎样使品牌传播成本低、效果好？
怎样用品牌文化的杠杆撬开市场之门？
怎样准确寻找到各个阶层消费者的诉求点？
怎样洞察企业品牌执行力？品牌产品卖点在哪里？
怎样创新品牌创意？又如何把脉、确立品牌战略战术？
怎样预测市场需求大趋势，为企业品牌竞争造势？

让本书——告诉你——

代序 **中国品牌如何冲向世界？**

时光倒回到 21 年前，那一年，是 1995 年。

当时，美国哈佛大学商学院汉斯教授曾经这样预言：

“15 年前，各公司在价格上竞争，今天在质量上竞争，明天将在品牌上竞争。”

时光穿梭，21 年过去了。中国已经身处经济新常态、经济全球化的大背景之下，中国企业品牌在走向世界的路上的诸多现实际遇，正在印证着汉斯教授这一预言。

不了解品牌的人可能根本不知道：在国外，一百多万人就会拥有一个世界知名品牌。而在我们中国，几千万人才能拥有一个品牌，而这个品牌还可能仅限于国内某个行业。真正在中国家喻户晓的国产品牌，可谓寥寥无几、屈指可数。

我们须意识到品牌的严峻现实是：品牌，已越来越成为一种新的国际语言，跻身于世界经济行列，其角色作用越来越明显。我们中国虽然已经醒来，但企业品牌却还在原地踏步、停滞不前。

还记得，2009 年 9 月 19 日，美国《商业周刊》杂志与国际品牌集团联手发布“2008 全球最佳品牌排行榜”，可口可乐公司以 666.67 亿美元的品牌价值高居榜首，而全球出口第一，经济总体量第二，对外投资居于第三的中国，企业品牌却名落孙山，无一上榜。

中国如何打造国际品牌走向世界？目前，中国许多大中小型企业正在努力思考这一问题。

但对于企业来说，要打造一个无形的、有价值的，甚至

在企业经营之前，你需要完成筹集资金、招募与管理员工等一系列工作；打造品牌，同样也应该是企业家必须要有的明确意识与博大情怀。一个没有品牌情怀的企业，注定不会走得太远。

有极高商业价值的品牌，这是一个完全不同的而且前景相当模糊的挑战。我们认为，中国企业并没有做好准备去抓住这个机遇。

另外，中国的企业还遇到一些致命的障碍，比如，产品质量低劣就是其中之一。

品牌承载信誉，品牌表达人品。

“中国的企业面临一个世界性的耻辱，就是他们的产品质量很差。为了获得国际品牌的忠诚度，中国的企业必须生产高质量的产品，这样消费者才愿意一次又一次地购买企业的产品。”外国专家针对中国品牌走向世界曾如是说。

但是，中国的企业似乎并没听进去这类忠告，或者他们根本不想学习，或不屑于了解外面的世界。于是，中国产品就一次又一次地出现在那些负面新闻里：儿童玩具使用含铅油漆，用有毒化学物质来浸泡大米……

这样目光短浅只做劣质产品的恶果是：许多消费者从此不再寻找“中国制造”。

阻碍中国品牌走向全球的另外一个障碍是：尽管中国已经成为全球第二大经济体，但是中国一些企业经营者并没有真正地了解世界，不能深刻地领会在数万亿美元的西方市场中，国际品牌在其中发挥了什么样的效力。

我们认为，中国品牌如果想要获得突破，中国企业就必须首先要理解全球化，适应全球化，忽略在国内取得的所谓成功经验，致力于企业组织变革，经营者思维变革，品牌执行力的变革……

中国目前正在倡导“大众创业，万众创新”，市场需要不断涌现新的参与者和竞争者。只有所有民众都参与创业、创新，中国才有机会出现更多明星品牌，才能使中国品牌更快更好地走向世界。

如今，中国决策层已开始推动“构建面向人人的‘众创空间’等创业服务平台”，国人也意识到品牌的力量和品牌对于中国企业乃至中国经济的重大历史意义。

建设世界品牌，是中国经济走向全球的一大战略任务。同时，这也是全社会的共同责任。

当今社会，国家层面已经意识到了中国品牌走向世界的重要性，也制定了相关政策、战略战术。

我们中国企业应该趁势而上，各显神勇，为中国品牌走向世界做出自己的努力与实践。我们要把发展经济的立足点转到提高质量和效益上来，要促进形成技术、品牌、质量和服务的竞争新优势。

习近平曾指出：“中国制造”要向“中国创造”转变，“中国速度”要向“中国质量”转变，“中国产品”要向“中国品牌”转变。

这说明国家已看到了品牌建设对于中国的重要意义，对我们的品牌建设提出了新的要求。在如今的“众创”时代，中国企业就是要用品牌走向世界、征服世界来证明中国人的思想力、价值力、主观能动力和执行力。

当然，中国企业今后的品牌之路仍然会很漫长、曲折。虽然近年来中国品牌价值迅猛增长，但很多企业的业绩主要在本土市场。要想成为全球品牌，中国企业还须付出更多努力“走出去”，跳出中国看中国，跳出行业看行业，跳出企业看企业，更好地把握海外市场消费者的需求，在品牌差异化

有专家认为，中国品牌走向国际市场的成功途径，是实施本土化经营战略。因为国内品牌走向国际市场时会遇到经济障碍、管理障碍、体制障碍等多方面困难。

等方面再下苦功夫。

他们觉得，只有通过本土化才能有效地将其排除。品牌本土化的策略要做到“四化三模式”：“四化”，即人才本土化、产品本土化、营销本土化和品牌文化本土化；“三模式”，即先易后难、先难后易和中间突破。企业可根据自身条件和国际市场特点，合理地加以选择。

品牌是一种信念，是一种坚持，也是一种文化。

当然，社会环境如此浮躁，怎样才能让每个中国品牌在走向世界时，都能受到应有的尊重，感受到快乐和幸福，并有自己的品牌文化方向和品牌价值输出，这些都需要我们郑重地思考、实践与上下求索。

非常重要的一点是，我们怎样在转型过程中提高自身的修行，怎样去实现每一个中国人心中的那个“中国梦”。

中国品牌要在世界知名品牌中占有一席之地，社会责任、自主创新、诚信这三大基本要素缺一不可。

当下，许多创富大咖也或多或少地了解了什么是品牌，有的也在不同场合谈起过自己企业品牌的建设历程。在品牌策划业界精英们的推动下，如今，中国品牌发展理论已经越来越丰富，也越来越引起企业界、品牌界的关注。

天堂鸟品牌策划机构在中国品牌业界深耕易耨近20年，当然也累积了许多关于品牌创意、策划及设计等方面的研究成果。

这些成果，对于企业界的朋友应该会有一定程度上的思想颠覆，更新了他们过去关于品牌的认识与认知，一定可以为企业的未来发展，乃至中国品牌走向世界提供一些重要帮助。

所以，本书要探讨的是打造品牌之“品牌思维八步逻辑”，即：

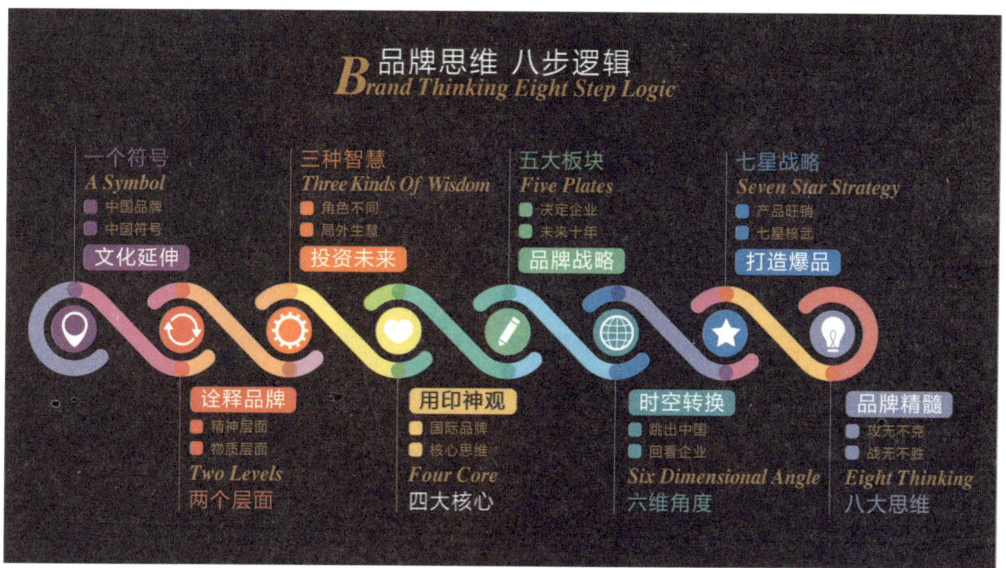

同时，我们首创了中国 FID“五行品牌”创意、策划、设计、落地的全部系统。

这一系统是天堂鸟品牌策划机构多年来在实践中，整合中国传统文化五行学说中的哲学、社会学等元素，加以利用与发展，形成的独特的“五行品牌”实战战略及战术，对于企业经营发展，甚至是对个人人生，都会有诸多的裨益及帮助。现在，借由本书，我们愿与企业界、品牌业界及业外对品牌有兴趣的读者一起探讨，借以丰富、完善泱泱中华的品牌创意策划理论与实战战略。

多年前，可口可乐老总曾说过这样一句话：“假如可口可乐全世界的工厂一夜之间都烧光了，但只要可口可乐品牌还在，第二天，全世界的可口可乐工厂还是会拔地而起。”

这说明了什么？说明企业的有形资产（产品）和无形资产（品牌）的关系，道出了企业无形资产远比有形资产更珍贵，也更值得投资。焦点在工厂就没有市场，焦点在市场就不需要工厂。

反过来，我们也可以推论：如果可口可乐的品牌在一夜之间烧光了，可口可乐就不可能再拔地而起，恐怕银行都会争着撤资。

因为，品牌没有了，你就什么都没有了。

牛根生说过：“品牌，是国际著名企业百年长盛不衰的核心基因。中国，太需要百年品牌、百年老店了。而事实上，中国的百年老店，已经由原来的1000多个，减少、消失到如今仅百余个。”

现实很严峻，激烈的全球市场竞争需要我们惊醒而立，立而起行。“在国际交往中，索尼是我的左脸，松下是我的右脸。”这是日本前首相中曾根曾说过的一句广为流传的话。

如今，全球经济竞争越来越体现为品牌之间的高端竞争，世界消费市场也已经从“商品消费”进入“品牌消费”，而国家形象亦与其自主品牌紧紧相连。

从经济意义角度看，品牌，不仅是企业立身之本，市场竞争的“撒手锏”，更是衡量一个国家经济实力和发展潜力的重要标志。

我们认为，今后的中国经济界应该喊出这样一句话：“品牌强，则中国强！”

品牌，作为一种无形资产，是中国走向世界的“通行证”。

中国品牌，应当**“只为成功找方法，不为失败找借口”**，勇敢地冲向世界经济大舞台！

2016年5月18日

目录
CONTENTS

第一步

一个符号：文化延伸

——中国品牌 中国符号——

第二步

两个层面：诠释品牌

——精神层面 物质层面——

第三步

三种智慧：投资未来

——角色不同 局外生慧——

第四步

四大核心：用印神观

——国际品牌 核心思维——

第五步

五大板块：品牌战略

——决定企业 未来十年——

第十一章 为顾客寻找“老熟人”

——用创意打造竞争力板块

第十二章 百年品牌人为贵

——以人为本培育品牌资源力板块

第十三章 品牌定位有秘诀

——准确定位创造价值力板块

第十四章 “三只松鼠”的亮点

——差异化战略强化创造力板块

第十五章 1个亿等于30个亿

——公益凸显信用力板块

第六步

六维角度：时空转换

——跳出中国 回看企业——

第七步

七星战略：打造爆品

——产品旺销 七星核武——

第八步

八大思维：品牌精髓

——攻无不克 战无不胜——

第二十二章 换个方向你就是“老大”
——非常规手段的品牌侵略性思维（aggression）

第二十三章 美国女明星的“绯闻”营销
——品牌运营中的营销性思维（strategy）

第二十四章 不觉悟就会耽误
——创意性思维（originalit）来自意义深远的核心价值

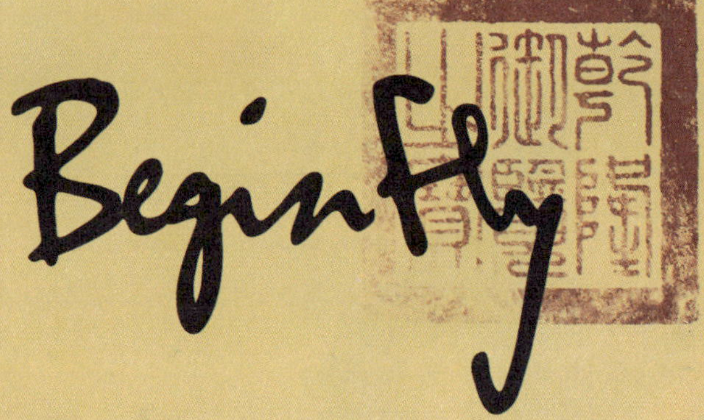

A SYMBOL

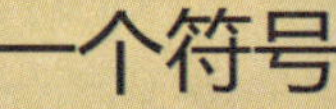

I 第一步

一个符号：文化延伸 中国品牌 中国符号

温馨提示：

文化符号，是品牌文化的重要组成部分。中小企业经营者应回看你的企业有没有这样的品牌符号；问一问自己，没有文化符号，人们何以认识你是谁。

客户认识谁不重要，重要的是客户认识你是谁！

第一章

一流企业做“符号”

——未来市场竞争在品牌差异化

品牌业界认为：一流的企业做文化；二流的企业做服务；三流的企业做市场。

而文化的本质是运用权力的结果，而权力本身也需要一个文化系统。

所以企业如何让自己拥有独特的企业文化，去运营品牌文化，在企业经营中占有着越来越举足轻重的地位。

而文化符号，当属于企业品牌文化的范畴，且是其重要组成部分。

第一节　品牌文化的“五大问题”

据调查显示，时下企业在品牌文化上，还存在着“五大问题”：

一是为自身产品而不是为企业加持品牌文化。有的经营者不了解品牌文化，便简单地认为品牌就是自己企业产品的牌子。这样做来做去，就把企业品牌做到了歧途上。

二是企业品牌缺少核心价值，或表达出现偏颇。有的核心价值主张根本没有差异化，跟风模仿，人云亦云；有的缺乏感染力，概念化、空洞化现象严重；有的与企业资源能力不匹配、包容力不够。如果核心价值不准确，就不能拉高产品价值。

三是品牌文化定位不科学。定位不准、定位跑偏等现象非常常见。

四是误将打广告当成塑造品牌文化的唯一途径。

五是有的品牌缺乏自己独特的文化。企业做市场，提升服务都没有什么问题，但最重要的还是要有助于品牌运营的企业文化建设。

这方面的案例俯拾皆是：

比如某可乐饮料，仅从品牌名称上，就与可口可乐、百事可乐特别相像。而且，同期市场上出现了不少这个可乐那个可乐……就产品定位而言，这些可乐都有一定的局限性，

如果企业不能准确实施品牌战略，甚至在品牌文化战略上出现重大失误，或者一些看上去并不打紧的错误，就可能会导致企业发展减速，甚至产生不可逆转的负面影响，在市场竞争中彻底失败而退出市场。

给人一种“山寨”的感觉。

尽管有大型商超现场做过体验，让顾客蒙上眼睛喝这几种同类饮料，结果没感觉到有什么区别。但问题恰恰就出在这里：口味上没区别，品牌核心价值也没有突出和准确的表达。

于是，在这样的市场同质化严重的竞争中，品牌文化的较量就将是重中之重。产品要想突围而出，首先就要在品牌上站稳脚跟。

品牌定位尤其重要，准确的品牌定位，将是企业市场竞争的一大利器。

时下，经济全球化、经济多元化的时代背景，已经促使我们很多企业家感到非常需要打造品牌，进行市场竞争，这是一个好的现象。

因为品牌文化的实施，已成为衡量一家企业、一个国家或地区的经济综合实力的重要标志。实践证明，未来的市场竞争，就是品牌的竞争。品牌拥有者，注定会在市场竞争中拥有主动权。

如今市场和经济环境变幻莫测，市场细分程度越来越高，也就越来越令人备感压力。

现在那些还未进入打造品牌模式的中小企业，在未来的10年，必将面临消失的真实危机。

于是，如何积极实施品牌文化战略，必将成为中国企业创新能力与快速成长的重要举措。

与此同时，世界范围内的市场趋势越来越明显：市场上产品供应严重过剩，产能过剩，产品生命周期不断在缩短，产品逐渐高度同质化……

2015年8月，天堂鸟品牌策划和北京青辣媚娘餐饮企业

在这样一个既好又坏的时代，谁率先走出品牌文化之路，谁就会在市场竞争中稳操胜券，取得最终胜利。

合作。青辣媚娘火锅创始人王女士给自己的火锅店取了带有“媚娘”二字的店名。“媚娘”两个字，她认为是自己的杰作。

因市场环境疲软，她的火锅店经营上开始走下坡路。她不甘心，仍旧希望在北京落地新店，开拓新事业。

经过几次探讨、调研，最后，我们归纳出了火锅市场上有一种观点：当大家在地点、价格、品质、蘸料、环境等方面同质化严重时，只能进行差异化服务。

在吉林市实地调研时，我们发现：王女士火锅店的问题在于，店内文化装饰不突出，也没有特点，更没有构成视觉冲击力，有待于差异化。

结合对方不想抛弃唐风文化，也不想抛弃“媚娘”之称，我们又想保留“青辣”的火锅特色，最后，结合时代趋势、中国梦与“互联网 +”，孕育出一个颇具特色的新品牌名称：青辣媚娘 + 火锅！

对方当即表示完全赞同。很快，北京店选址工作落地了。

顶层设计完成，接下来就是品牌文化符号的策划、设计及落地，这一点很重要。因为这是品牌差异化的“最后一公里”。

我们又对火锅文化进行了溯源、梳理：火锅起源于北方，盛行于南方。因此，南方火锅种类特别多，比如广东海鲜火锅、苏杭菊花火锅、云南滇味火锅、湖北野味火锅、湘西狗肉火锅、上海什锦火锅、重庆毛肚火锅等，而北方有北京羊肉火锅、东北白肉火锅……

火锅如此包罗万象，大度包容，开放融合，于是定位方向进一步明确。最后，经我们团队慎重投票，一致通过的是“+ 火锅”，也就是“青辣媚娘 + 火锅”。

2014年，李克强总理在出席首届世界互联网大会时指出：

互联网是大众创业、万众创新的新工具。

“互联网+”成为了一个具有时代特色的名词，这样的“+”，也是企业的“+”，融合于时代的时尚，配以钿花美饰、古雅唐风的中国文化符号式的装修，亦有“十全十美”之释意，辅之以“锐意创新、科技成就美食”之解读，最后达成“+”传播天下！

之所以用这个“+”号，我们基于这样的考虑：

我们将这些创意原汁原味地交代给装修公司，并实地考察火锅店新址。我们发现新址是一个LOFT（高挑开敞空间）结构的布局，而现代LOFT设计理念受德国包豪斯学院的设计理念影响，突出表现的是“自由敞开、返璞归真”的风格，让长年生活在水泥丛林中的都市人置身其中，感觉到一种回归自然、散漫随意的轻松感、文化感，感受“相遇、相聚、相融、相生”的理念，重要的是消费者进入门槛低。

于是，我们确定了“轻装修重装饰”的品牌文化落地理念，并设计出了具有中国特色的超级文化符号，与装修公司进行了高效沟通。

装修工作即将结束之际，企业方传来消息：我们设计的装修装饰方案，为公司节省百余万元装修费用，这部分资金将用来筹备新店……

2016年3月26日，北京青辣媚娘火锅店正式开业。

顾客进门前即可见一对吉象门墩；玄关之上，则是古旧车轮与油灯组合而成的“引禄明灯”；进店的一路上可见青

武媚
唐风 十尚
青辣
+HOT POT
武媚唐风 十尚青辣
唐風
古雅
美饰
武媚唐风 十尚青辣
武媚
唐风
十尚
青辣
古雅唐风

石、水池、鲤鱼，老榆木吧台，锈铁工艺“武媚唐风 十（又有+的寓意）尚青辣”的文字；随处可见的钿花装饰文化符号，甚至颇具匠心地将长为1米、0.75米的两种规格精制条形上肉板，赋予“步步登高”之意……这些都成为“青辣媚娘”独具特色的品牌文化符号，令顾客耳目一新，纷纷点赞。几乎每一位来就餐的顾客都要晒朋友圈，“青辣媚娘”打出的差异化品牌文化符号，每天都在微信朋友圈里不胫而走……

现在，“青辣媚娘”北京店每天门庭若市，晚间食客排队坐等的景象成了一道风景线……目前，他们正信心百倍地向开设千家门店的目标前行……

我们必须意识到：愿意并善于做品牌文化符号的企业，必将会实现自己的愿景目标，践行自己的使命。

第二节　文化符号的“三大功效”

文化符号，在品牌建设中有“三大功效”：

（1）标新立异的功效。从建设品牌的角度看，品牌创意中对文化符号的运用，将在同质化越来越严重的时代，成为区别于同类品牌、突出自己的一个重要手段。

（2）便于传播的功效。在文化符号比较显著的品牌上，可以从其品牌名称设计、VIS（视觉识别系统）设计等方面突出其文化诉求、品牌内涵等信息的推广传播，这样可以大幅降低传播的成本，提升传播的效果。

（3）提升忠诚的功效。提炼并打造出品牌的文化符号，并在产品设计中予以鲜明的表现，必将会大幅提升品牌附加值，让消费者渐渐认同品牌文化，使消费者“习惯成自然”，促进品牌在消费者心目中完成“注册”，固化与提高消费者对于品牌的忠诚度。

既然文化符号的功效如此显著，那么我们怎么寻找品牌文化符号？

显然，在社会发展过程中，其中的一切活动都是文化符号化的具象反映，现实中存在的实物品类几乎都是人类的文化活动结果，它们都彰显着与之相对应的文化内涵。

所以我们根据文化符号的存在形式，可以将其归纳为“四大层面”：

一是自然物，具核心价值的系统。

二是近代人工物，具社会行为的模式。

三是历史文化物，具传统典范及文化遗产。

四是思想文化，具文化传播的机制。

于是，我们可以判定：所有与上述“四大层面”有着必然关联的生命体，具有标志性的物体、文化遗产等，都是文化符号来源体，是摄取文化符号设计灵感的本源。

因此，我们对文化符号进行准确的设计与提炼，就要注意：

需要设计者对文化的形成链条有所了解，对文化符号能进行深刻解读，并从中提炼出能够代表某种文化的精神与内涵的符号，并赋予这些符号（包括语汇）与含义相匹配的图案、色彩符号等。

而那些与文化符号关联的语汇，一定要符合品牌的理念与价值的诉求。

提炼文化符号，可以从以下三个方面入手：

第一，从形态符号入手。此处的形态既是形状又包含神态的内涵：形状，是物体的外在存在形式；神态，是蕴含于形态中的意象、态度和表现。形状具有可视性，也具有客观性；神态则是内在的，具有无形的主观色彩。而如果形态符号达到“形神兼备”时，就是文化符号得到完整提炼及优秀设计的标志与规范。

第二，从色彩符号入手。色彩，是第一视觉印象反应最快的因素，所以文化符号的色彩，对于消费者大量、准确地有效获取品牌信息具有重大意义。当下，色彩的符号化，在不同国家、不同地区都要受到当地、当时的思想观念的深刻影响。而这种色彩，当然就会拥有不一样的内涵，传达着不一样的审美观念 、价值和情感。同时，在视觉设计过程中，色彩符号也是最活跃的、视觉传达最有效的因素。如今，色彩符号的特殊作用和功能，在品牌建设领域已经受到人们的重视，奠定了色彩在品牌传播、品牌设计中的独特地位。

所以色彩如果经过提炼与设计，就会富有产品内涵，也契合品牌理念。

第三，从民族文化入手。中国，是世界四大文明古国之一，有着 5000 年的古代文明，形成了中华文化的独有特色。中国，在科技、医学、文学艺术、哲学思想、陶瓷、农业、手工业以及日常生活领域等方面，都已形成了独特的文化体系，并留下了鲜明的中华文明烙印。如此深厚的民族文化底蕴，为品牌文化符号的提炼与摄取提供了丰富的文化元素、中国元素。

如何让民族文化符号，成为中国品牌的DNA（脱氧核糖核酸），如何在企业打造核心竞争力的过程中发挥巨大作用，值得我们品牌策划人及众多中小企业家、企业品牌运营官去研究、探讨并付诸实践。

前不久，中国国家社科基金重大项目“我国文化软实力发展战略研究”课题组，提出了《中国文化符号调查报告》。调查结果显示，在 270 项候选中国文化符号中，较具代表性的分别是：

汉语（汉字）、孔子、书法、长城、五星红旗、中医、毛泽东、故宫、邓小平、兵马俑、黄河、《论语》、圆明园、文房四宝、敦煌莫高窟、《史记》、造纸术、古典诗词和京剧。

当然，国外文化符号也应引起我们的重视与研究，并保持改革开放、引进融合的创新精神。这自然就包括了国外的建筑、饮食、民俗等多个具有文化标志性的领域，这些都应引起我们的关注。

这些中国文化符号，代表了中国文化的突出而具有高度影响力的象征形式系统。

比如美国文化符号就有华尔街、百老汇、好莱坞、麦当劳、NBA（美国职业篮球联赛）、可口可乐、迪士尼、硅谷、哈佛大学、感恩节、超人、自由女神像、芭比娃娃、白宫、橄榄球、爵士乐等。

俄罗斯文化符号有俄语、沙皇、克里姆林宫、彼得宫、伏特加、普希金、《静静的顿河》、贝加尔湖文化、冰上运动王国等。

法国文化符号则有法语、埃菲尔铁塔、卢浮宫、凡尔赛宫、巴尔扎克、雨果、轩尼诗、拿破仑、路易威登（LV）、雅诗兰黛、欧莱雅、家乐福、皮尔·卡丹、香榭丽舍大街、《红与黑》、启蒙主义、香奈儿等。

印度文化符号有印度教、圣雄甘地、克久拉霍古迹、阿格拉古堡、《印度爱经》、宝莱坞、鹿野苑、种姓制度、阿育王及孔雀帝国、释迦牟尼及佛教等。

德国文化符号有宝马、包豪斯建筑、科隆大教堂、查理曼帝国、保时捷、《格林童话》、贝多芬、西门子、马丁·路德、柏林墙、慕尼黑啤酒节、阿迪达斯、万宝龙等。

英国文化符号有英语、白金汉宫、大英博物馆、巨石阵、牛津大学、格林尼治天文台、达尔文、牛顿、莎士比亚、甲壳虫乐队、英联邦、绅士风度、维多利亚女皇、劳斯莱斯、芝华士、哈利波特、丘吉尔、BBC（英国广播公司）、贝克汉姆等。

韩国文化符号有高丽参、高丽药膳、江陵端午祭、水原华城、三星、乐金（LG）、巨济海金刚、韩服、韩国料理、宗庙祭祖大典、盘索里史诗说唱等。

……

日本文化符号有武士道、天皇、富士山、樱花、日本料理、相扑、空手道、神道教及神社、柔道、和服、索尼、新干线文化等。

总之，文化符号实际上就是一个寻找关联事物、实物或思想文化，并进行引申、延展和创新的过程，使其能够凸显品牌特征及其差异化。

这个过程中，关键在于要找到与产品关联的语意进行可视化，转化成一种连接产品文化与消费者的信息桥梁。

一个成功的文化符号，可以使消费者通过对文化符号的解读，对品牌的文化与定位有比较透彻的了解与思想认知，更有利于品牌文化的迅速传播、区别同类产品及提升消费者的品牌忠诚度。

因此，文化符号在品牌建设过程中的运用，将是推动中国品牌创新的重要力量，是展现各种品牌文化内涵与价值的主要途径之一。

第三节　优秀文化符号的标准

文化符号在品牌建设中占比很大，但如果说到什么才是最好的文化符号，这个标准仁者见仁，智者见智。文化符号是否优秀，有最终评判权的一定是市场、是品牌如何借助文化符号迅速在消费者心目中完成“注册”。

就一般而言，优秀的文化符号应当具备以下“四化”：

（1）文化符号个性化。这一点好理解，品牌必须要有个性化，没有个性化，就没有品牌。自然，没有文化符号的个性化，就不会有品牌的个性化。只有有个性化、区隔化的文化符号，才能得到需求个性化的消费者的文化认同。尤其是文化符号的色彩与线条等表现手段，必须出其不意，具有排他性、专属性和唯一性，才会被消费者迅速记忆、记牢。

（2）文化符号简洁化。文化符号如果繁杂、晦涩，就会在易记性上大打折扣。因此，越简洁、简单和自然，就会越方便受众记忆及“注册”。

（3）文化符号国际化。全球经济时代，越有国际化特点的文化符号，越能为日后品牌走向国际打下文化根基。没有国际化理想的品牌不是好品牌，同样，没有国际范儿的文化符号，自然难以成为优秀文化符号。

（4）文化符号时尚化。与时俱进，不能落后于时代，更不能与时代脱节，这是品牌文化的首要之义。依附于品牌而存在的文化符号，要能为品牌代言，那就要有时尚特点，为当下目标消费主体人群所接受。比如，真功夫更新 Logo（商标）形象，就充分考虑了 90 后消费主体的文化特点，追求时尚的诉求，因此，其 Logo 一更新，即开始为消费者逐渐接受。

其中，文化符号的个性化尤其重要，我们将在下一章中专门予以论述。

当然，以上“四化”仅在品牌建设过程中起参考作用，并非唯一标准。这“四化”中也会你中有我，我中有你。

比如，文化符号时尚化，但品牌也不能丢掉自己的历史性，每一个优秀品牌，都有其诞生、培育、成长、成熟的阶段。要考虑这些特点，进行文化符号提炼与归纳，使其更有文化底蕴。

文化符号有了独特性，有了文化底蕴，有了充分的辨识度，自然会得到消费者的青睐与文化认同。如是，文化符号才能经得起消费者和市场的双重检验，就会“立得起，站得住，传得下”。

第二章

黄色建筑与红罐凉茶

——品牌文化符号的个性化

2002 年 3 月，长春金帐篷户外运动俱乐部成立。

它是长春地区最早经销户外旅游用品和组织户外运动的俱乐部。

金帐篷以经销知名品牌为基础，以会员满意为原则，以倡导健康和环保的户外运动为核心，组织了一系列的全民户外活动，为长春市户外运动的兴起做出了一家企业的努力。

但经营十年以来，在圈内知名度很高，而平常百姓对它却不是太了解，业务开展得较为缓慢……

第一节 文化符号与品牌传播

首先，最为直观的就是，我们根据五行品牌学说的理论，为金帐篷的门店设计了独特的金黄色色彩的店面和辨识度非常高的帐篷式Logo，使其品牌脱颖而出。在路人眼中，视觉冲击力非常强，顾客扫描一眼就能发现并识别出“金帐篷”品牌。

2012 年，由天堂鸟品牌为金帐篷进行了 FID 系统的全面升级，当时的 6 家门店同步升级了鲜明的品牌文化符号，以全新的品牌形象面向社会。

经过几年的品牌运作，目前，金帐篷已经代理、经销国内外上千个品牌，几万种商品，他们的会员能在金帐篷一站式购齐户外装备，节省其会员的时间与体能。为满足不同需求，他们还准备了初、中、高不同级别的装备，使金帐篷成为全国户外旅游用品大型装备中心之一。在此基础上，他们还定期免费为会员组织各种户外休闲活动，引导更多的人参与户外活动，得到快乐和健康的感受。

目前，他们已发展会员高达两万多名，已开设了8家店面，总营业面积超过2400平方米，经营触角正积极向外域扩展，在全国户外行业排名前十。

金帐篷的老板对天堂鸟的品牌策划一直十分满意，尤其

对其品牌色彩，形成的独特文化符号，提高企业品牌在顾客心目中的辨识度、“注册”度都称赞有加。

一家企业品牌如果拥有了自己独特的文化符号，就可以有效地降低品牌传播成本，迅速完成品牌在消费者心目中的“注册”。

很显然，我们都希望中国尽快发展自己的自主品牌。但是，我们为什么一直不能实现世界级品牌的突破，甚至改革开放的 30 年间都没有任何明显的进展？

就此，反思国民文化，检讨企业家精神等，都可以找到诸多原因。

有两点原因比较明确：

一是我们的消费者维权意识薄弱。

假冒伪劣产品横行，发霉食品、有毒奶粉、有毒肉类、垃圾电子产品等畅行无阻，少有人站出来维护自己的合法权益，这在一定程度上拉低了中国自主品牌的成长速度；

中国巨大的需求旺盛的广阔市场、盲目从众的消费群体，为一些企业提供了温饱而不思进取的温床。一些经营者根本不用心，就能拥有大片市场的疆土，他们也就没有了品牌进取之心，更没有研究品牌文化符号的必要了。这是一众短视的企业主，而不能称之为企业家。

二是企业家缺少全球思维，浅尝辄止，“小富即安”。

这样，我们必定要与世界级企业绝缘。因为中国品牌没有文化符号，又拿什么去与国际接轨？

有的企业干脆短视到做“一锤子买卖”，却也常常赚得盆满钵满，也就不想经年累月地坚持做品牌，去挖掘“中国符号”了。而放眼国外，尼康、三星、索尼等日韩系企业，就开启了全球思维模式，持之以恒、旷日持久地做品牌，拥有了自己的品牌文化符号。

第二节 平庸与强者的“分水岭”

说到品牌意识，远不止于产品销售类企业才要培育、生发，而是我们的上游产业、公共组织、区域城市甚至大到一个国家层面，都要实施品牌战略，确立品牌符号，具备文化符号思维，进而实现高速发展，快速前进。

韩国的现代汽车，仅在几十年里就和三星、LG一样成功进入欧美市场。从一开始被人家笑话，到如今一跃而成全球汽车行业的“黑马”。

尤其这十多年以来，现代汽车大大加速了品牌国际化进程。仅2013年上半年，现代汽车在全球就做到了404368辆的销量，同比增长8.2%，海外销量同比增长11.1%。

文化符号思维和文化意识的欠缺与否，将来一定会成为红海中企业平庸与强者的“分水岭”。

必须意识到：中国中小企业的经营者必须具备全球思维，要有中国品牌文化符号思维，不要只顾眼前利益，而放弃全球思维和品牌文化符号的意识。否则，再过多少年，世界级品牌的序列中，也不会有中国企业品牌的身影，更不会出现中国品牌文化符号。

目前，我国正处于经济新常态下，如果想要实现可持续发展“好”，而不是“快”，就要从“中国制造”转向“中国品牌”，塑造“中国符号”。

中国不缺企业，缺的是世界品牌，缺的是有“中国符号”的国际品牌。

跨国企业出口的是产品，同时也输出了他们自己的品牌文化符号。

2013年中国(深圳)IT(互联网技术)领袖峰会上，

马云说过一番振聋发聩的话："中国的企业在走向国际化方面误入歧途。以为在全球这儿有工厂，那儿招聘个老外，有新市场开拓了，那就是国际化。错了，实际上那是国际业务。中国现在有国际化战略思想的企业非常少，而国际化业务的企业倒是有很多。"

国际化是战略、思想、体制、人才、文化的国际化思维，富有差异化的、富有传统中国文化符号的思维。

丰田美国公司就一直这样描述自己：我们的企业使命是，首先，作为一家美国公司，为社会和美国经济做出贡献；其次，作为一家独立公司，为团队成员拥有稳定的生活和福利做出贡献；最后，作为丰田集团的一个公司，通过为我们的顾客创造价值，为集团的整体发展做出贡献。

这样的使命、价值观，在那些国际化企业中，并不是说做"两层皮"，他们一旦承诺就一定要做到。

因为失信的后果，就是企业品牌的倒掉，顺便一起倒掉的，也一定有本国的价值观及其文化符号。

品牌国际化，不是简单的产品和服务国际化，更需要企业有全球思维。而全球思维中，价值观占据核心位置：帮助当地把社会建设得更好，做一个优秀的有自己文化符号的当地"企业公民"。

2015 年 3 月 25 日，中宣部为加强中国品牌对内对外宣传，发布了"关于加强中国品牌对内对外宣传工作方案"。

因此，不得不说：国际品牌的创建，首先与我们企业是否具有全球思维有关。

中国随着经济全球化，国际品牌已被确定为国家层面的战略。

2015 年"两会"期间，李克强总理在政府工作报告中强调"要加强质量、标准和品牌建设"。

2015年5月8日，国务院正式发布了《中国制造2025》，明确提出“加强质量品牌建设”和“鼓励企业追求卓越品质，形成具有自主知识产权的品牌产品，不断提升企业品牌价值和中国制造整体形象”。

很显然，创立企业国际化品牌，中国国家层面的品牌建设，都将成为中华民族的历史使命、文化使命，也是中国成为真正大国的必由之路。

从品牌的微观层面看全球思维也非常重要。如果我们的企业没有远大目标，格局很小，再没有全球化思维，更没有中国文化符号思维，总是一味地满足于在自己家门口瞎乱折腾，就很难打造出中国民族企业，更不要说百年企业、百年老店了。

而那些百年企业、百年老店，一定有他们自己的品牌文化符号思维和文化。

因此，我们要建设“这一个”世界级企业，而不是“这一堆”式的企业。这里面就有一个个性，即风格的问题。

品牌个性的集中体现，将加深消费者对品牌的一致性印象。

品牌个性的风格，存在着多样性、丰富性、个性化。有符号风格、音频风格、视觉风格、感受风格以及口味风格等。

比如，大家熟知的以歌曲《江南 style》而走红的韩国音乐人 PSY（国人称之为“鸟叔”），他的风格就是时尚，标志性的动作就是生龙活虎的“骑马舞”。

可口可乐的风格是什么呢？红色。它传达给受众的是：分享和快乐。

你在马路上，如果看到一座黄色艳丽而鲜亮的建筑，十有八九就是如家快捷酒店了。

有一个关于万宝路品牌的段子：

每年，万宝路公司都要给品牌策划公司四五千万元的策划费用。

有一天，万宝路老板对品牌策划老板说：“我每年给你几千万元，你整来整去地就那几匹破马，再弄一个牛仔在电视里晃来晃去的，我已经看够了。能不能给我换换，有点创新行不行？”对方回答他：“正因为你给我们四千万元，才能保证现在这马和牛仔一以贯之。”

再比如：王老吉，红罐王老吉给人的印象就是一片红。

品牌的这种个性化风格一旦形成，就要不断地延续下去。延续下去就有可能会成为大品牌，直到有一天走出国门，带着中国符号走向世界……

万宝路（Marlboro Classics）的风格不光用色彩来表现。同香烟一样，万宝路使用的宣传形象一是西部风景，二是牛仔，包括融入现代生活的牛仔形象。其创作灵感主要来自美国的西部牛仔形象、自由独立的精神，及大自然和谐之美这三个方面。

像大家常见的中国建设银行，他们的风格就是蓝、白色系。这种色彩符号，给人的印象一旦固定，想抹杀掉就很难。

第三节　提炼文化符号的思路

品牌的文化符号思维应遵循以下四个思路：

一是明确企业使命，建立企业愿景，激励不同国家不同文化背景的人。

二是创建一个“三公”系统，即公平公正公开，并能平等相待的资源配置系统。

三是打造员工学习、提升员工素质的平台，如企业管理层轮训轮岗和技能培训，举办企业全球管理层面会议。

四是建立企业全球统一奖罚考核系统。

遵循这四个思路可以创造品牌自己独特的文化符号，成就一家百年企业。

放眼于国际，就会发现：一些时尚奢侈品品牌通过各种品牌手段，使受众对于一些符号产生无穷的向往。

时下，大部分中国人在茶余饭后，谈到一个人成功，并不关注他怎么成功，如何成功，创业之初吃过什么样的苦头，反而关注这个人有多少钱，开的车是什么牌子，戴的表是什么大牌……不知从什么时候开始，倒是这些诸如LV包、劳力士表、奔驰车等奢侈品成了成功阶层的品牌符号。

当一个品牌能够成为特定消费阶层的符号时，这个品牌就具备了明确的定位、意义和价值，主导了某一群体阶层的时尚和消费，成为一种标志，成为一个符号。

自然，这些品牌的创立也不是一蹴而就的。路易威登（LV）从法国宫廷御用箱包的制作者，到工业革命时期被资本新贵们追捧的身份标志，再到现代LV奢侈箱包帝国的建立，LV已经走过了150多年的品牌历史……

当然，要做中国品牌，就不能只专注某一个阶层，比如富人、成功者，因为其他细分的消费阶层中，我们也会发现某一个阶层的品牌符号。

其实，想一想铭刻于我们脑海的F1赛车符号，我们就会更明白建立品牌文化符号的重要性。

可口可乐的流线型瓶子本身就是一个文化符号。就这一个符号，在视觉传播方面就已拥有无可比拟的深刻印象。试想，如果可口可乐愿意，即使去掉瓶子上的品牌名称，消费者也能准确地认出这是可口可乐的瓶子。

品牌文化符号在品牌传播中起到的作用无法估量。

中国的企业家、品牌人应该从中得到一些文化唯一性、专属性上的启示。我们要有一种强烈风格化意识：即从中华民族文化中提炼、寻找文化符号，使其具有强烈的差异化与专属性。

那么如何让品牌文化符号具有风格性、个性化呢？我们认为，主要应从图形、色彩和文字三方面入手：

首先，从图形符号入手。图形，具有直观性，可使人直接地从表象中迅速获取信息。图形符号的特点在于：简洁清晰、通俗易懂，是一种超越语言的表达方式。

但当下审美观、价值观的转变，要注重个性化表现，以凸显品牌自身的独特性。要形成风格性统一，不影响其识别性。

其次，从色彩符号入手。色彩，对消费者的视觉有强烈刺激作用。在品牌视觉系统中，色彩是能最先被人们记住的要素，也能给人们留下深刻印象。当下，要根据色彩的多样化、个性化，在具体的品牌建设中根据自身风格化进行调整和组合。

最后，从文字符号入手。文字，属于基础性的信息传达符号，文字最重要的功效就是识别性。文字与图形、色彩不同的是，文字能被大众所认知，而图形和色彩则需要一定的经验和文化背景支撑，才能让消费者接受到正确的品牌信息，因此文字在应用时更具有通俗性和普遍性。

所以，一流的企业做“符号”，这个“符号”自然归属于文化范畴，而且是品牌自己的文化，或者具有某一地域、民族特色的品牌文化。

比如，眼下在中国网络上流行的“颜值经济”和“网红经济”，从某种意义来说，也是一种符号文化，甚至可以说是一种品牌符号，就看后期是不是有人会有心地为其注入品牌属性及品牌文化了。

中国传统文化博大精深，可以让我们发挥、挖掘的地方实在太多。

我们可以在这一片五千年文明汪洋大海上，任意驰骋自己的品牌创意。

精神层面

Spiritual level

BRAND

品牌的两个层面

物质层面

Material level

Ⅱ 第二步

两个层面：诠释品牌
精神层面　物质层面

温馨提示：

中小企业经营者必须认识到：我们是赚取差价还是赚取溢价，这是一个很重要、致命的大问题，值得我们深思、反思。请记住：在顾客心中，向来就没有企业，而只有品牌！

第三章

只赚差价不是好思维

——产品思维只能赚差价

我们想没想过：一边种上韭菜，另一边再种上一棵树，割韭菜时，顺便给树浇浇水，施施肥，行不行？

十年树木，百年树人。十年过去了，你韭菜也吃了，那棵大树也长成参天大树，成材了，可以为你提供一方树阴、一片清凉，为你遮风挡雨……

这棵树就是品牌。

如果这样做了，那就是有了品牌思维。

第一节　土豪卖别墅的启示

传说，在英国有一个亿万土豪，独住一栋别墅。后来年纪渐大，他想回老家养老，与儿时的小伙伴们一起喝喝茶饮饮酒，找点快乐。他决定把自己的别墅卖掉。

一天，一个看上去并不富有的年轻人来了。他看完房子非常满意："我很想买这栋别墅，但我没有钱，身上也只有1000英镑。"

土豪目瞪口呆。

"我把身上的1000英镑全部给您，等于您把房子卖给了我。但同时，我请您再继续一起与我居住在这儿。我会把您当做我自己的爷爷一样照顾，陪伴着您。您看这个方案合适不？"

土豪犹豫不决。

"如果您把这个房子卖给别人，他们会给您想要的高价钱，但您想过没有？您拿到手里的不过是一笔钱。这些钱对您来说，还有用吗？因为您现在已经很富有了。但如果您把房子卖给我，您虽然损失了一些钱，但从此您将收获一个愉快欢乐的晚年，有一个儿子，还有一个孙子，也许是一大群孙子孙女。这样一来，我们一家人永远生活在一起，在这座房子里每天都有快乐。而且，我也打算请您以我爷爷的身份见证我的婚礼，看着您的孙子孙女们的出生，他们将来也会陪您生活在一起。这样，不比那个高价钱值钱吗？"

几天后，土豪决定把房子卖给那个年轻人。

从此，土豪和年轻人一家住在了一起，他也得到了他想要的快乐与亲情。

这个故事告诉我们，如果一个人只求温饱，只求金钱，他很难得到真正的快乐。同样，如果我们经营企业，只想做产品的搬运工赚取差价，我们也不会有快乐。

成功的企业都是相似的，而不成功的企业却各有各的不成功。

在哈尔滨，有一家做批发生意的企业一直经营得不错。但是，大家都知道，因为现在的互联网上淘宝、天猫和京东等多如牛毛的电商经营，基本颠覆了传统的商业思维，对传统商业百货等行业都造成了巨大的冲击。

其实，他一直都是产品思维，一直在赚差价：就是上货、卖货，再上货、再卖货。前些年，他一年的营业额能达到 5000 多万元。这样的经营业绩，他已经持续了十多年时间。

他也不能例外：产品销量、营业额下滑了一半以上，他慨叹自己"怎么也找不到出路了"。

他走到今天，原因何在？就是那句话：只有产品思维，却从来没想过要做品牌。他是真金白银地白白耽误了十年时间啊，好在现在他终于警醒起来。

产品思维，已经使得中国一部分企业陷入了微利甚至无利可赚的怪圈。

改革开放30多年来，其实真正脱离产品思维的企业并不太多，尤其是一些中小企业，有的经营者甚至没听说过"品牌"二字，只顾低头拉车，并不抬头看路。

第二节　什么是产品思维

到底什么是产品思维呢?

产品思维，是指针对用户的某方面需求，用产品的形态来满足用户需求的一种思维模式。

这种思维模式的特征是聚焦产品，力求以某种产品的新颖性、实用性、便利性，在最大限度上，满足更大范围内用户不断增长的物质和文化需求。

那么我们想没想过：一边我种上韭菜，另一边我再种上一棵树，割韭菜时，顺便给树浇浇水，施施肥，行不行?

十年树木，百年树人。十年过去了，你韭菜也吃了，那棵大树也长成参天大树，成材了，可以为你提供一方树阴、一片清凉，为你遮风挡雨……

这棵树就是品牌。

如果这样做了，那就是有了品牌思维。

什么是品牌？品牌就是给拥有者带来溢价、产生增值的一种无形的资产。其载体是用以和其他竞争者的产品或劳务相区分的核心价值主张、愿景、使命、名称、术语、象征、记号或者设计及其组合。

品牌增值的源泉，只来自于消费者心智中长久形成的关于其载体的印象。

关于品牌，更深层次更直白的表达就是：能够做到口口相传的牌子，才能称得上是品牌。

诚信为品，印象为牌。

当然，如果我们不注重产品的品质，而去追求品牌，也必将是无本之木、无源之水。

有一次，微信负责人、腾讯副总裁张小龙谈道：他们的微信团队，其实很少去看统计数据，也没从统计数据里看到用户的喜好。他们也不了解手机 QQ（即时通信软件）统计数据。他们如何针对不同用户提供差异化的服务呢？

原来，他们就是把所有用户看作是一个人，一个无性别、年龄、区域、教育程度等属性的人，他就是一个对象，他包括了所有用户、所有需求的交集。

他们这种以用户为导向的做法，其实也是品牌思维下的一种做法。对广泛用户的服务是一个基本的层面，更多地要看所有用户的主要需求，把所有人都拉到一条线上，让所有用户受益。

这就是把产品思维嫁接到了品牌思维上，用品牌文化中的解决主要矛盾的思维去解决用户需求，这是微信能如此迅速崛起的原因之一。

京东商城现在可以说是一个互联网电商品牌了。但是京东也有做过赚取差价的发展历史，只是京东如今更加讲求速度，这就是京东差异化品牌的核心竞争力之一。

京东的品牌文化是：要比效率，减少搬运次数。

传统零售商如果不加 20% 的毛利，就要亏本。京东，就不那样做，而是将很多网购者的共性需求集中起来考虑，加快周转，减少商品搬运次数。

2010 年，京东的 POP（第三方销售）平台开放了。它采取了一边用流量拼差价，另一边通过流量做品类。以前京东就是卖 3C（计算机、通信和消费电子产品三类电子产品的简称），但 POP 平台开放了，京东也可卖服装、鞋和食品饮料等。

京东的POP平台可做很多品类，但仍有一些产品没法做。譬如，生鲜日损耗率高达5%~10%，不好做。京东后来到底想出一个方法：京东到家。

他们利用遍布大街小巷的实体店库存，用户有下单的，就近配送，尽可能把干线物流拉到最长。O2O（线上到线下）改变了京东的成本结构，让干线物流直接拉到大街小巷，做快"最后一公里"的配送，于是京东的品牌差异化就做出来了。

如果他们一直做赚取差价，可能就不会有今天的京东品牌。

第三节　怎样改变产品思维

新九洲眼镜是由一位地道的南方老板经营的。经过几年的努力，开了四家分店，但有个别的店面生意却一般，与他毗邻的同行门店，人家一天销售额在 3 万元上下，他才不到 3000 元。

2013 年 4 月，这个老板找到天堂鸟，要打造自己的品牌。经过对其各个店面的细致调研，我们发现新九洲的整体店面品牌形象上有很大问题，主要表现在以下几个方面：

（1）店面形象陈旧，没有创意。

（2）室内布置也不够通透、明快。

（3）VI 应用物料的设计繁杂不一，整体设计与行业不搭，甚至有些出格。

（4）品牌 Logo 没有文化与精神内蕴。

在这种情况下，我们开始对其进行品牌重塑与改造、提升。

品牌文化落地后，他所有店面统一了品牌视觉形象，视觉设计提升了一个档次。各门店的营业额也开始与那家毗邻的同行门店不相上下，有时甚至还能超额完成销量。

升级前
BEFORE UPGRADE

升级后
AFTER THE UPGRADE

这就是一个从原来卖产品的旧思维，到后来成为一个懂得品牌经营的典型。

尝到了甜头的老板接着又与我们合作，对整店的定位与诉求及视觉传达等也进行了全新的品牌策划设计。现在，这家眼镜店品牌形象十分鲜明，顾客辨识度大大提高，生意也蒸蒸日上。

2013年1月，我们天堂鸟为文苑办公制订了企业形象CIS（企业识别系统）整合方案。考察调研后，我们制订了一套全新的品牌升级方案，从其品牌名称到企业文化如香港公司注册，对Logo标志的设计、品牌形象落地进行了一一落实，企业于2013年成功更名为香港丹拓国际集团办公有限公司（下页为公司的文化精髓墙）。

原文苑办公用品有限公司，始创于1994年，是一家多元化的服务企业。但企业品牌形象陈旧、落后。

在品牌战略指导下，企业组建了运营研发中心、网络商城、物流中心，制定了国际标准化服务理念。其丹拓商城囊括了网络在线商城，购买办公用品后发货速度快，承诺18小时必达，免费送货上门，支持货到付款、终身保修和维护。丹拓商城以垂直电商平台的运营模式畅销东北，形成了强大的品牌优势及良好的品牌口碑。

这个企业只因引进了品牌建设，一下子就走出了松原地域，品牌触角延伸到了北京这样更为广阔的市场上……

所以企业经营者的产品思维不能再继续下去了，赚取差价的时代应该尽快结束，继而走到品牌思维、塑造企业品牌形象的思维上。

那么怎样才能改变产品思维呢？

要想改变产品思维，就要知道产品思维有什么特性：

这种产品思维，是工业时代的典型思维模式。而在产品思维下，无论我们如何强调用户需求，强调人性化，事实上还是很难真正达到用户满意。因为，你的着眼点、聚焦点在

第一是产品性。基于一个特定的产品，由具体产品来体现价值、意义、人性及关爱。

第二是最大性。这个产品的功能应该比较强大，能够最大限度地满足用户的多种需求。

第三是最多性。产品的共性化程度较高，尽可能多地满足形形色色不同用户的需求。

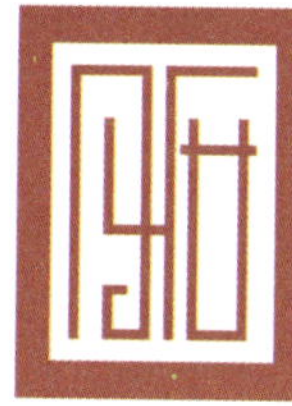

HONG KONG DANTUO

香港丹拓

國際集團辦公解決方案

丹阳逸拓 · 谦汇五德

产品上。也就是说，你的根本关注点是产品，还是“物”。产品的功能最大化、用户最大化是它的核心价值体现。那就必然无法满足用户的个性化需求、差异化需求。更何况，一个产品，无论怎样努力，也无法满足用户。

了解到这些特性后，我们就要转变这种落后的思维，转变成品牌思维。

品牌思维与产品思维的最大不同，就是满足用户需求的聚焦点，着眼于市场层面，着眼于用多种产品来满足用户需求。也就是说，品牌思维是在用一大批有差异化的产品或形形色色的产品，来满足不同用户的不同需求。

另外，品牌思维关注的是“人”，这个“人”就是消费者，而不再是“物”，即产品。它的思维聚焦点不再是在产品层面，而是在品牌本身。

品牌思维有以下“三化”特征：

第一是人性化。体现在品牌对于消费者关怀、友爱、信任、尊重及成就等人性元素上。

第二是个性化。满足用户需求，甚至是小众化、个性化需求。

第三是多样化。从多个层面、多种形态来满足用户需求，并更多地体现在文化、情怀、精神和思想层面。

总之，消费者在品牌面前，不仅仅会获得物质层面的满足，更大程度上还会获得情怀、精神、文化和思想层面的满足。

让消费者开心、快乐、愉悦，收获知识、提升思想、升华精神，这才是品牌思维的真谛。

第四章

利润率越来越低的苦恼

——品牌思维等于赚溢价

人们都有这样的购物经验：一件普通衣服也许只要100元，但如果将这件衣服贴上杰尼亚、登喜路等服饰品牌，价格就会一下子涨到上千元了。

一件普通衣服，瞬间完成从“丑小鸭”到“白天鹅”的巨大转变，正是品牌溢价的“鬼斧神工”。

第一节 品牌思维赚溢价

为什么说品牌思维等于赚溢价呢?

因为当人们的思维专注于眼前利益以求谋生，停滞于产品时，只顾出售产品求温饱，只能囿于产品思维。反之，当人们去做品牌时，才能赚取到产品的溢价。因为人们会为产品投入品牌塑造的巨大精力，也会为打造品牌投入各种巨额资费。

这是不是也是另一种投资？而且，这种投资物有所值，最后达到物超所值，也就是从产品的物质层面，到达了品牌的精神层面。

日本有一家染布公司叫小西公司（konishi），一直有效地控制着自己染布的高品质。

因为本国染料质量不高，所以，在第一次世界大战前，小西公司专门使用德国染料。因为德国的比日本的好，染色鲜艳，牢固度也好。

第一次世界大战爆发后，他们不能进口德国的染料了。出人意料的是：当时已60多岁的老板，为了保住公司的信誉，守诚于顾客，保证染布的高品质，就坚决地把库存坯布全部剪掉了。

原来，老板担心自己去世以后，后人们会偷用质量稍差的日本染料去染这些库存布，毁掉多少年来公司的诚信、产品品质。

好不容易熬到战争结束，公司又开始进口德国染料，继续染出了和战前一样品质卓越的布匹。为不忘前事，也为警示后人，公司决定在大堂前悬挂起当年由老板剪掉的、已成条条缕缕的坯布。

坯布上面清清楚楚印着一句话:“一生只做一件事。”

念念不忘，必有回响。

时至今天，日本人还是对 konishi 品牌信任有加，一直相信 konishi 生产着全日本最好的布匹。

我们说，当年的老板把库存布匹剪掉，就是对品牌的一种另类投入：坚守初心，一生只做一件事，那就是要把布染好。

企业成功的秘密：始终如一地忠于目标，忠于愿景，忠于使命。

现在，我们再回看国内的一些企业经营者，欺诈、抽条、偷工减料等负面现象屡见不鲜，甚至有的竟然昧着良心在自己的产品里添加有害物质，以达到产品的某些特殊要求，借此满足自己利益最大化的欲望，而置他人的生命安全于不顾。

这已不仅仅是短视的行为，而是自杀于中华传统文明面前的愚蠢之举。只顾眼前利益，只具备产品思维，而没有品牌思维，这样的企业要么温饱一时，要么就死于一时。

谓予不信，看前车之鉴，多着呢。

但如果改变自己的思想，具备了品牌思维呢？

以前，一个代理皮草产品的公司老总，年年给他的上游产品，也就是他代理的产品打品牌广告。因此，他代理的产品在区域内相当有知名度。

但皮草产品是上游品牌，产品来源点是生产厂家，厂家掌握着产品的定价权。如果要涨价，或者说他要赚取他打品牌广告赚取的溢价，他则说了不算。但即使如此，这些年来他也一直坚持在做。

但最近两年来，他还是遇到了一个问题，随着成本的增加，互联网的冲击，他的利润率越来越低，越来越少。

他也很苦恼，怎么办？

后来，天堂鸟开始帮助他打造自己的品牌，为他做了顶层设计，制定了全球化的战略，成立了国际公司，打造国际品牌。就这样，慢慢地他开始赚取自己品牌产品的溢价了。

第二节　企业存在的目的

企业存在的唯一目的是什么呢？

有人说是创造利润，有人说是盈利，这些都是对的。但业界一直认为，企业存在的唯一目的却是：

创造顾客。

那么又如何创造顾客呢？业界认为，方法当然多种多样，但其中最为关键的是，通过精准的品牌定位，获得顾客的心智认同。

因为在顾客心中，从来就没有企业，而只有品牌！

顾客的心智一旦完成"注册"，就很难被改变。

美国专门生产优质太阳眼镜的雷沃公司（REVO），由前美国航空航天局（NASA）的几位科学家创建。他们曾参与一项专门技术的开发，研究用于航天器表面的玻璃，保护暴露在外层空间太阳强光下的高灵敏度仪器。

为给人们提供更有品质的眼镜，雷沃研发了一种系列优质高价太阳镜，每副眼镜标价在 100 多美元到 300 多美元。由于定位准确，企业迅速壮大，最后被博士伦公司买下。随后不久，雷沃又被转卖给眼镜行业的全球领先企业——陆逊梯卡（Luxottica）集团公司。

至此，他们本可以继续运用那种看上去“高大上”的太空演示广告，强调产品的高科技含量：既能完全遮挡住紫外线和红外线，又不会让视觉失真。

但是，他们没有那样做，反而另辟蹊径，跑到滑雪场、垂钓场和划船运动场，观察并和那些戴太阳镜的人进行交流，深入了解这些潜在顾客在滑雪、钓鱼和划船时戴太阳镜的感受。比如，滑雪者在“猫跳道”上滑雪之时，太阳镜是否妨碍视线，而妨碍滑雪者选择心仪路线？对垂钓者，他们了解的是戴太阳镜是否影响钓鱼乐趣？

出于创造顾客的基本诉求，雷沃公司通过调查发现：顾客需要的不仅仅是优质雷沃太阳镜片，匹配上既舒适又时尚的镜架也是他们的诉求。不仅如此，大多顾客对自己的太阳镜爱好都比较固定。

如果生产的镜架不舒适，顾客长期佩戴感觉不舒服，再优质的镜片也不会让顾客选择自己。于是，他们开始潜心研究镜架问题，并加以解决，销量又一次火爆起来……创造顾客，是企业永远的选择。

因为，一旦你的品牌在消费者心中，形成了一对一的心智认同与联想，顾客就不会轻易改变自己的认同感。

比如：我们在网上要搜索，会去哪里呢？肯定是百度；如果你要买空调，你会去找什么牌子？大家第一时间会想到格力；累了困了，怎么办？你肯定会想到电视上天天叫来叫去的“喝红牛”。

红牛，其实比其他饮料要贵得多，可为什么人们还要选择它？因为他们市场切分得特别明确，特别到位，也找到了消费市场的蓝海：累了困了喝红牛。这在顾客的心目中形成了联想，想不累不困时，自然就想到了红牛……

其实在前两年也出现过其他同类产品，也轮番轰炸地做过广告，但却很难撼动红牛在人们心目中的地位。后来，他们就退出了市场，或退守一隅。

品牌在消费者心中完成“注册”就有这样一个规律，一旦在顾客心目中占有了位置，就很难将其清除出去。

所以企业经营者一定要认识到：千方百计地让品牌在消费者心中完成“注册”，这是最重要的一步。

以前一些企业经营者在经营活动中，总有过多的不确定性，今天做做这个赚点钱，明天再做做那个赚点钱，定位十分不准确，游荡于市场之上，思路十分模糊，更不要说品牌意识了。最后，可能也就赚了些钱，但到头来还是一事无成。

因为他们模糊的产品定位，已经扰乱了消费者的认知。这样一来，你的企业，你的产品，根本就不会在人们心目中留有任何印象。这是很可怕的一种做法，与品牌意识完全背道而驰、南辕北辙。

品牌的残酷现实画面多的是：

通用电气，收购了我们的格兰仕微波炉，再贴上他自己的牌子，价格马上涨了好几倍。

耐克，花 120 元人民币买走中国的运动鞋，再贴上耐克的标签，售价就一下子变成了 700 多元人民币。

索尼彩电，在我们国家，以每年 50 万台的销量获得利润，远远超过我们国产彩电的利润之和。

……

中国企业的产品思维该“刹车”了。

我们要采取品牌经营，赚取品牌溢价。因此，研究品牌溢价能力，实施品牌战略，对于我们中国企业提高赢利能力、降低经营风险具有重大意义。

未来的年代里，注定是品牌竞争的年代。谁能第一时间并持续地占有消费者的心智空间，谁就会是市场赢家。当消费者产生消费需求后，第一时间就能想到、第一时间就能看到、第一时间就能接触到的品牌识别符号，那就是一个优秀的品牌。

那么如何判断品牌是否占有了消费者的心智空间呢？我们认为这个标准其实非常简单，就是当消费者想要买运动鞋，就想到耐克；想要买打火机，就想到 ZIPPO（之宝）；想要买指甲钳，就能想到非常小器；想要买时尚手表，就能想到斯沃琪……只要你的品牌达到了这样的境界，那就是一个成功的品牌了。

而一旦经营者形成品牌经营后，你的企业注册了商标，

品牌创造顾客，顾客成全企业。

你的企业导入了品牌文化系统，你的企业形成了品牌经营的态势，你也加大了品牌传播力度，那么你的品牌在顾客心中就渐渐开始“注册”，开始形成固定认知。而一个品牌一旦在人心中完成“注册”，形成了一对一的联想，那么品牌印象就无人能撼动得了了。

如果你人为地撼动已“注册”的品牌，那也会自食其果。

20 世纪 50 年代末，沃尔沃汽车不太满足于自己的“安全”品牌属性，他们一厢情愿地认为，沃尔沃应该有更多时尚、前卫的因素，以满足顾客更多层次上的需求。

于是，沃尔沃开始研发跑车和敞篷车，风格也十分前卫、时尚。但他们没想到，这样一来，就改变了企业原有的产品布局和品牌传播路径。

两年后，这一改变的恶果显现：沃尔沃汽车销售业绩走低。

其实，如今的消费者不是傻子：你经营跑车，那不是你沃尔沃的强项啊。更为糟糕的是：他们过于前卫、时尚地改变了品牌风格，还悄然影响了原来的客户群。他们开始怀疑：沃尔沃不再以“安全”追求为主了？

好在，沃尔沃迅速意识到自己的“跑偏”，马上回归到原来的产品布局，恢复了原来的品牌传播路径。所以，我们看到，直到今天的沃尔沃，依然在强调他们的“安全”性能下的中高档轿车，并以此为其最主要的品牌产品方向。

如今，沃尔沃已成为汽车明星品牌。据估算，其品牌价值现已超过 80 多亿美元。

品牌，注定可以溢价。

第三节 如何提升品牌溢价能力

这里，我们要明了这样一个概念：品牌识别。

品牌识别，就是品牌营销者希望创造和保持的，能引起人们对品牌美好印象的联想物。这些联想物暗示着企业对消费者的某种承诺。

品牌听觉识别（Brand Auditory Identity，BAI），是企业通过规范、系统、独特的声音，来传播自己的品牌信息，从而产生消费者的听觉认知和记忆，达到区隔其他品牌的目的。

很明显，你的品牌如果能被顾客即刻识别，你就会赚到品牌的溢价。

我们拿皮尔 · 卡丹来说：同样的西装，一件没有品牌的西装，和皮尔 · 卡丹西装去比较，顾客肯定会情愿多花几千元买皮尔 · 卡丹，除非他的消费能力不允许。

其实，皮尔 · 卡丹穿在身上的感觉，跟其他同类西装也没有多少差别。只是消费者选择品牌时，有一种情感价值或者说是思想认知在其中，这是由消费者的品牌认知决定的。

由于有认知心理，所以我们必须把品牌塑造为：在消费者心目中，我的品牌形象要高于其他品牌。如果是这样，那么，品牌的溢价就水到渠成了。

这就是奇妙无比的品牌溢价。

那么如何提升品牌的溢价能力呢？

中国人有句话叫“物以稀为贵”，也就是越稀缺的东西，价格会越高。

从一般意义上来说，一个产品只要是稀缺的，都能卖出高价。但有时有些产品的价格能超越于产品本身价值之上很多倍，比如说黄金首饰，因稀缺而高价，但同是黄金首饰，有的品牌的黄金首饰却比其他无品牌的要贵多少个百分点甚至多少倍。

那么怎样才能创造出品牌的溢价？

我们认为，其核心方法，是要从消费者大脑出发，先为品牌规划出一个独特区隔，能打动消费者内心的联想与认知，而这种联想是稀缺的联想；围绕品牌核心价值，打造品牌识别系统，整合传播推广，最后坚持到底。

具体地说，就是要打造“六大差异化”：

一是要打造产品差异化。

打造出品牌的稀缺的产品特色、稀缺的产品品质，之后我们就拥有了制定高价的权力。

产品主动定高价，引导消费者，让消费者从价格上认知这个品牌是大品牌。如海尔的电器的价格，总会比同类同质的产品品牌要高一点；如果将来有一天宾利汽车推出低档车，英国女王肯定第一个要换车，因为宾利已不再稀缺。

二是要打造企业差异化。

打造出稀缺的企业领袖、品牌故事和稀缺的企业理念与文化。

把企业领袖炒作成英雄，能够间接为品牌创造溢价。英雄一直是这个世界上稀缺的人物。比如，人们在钦佩柳传志创业之初还卖过白菜的勇气时，为联想电脑多掏出200元似乎并不是什么不可能的事情。

我们一定要记住：真正能够得到最高溢价的手段，是用某“主义”去引导消费者。

三是要打造气质差异化。

在中国，洋气与优雅是稀缺的气质。如果哪天整个社会都洋气了起来，那我们就可以去卖土气得到品牌溢价。现在，在很多城市，农村特色菜馆生意火爆就是一个证明。

四是要打造地位差异化。

毕竟大品牌的地位与领导者形象都是稀缺的，普通大众都会信任领袖。

五是要打造责任差异化。

当下社会，责任感成了一种稀缺资源，所以当一个品牌对消费者负好责任时，自然就会建立起高溢价品牌的形象。农夫山泉传播：每一瓶水都为希望工程捐了一分钱。但农夫山泉的价格却高了几毛钱。

六是要打造创新差异化。

一个产品今天还属于稀缺档次，但明天可能就变成大路货。所以，品牌想要有高溢价，就一定要使产品与品牌形象有成长性。没有最好，只有更好，这样才能创造出品牌溢价。

当然，品牌溢价的赚取方法肯定不止这几条，我们可以在品牌实践中继续总结经验，让品牌思维大行其道，让我们的中国品牌越来越值钱，越来越有高附加值，最后，冲向国际大舞台。

第五章

准确定位，再活 500 年

——怎样打造企业品牌

中小企业如何打造品牌？其品牌的核心价值何在？又该如何形象鲜明地表现出来？

企业不仅需要了解打造品牌的注意事项，还要让品牌能够重复积累、频繁传播，形成很好的品牌联想效益。

第一节 确立品牌的核心价值

洽洽瓜子，将一袋小小的瓜子从安徽卖向了全球，而且一卖就是十几亿元的销售额。

洽洽瓜子之所以用如此小东西卖出了大价钱，源于他们推翻了行业生产成规，由炒瓜子改为煮，这种瓜子据说吃了不会上火。

“洽洽瓜子是煮出来的”，这种生产工艺被拿出来作为品牌差异化，不仅迎合了消费者的需求，还形成了独特的亮点。自然，洽洽瓜子也不是仅靠这一个概念来营销，他们还打出文化牌，通过号召消费者集卡等手段来培养消费者的忠诚度。

从这个品牌的营销过程，可以看出，我们的品牌应以什么样的文化思想体系支撑其传播、营销，其品牌核心价值何在。

什么是品牌核心价值？就是指一个品牌承诺并兑现给消费者的最重要、最有差异化的理性价值、感性价值，它是品牌最重要、最独特、最具长期调性的要素。

那么什么又是品牌调性呢？简单地说，就是品牌的风格和气质。品牌调性要通过文案策划、设计、广告、营销活动、服务、产品等感官、情感体验塑造出来。

提炼品牌核心价值，我们要进行全面细致、深入实际的文化溯源、企业调研与品牌诊断、行业文化梳理，要充分研究市场环境、行业竞争对手及其特点、目标消费群体以及企业自身实际状态，为确立品牌核心价值提供详细、准确的文化支撑，据此提炼出高度差异化、清晰明确、易感知易识别，又有包容性和感染消费者内心世界的品牌核心价值。

提炼品牌核心价值，有“四个标准”：

（1）有无高度的差异化。

品牌核心价值与竞争对手的品牌，如果没有鲜明的差异，就很难引起消费者的关注。没有高度差异化的品牌核心价值，在市场上会被淹没，尤其是在今天同质化非常严重的时代。既不能给品牌带来增值，也不能创造销售奇迹。高度差异化的核心价值可以降低品牌传播成本。

（2）触及人的内心深处。

品牌价值的表达，要引发消费者共鸣。

（3）匹配企业资源能力。

品牌核心价值要把产品、服务的特性传达给消费者，才能得到认同。但产品和服务需要企业具备相应的资源和能力，才能做到位，确保产品和服务达到核心价值的所应有的标准。

（4）要有预见性。

充分考虑品牌未来的增值。没有预见性的工作必然造成极大的浪费。

此前，我们经常在电视上见到白沙集团的品牌广告。他们的品牌核心价值:“飞翔”；品牌口号:“鹤舞白沙、我心飞翔”，他们以此给受众一种美的体验与感觉。

白沙集团把自己的品牌核心价值主张、品牌产品和消费者内心境界连接到一起，如此一来就会引发人们内心的共鸣。

此外，白沙集团在品牌传播和营销活动中，努力推广自己的品牌调性，把“白鹤飞舞”作为象征物，还找到刘翔作为形象代言人，着重体现品牌核心价值“飞翔”的品牌理念。

如此一来，他们的核心价值提炼和形象推广都做得非常到位，给人留下了深刻的印象。

在这里，必须强调：品牌核心价值一经确立，在传播过程中，就要始终贯穿于企业所有的经营活动中，在日后的十年、二十年，乃至上百年的品牌管理中，都要始终不渝地坚持这个核心价值。

只有以“咬定青山不放松，任尔东南西北风”的非凡定力去坚持品牌核心价值，让品牌的每一次营销活动、每一次推广都去做重复式的加法，一而再再而三地传达核心价值，提示消费者联想到品牌的核心价值。时日一久，品牌的核心价值必然会在消费者心目中完成“注册”。

第二节　形象鲜明地表现核心价值

这个形象是什么？是你的传播形象，是你的品牌形象，是你的视觉、风格形象。在品牌经营中，这个形象是非常重要的。比如刚刚提到的白沙集团为了表现“飞翔”就找到了刘翔做代言，这种名人与品牌核心价值的联想式推广，着实花费了一番苦心。

品牌核心价值是品牌资产的主体部分，它让消费者明确、清晰地识别并记住品牌的利益点与个性，是驱动消费者认同、喜欢乃至爱上一个品牌的主要力量，这就需要我们必须清晰鲜明地传递我们的核心价值的诉求点。

那些人们耳熟能详的国际品牌之所以取得如此这般的成功，其品牌背后都有一个强烈而鲜明的品牌核心价值。我们所知道的汽车品牌，比如沃而沃，其核心价值就是“安全”，宝马就是“驾乘乐趣”，可口可乐就是“活力、奔放、激情”。

说到可口可乐，我们会发现，他们每年的宣传主题都有些许变化，但其品牌核心价值却从未改变：

1980 年——可口可乐添欢乐（Have Coke and smile!）。

1985 年——就是可口可乐（Coke it is!）。

1990 年——挡不住的感觉（You can’t beat the feeling!）。

1995 年——尽情 尽畅 尽我 (Always Coca -cola!)。

这一点，给了品牌企业及品牌业界以诸多启示。

1997 年 8 月 30 日，英国戴安娜王妃车祸去世事件，相信好多人至今记忆犹新。当时的《澳门日报》在事件发生后不久，就刊登出一幅沃尔沃的广告：

“如果乘坐的是沃尔沃，戴妃会香消玉殒吗？”

不止于此，他们还从汽车安全技术上头头是道地进行了一番分析讲解，最后得出结论：“以沃尔沃的安全技术，戴妃能保全性命。”

当时，戴妃乘坐的恰恰是另一个著名品牌的车，沃尔沃如此分析，也无非是要告诉消费者，我们的汽车，比那个品牌的车还要安全。不过这一招，确实有点赤裸裸，甚至让人觉得有点用力过猛。

但是，沃尔沃却利用这一事件，把自己汽车品牌的安全性的核心价值点准确而有力地传达给所有消费者，如此创意可谓是煞费苦心、别具一格。

国际品牌就是这样，一旦确立了品牌的核心价值之后，无论世事风云如何变幻，品牌传播都以此为核心，毫不动摇，甚至会抓住一切机会宣传自己的核心价值，正因为如此“固执己见”，才能成就伟大品牌。

这些年，我们在电视上看到的舒肤佳品牌核心价值是：“有效去除细菌、保护家人健康。”这么多年来，他们的广告换了又换，但始终不变的是：一个白大褂和品牌主题“除菌”。

这还不能给我们以深刻启示吗？

那么，在产品越来越同质化的今天，我们要对品牌核心价值进行“九大定位”：

（1）文化理念定位。企业都有自己的经营理念和企业精神，如果这些理念可以让公众产生好感，形成文化理念上的品牌识别，就是明智的选择。这样的核心价值定位，不仅可以提高品位，还可以让品牌形象独具个性。

（2）共鸣定位。品牌有无某种独特形象和“就此一个”的内涵，甚至能让消费者通过品牌表达他个人的价值观、自我个性和生活品位，品牌就会取得事半功倍的推广效果。

（3）高端定位。宣传品牌的高端消费群体，“水涨船高”地提高品牌价值，是一个省心省力的办法。

（4）功效定位。如果我们的品牌产品有非常个性化的使用价值，消费者认为自己也需要这样的功效，消费者还会转身离去吗?

（5）品质定位。 如果没有消费者必需的功能性，那么品牌产品有好的品质，也是能引起消费者兴趣的卖点。比如如今许多农产品打出“绿色环保”的价值主张，就迎合了时下的食品安全的需求。

（6）情感定位。人性，永远会感动别人。把人们的关怀、牵挂、思念、温暖、怀旧、爱情等情感因素融入核心价值中，将会获得消费者的忠诚度。

（7）名次定位。刚刚结束的2016年欧洲杯足球赛，中国的海信品牌，就打出了“销量第一”名次定位，给国外观众留下了深刻影响。

（8）价格定位。性价比，是如今消费者看重的卖点。

（9）对比定位。品牌如果有强劲的竞争对手，这一定位法是值得考虑的。找出对手品牌的缺点或弱点，用我们的品牌对比，确立自己的差异化。

中国企业品牌在核心价值定位上的主要误区是：不对品牌价值进行定位，品牌推广也没有围绕品牌核心价值展开，变化不定。有的定位不准，虽坚持数年，但最后才发现企业依旧没品牌、销售不见涨。

这就是由中国企业缺乏对品牌核心价值的了解、对品牌核心价值不敏感造成的后果。

主要有以下“五个误区”：

（1）“品牌市场论”。有的品牌企业强调是做什么的，不做什么的，甚至还煞有介事地分高中低档市场……品牌核心价值定位，绝不是市场划分。

（2）“品牌优势论”。品牌核心价值定位，是在给消费者的印象上积累品牌的价值，核心竞争力是优势，是为品牌核心价值定位的进一步巩固而找到的方向。

（3）“产品差异论”。 产品差异化，是更具体的战术，但品牌核心价值定位上的差异化，则是战略层面的。在品牌的同一定位下，不同的产品有不同的差异化。

（4）“广告品牌论”。广告语可以体现品牌的定位和承诺，可以不断更换，但品牌核心价值却不可以。

（5）“企业价值论”。一般老板们都容易有这样的误区，把品牌核心价值定位和企业文化混为一体。

明显，企业价值观，大于品牌定位，它针对企业生存价值而言，属企业文化范畴。而品牌核心价值定位，则是专门针对消费者，在于与消费者直接沟通。

第三节 品牌的重复积累、频繁传播

“农夫山泉有点甜。”

那么“农夫山泉”真的甜吗？当然不是，那只是一个品牌推广概念。说“甜”，也仅仅是让消费者联想到了甘甜爽口的泉水而已。

正是这样一个差异化的传播概念，在他们长年累月的重复传播中，让“农夫山泉”在消费者心目中完成了“注册”，从而找到了自己的核心竞争力，经受住了国内外同类品牌的市场冲击，销售一直稳居行业前列。

在品牌运营中，品牌传播同样有着举足轻重的地位，几乎可与品牌形象、品牌资产等概念相提并论。因为，品牌传播是提升品牌资产，在消费者心目中树立品牌形象的重要手段，甚至可以说，没有品牌传播，就没有品牌价值与品牌形象。

品牌传播要以市场营销学、文化符号学和媒体传播学为基础，具有融合市场营销、广告推广和公关等多个专业的强大优势。

品牌传播的最终目的是让消费者接受品牌，把品牌“卖”给消费者。

品牌传播的基本方式有“三大渠道”：

一是广告传播渠道。

对品牌而言，广告是最重要的传播方式，有人甚至认为：品牌 = 产品 + 广告。由此可见广告对于品牌传播的重要性。根据资料显示，在美国排名前 20 位的品牌，每个品牌平均每年广告费用为 3 亿美元。

当然，我们在做广告推广前，要先期进行调研，研究受众市场，准确地找到消费者需求，找到产品卖点，与消费需求挂钩，以期品牌广告与消费者产生共鸣。

比如市场上有很多种饮料，像可口可乐、农夫山泉矿泉水等，它们都有自己的概念。可口可乐具有独特的口感，矿泉水含有矿物质。消费者在选择饮料时，考虑的不仅仅是要解渴，而且还受到其他概念的影响。

一旦投入广告，就要连续。随意停止，必将给品牌塑造带来负面影响。另外，要注意选择好广告推广媒介。

二是促销方式传播渠道。这种方式有发放赠券、赠品，发起抽奖活动等。这种传播方式成本较低，适合中小型企业。

三是公关传播渠道。进行第三方认证、认同和认知，为品牌提供客观公正的信息，不会引起消费者反感，于无声处进行了品牌传播。

时下，在中国，似乎没有人不知道这句广告语的上句：“今年过节不收礼”，而身边随便某个人都能答出下句：“收礼只收脑白金”。

脑白金已经成为中国礼品市场的第一代表。作为单一品种的保健品，脑白金以极短的时间迅速启动市场，并登上中国保健品行业“盟主”的宝座，引领我国保健品行业多年。其成功的最主要因素，就在于他们找到了“送礼”的品牌概念。

品牌传播时要强调产品的概念，概念本身也许就是一个卖点，在介绍概念的同时，还可以灌输品牌意识。

所以重复传播，对于塑造品牌有着举足轻重的作用，不可小觑。

中国人年节送礼，看望亲友、病人送礼，办事送礼，结婚送礼，年轻人给长辈送礼等，礼品市场何其浩大。脑白金把自己定位于庞大的礼品市场，先入为主，“先定位，再第一”，第一个把自己明确定位为“礼品”，于是，脑白金就一火多年，直到今天，电视上关于它的广告还能时常见到。

第四节　形成品牌联想

如果不能形成一对一的品牌联想，在消费者心中产生了其他歧义，或者印象十分模糊的话，那不是在为行业或者别人做贡献，就是在浪费自己的品牌投资。

英国人斯科特·多戈说："打动你头脑的品牌你会为之而改变，打动你心灵的品牌你会为之而奉献。"

因此，我们说，品牌联想的最高境界是：优秀品牌总是能够充满人类美好的情感，给消费者留下许多感动和启示。

品牌联想又有什么价值呢？

品牌联想会给消费者提供购物决策的依据，方便客户处理信息，唤起感性记忆。

屈臣氏蒸馏水就很好地体现并阐释了品牌联想，成为快速消费品营销案例中的典范。

他们从产品的简单物理属性和功效中跳了出来，从顾客心理情感认知的角度对蒸馏水做了重新定义："爱——至清至纯。"用两个简单的形容词，就将蒸馏水的物理特性和懵懂清纯的美好情感紧密地联系了起来，收到了意想不到的效果，在消费者头脑中打上了深刻的联想烙印。

当然，品牌联想也是实现品牌差异化的重要前提，并可转化为核心竞争力，让品牌在该品类中脱颖而出，使得消费者一旦接触到该品牌，就会产生相关联想。比如宝马强调终极驾驭，奔驰致力于豪华尊享，沃尔沃则强烈传递安全感，甲壳虫则以独特造型取胜……

品牌联想也能勾起消费者的情感共鸣。品牌联想如果能巧妙地引起消费者的情感共鸣，就会迸发出强大的人格魅力。

一个优秀而成功的品牌，是可以解决许多生活中的矛盾的。那么，品牌可以解决什么样的矛盾呢？

所谓矛盾，无非是阴与阳、黑夜与白天、正义与邪恶，诸如此类。

我们来看一个关于时间矛盾的案例：

西贝快餐，是多数人都知道的一家快餐店。这家企业发源于内蒙古临河市，迄今已有 27 年的发展历程。创始人贾国龙经过多年拼搏，从起初的一个“黄土坡小吃店”发展成为全国有一百多家店面、从业人员逾万人的中国知名餐饮企业。市场分布于北京、上海、广州、深圳、天津、石家庄、沈阳、西安、杭州、南京、大连、呼和浩特、包头、鄂尔多斯等全国各大城市。

27 年来，西贝的大厨们跋山涉水，走遍大西北的山野乡村、大漠草原，努力寻找西北的天然精良食材，挖掘、创新民间传统做菜工艺，只为让顾客吃到最地道的西北乡野美味。西贝的原料来自西北的草原、山野、乡村，绿色、营养、健康！西贝的菜品烹制简单，调味单纯，不添加味精，保证了食材的本色本味。

于是，西贝有了自己的使命：创造喜悦人生。

> 为了让自己的品牌影响更大，做强企业形成核心竞争力，实现企业愿景，西贝请来策划团队打造自己的品牌形象。

也有了他们自己的愿景：全球每一个城市，每一条街都开有西贝，是顾客的最爱用餐地。因为西贝，人生喜悦。

而他们的核心价值观则是：真实、负责任、荣耀承诺。

其间，西贝还四次折腾改换品牌名称，最后不得不回归最开始进北京时的版本：“西贝莜面村”。但无论他们如何折腾，他们有一个特点没有改掉，也没有扔掉，就是一直坚持着一个字：快。

> 在北京这样的特大都市里，时间的概念太强烈，生活节奏快，那么西贝快餐就适应了这里的快节奏生活，节省了人们的时间，解决了其他饭店的“慢”的矛盾。

他们解决到了什么程度？基本上是在店面里你只要点完，几分钟就能上菜。于是，很多上班族甚至“白领”即使排队，也要在西贝这里就餐。

那么怎样启发品牌联想？要做到“三认清”：

> 这是一个值得学习的品牌企业：能抓住主要矛盾。解决主要矛盾，成功了，这个品牌也就成功了。

一是认清自身。头脑清醒地看待企业自身的产品和服务，要客观、公平、理智，没有的东西不能乱说，否则品牌指日可倒。

二是认清对手。深入研究竞争对手的品牌，找到自己的核心价值亮点。

三是认清目标。找到自己的目标消费群体，联想到吸引消费者目光的卖点。

美国未来学家约翰 · 奈比斯特说：“未来社会正朝着高技

但凡优秀品牌的传播，无不充满了人类美好的情感，并给消费者带来了丰富的情感回报。比如，钻石彰显永恒之爱，一句“钻石恒久远，一颗永留传”的广告语，便将一段刻骨铭心的爱情，与一颗光彩夺目的钻石联系了起来，并在消费者心目中建立了一种发自内心的品牌感动。感动之余，就会有联想。

术与高情感平衡的方向发展。”

另外，品牌联想有时也取决于品牌名称。像上文中讲到的“西贝”，即老板“贾”姓的上下结构拆解成“西贝”二字，而“西贝”又恰恰是“西北”的谐音，这能使顾客便于记忆。所以即使后来他们改换了几次品牌名称，最后还得改回来。

而消费者对品牌的认知，有时会决定一个品牌的兴衰成败。所以，我们要为企业确定一个有利于传播品牌定位方向的名称。

任何品牌都有具体的服务对象，有自己的目标消费者。这样，如果品牌名称能同目标消费者有强或弱的关联，让人们通过品牌名称就能知道品牌的消费主体，那就可以大大提升品牌传播效果，并引发消费者的共鸣。

这样，品牌联想也就事半功倍了。

第五节　打造品牌“七注意”

企业品牌形象的好与坏，取决于产品的水平和质量。所以品牌企业应不断地引进先进的科技生产力，扩充研发团队，加大研发力度，使品牌在市场中具有核心竞争力。

此外，在打造品牌时还要“七注意”：

一要注意加快产品迭代能力。

二要注意提高服务质量体系。

优秀的服务，能够不断提高消费者满意度，更能提升消费者对品牌的忠诚度。在质量方面，企业永远应该走在市场需求的前面，走在消费者的前面，形成良好的品牌信誉。

三要注意加大品牌体验的力度。

让消费者、经销商、供应商更好地认知品牌、感知品牌尤为重要，让品牌和顾客有亲密度，在消费者心中完成“注册”，提升品牌忠诚度。

四要注意推行品牌经营战略。

五要注意优化品牌设计。

品牌名称、标志和包装设计，是提高品牌认知度的重要因素。

六要注意处理好公共关系。

品牌形象在消费者心目中完成“注册”，最终取决于品牌自身的知名度、美誉度以及公众对品牌的信任度、忠诚度。

七要注意做好愿景规划。

品牌代表的不仅仅是一个产品，它更代表着某种企业文化内涵。

企业要勇于改正品牌建设过程中的错误，精准提炼品牌的核心价值，将其融入品牌形象中，这样塑造出来的品牌，才会成为市场上的强势品牌，中国的企业才会走向世界，在国际舞台上展现中国风采。

当下，品牌竞争逐渐取代产品竞争。推行企业品牌经营战略是企业经营战略中不可忽视的一个问题。所以，我们的中小企业经营者，要及时了解消费者对品牌的满意度、忠诚度变化情况，及时调整品牌的战略方向。

品牌愿景是企业的管理者通过品牌传递给人们的，更是企业长久发展的基石。品牌愿景的正确规划，能够让企业在激烈的市场竞争中站稳方向，塑造出更强势、更长久的品牌。

总之，打造品牌，不是一朝一夕就能完成的，它是一个庞大的、系统化的工程。

企业智慧
Business Intelligence

新红点
企业可持续发展

可投资
Can Invest

银河系
Galaxy

部门
Department

团队
Team

规模
Scale

创业
Entrepreneurship

时间
Time

红点
Red Dot

三种智慧

局外智慧　行为时空智慧　战略智慧

Ⅲ 第三步

三种智慧：投资未来
角色不同　局外生慧

温馨提示：

格兰仕决策层认识到，在全国只有几十万台容量的狭窄市场上，企业要想有所作为，就必须进行大规模消费思想引导，迅速扩充市场容量。中国的消费者是先入为主的，当多数中国老百姓还不知道微波炉为何物时，谁能在第一时间让他们接受，谁就是赢家。

第六章

"三种境界"下产生"三大智慧"

——品牌超值是最大智慧

回首往事，人类有多少事情，都是因为太在乎自己了呢？

常常，人们把自己放在一个重要得有些变态的位置上，甚至变成自恋，让个人的情绪、自己的面子把自己彻底锁住、封闭起来。这时，人往往就会身在此山中，不识庐山真面目。所以一定要学会站在自己之外回看自己，这时才会清醒地认识自己。

同样，经营企业的人，也要定期或不定期地站在企业之外、行业之外和中国之外去回看一下企业、行业和国内。

只有如此，企业经营者才会做到无关生智、理智处世的境界。

第一节 智慧“三种境界”

我们认为，智慧有“三种境界”。

第三境界：普通人看见的是好人、坏人。人们之所以看到好人和坏人，当然有自己的一套标准，或看法体系。

但这样问题就来了，谁能保证自己的标准一定是正确无误的呢？

我们对别人有那么多的审视、评价和比较。回想起来，我们在生活中，又有多少人因为我们并不一定科学、客观的看人标准，离我们而去？

第二境界：高人看到的不是某个人，而是一种立场。

他用这种立场去看待周边的人，每一个人都是正确的，每一件事情也都有合理发生的理由。

所谓的立场，就是你代表谁、为了谁。“立场”等于“正直”。

当你代表的人越多，你的事业就会做得越大；当你为多少人服务，你的事业就能做到有多广。有时候，我们抱怨世事无常。其实，世事是正常的。

看不惯的，往往是我们没有的、做不到的、我们不能创新的。

第一境界：成大业者，必将“目中无人”。在他们看来，人只是一个相。相会生、会灭，也会变化。在什么样的场合，就能显现合适这个场合的相，并且一个场合只能使用一个相，百分之百地去显现这个相。就像水一般，有时是冰，有时是气体。

那么作为企业的经营者，你曾经这样问过自己，曾经用过这样的局外智慧吗？

这样的高人可以做到无法无相，见人说人话，见高人说高人话。真正地和周边的人去连接能量结，从而成为巨人智者。

“怎么才能培育强势品牌？企业有没有理想中的品牌战略？为此，企业经营者怎么去努力？这样做到底靠谱不？”

对企业而言，这些问题又会衍生出其他很多问题。比如，企业自身的产品和对应的服务有没有特色？顾客的看法对于企业来说最重要——但哪些人是企业的顾客？企业能给他们什么样的印象？企业该如何塑造自己所希望的形象？如何让顾客知道、甚至了解我们的品牌核心价值？怎么样才能让顾客信赖我们的产品和服务？因为信赖才能产生消费啊！

似乎还远不止于这些问题。

企业希望顾客认为我们执行高价策略吗？企业的市场定位，是不是处于对价格非常敏感的市场占位（企业是否应该考虑客观理智地定价）上？我们认为，客观公正、细致严谨的内部评估、核心竞争力分析和市场调研，应该是解答这些问题的手段和培育强势品牌的基础。

即使企业上述问题已得到较好解决，也制订出了非常理想的品牌战略，而品牌培育的努力也只是刚开始而已。

接下来的创建品牌、运营品牌、维护品牌、坚持品牌核心价值等任务都非常艰巨，需要我们运用品牌智慧去做好企业品牌文化。

那么在建立品牌价值上，要运用“三大智慧”：

即**局外智慧、行为时空智慧、战略智慧。**

第二节　局外智慧

企业经营者或者品牌运营官，如果要创建理想的品牌战略，就必须跳出企业看企业，跳出行业看行业，跳出中国看中国，跳出全球看全球。

唯有如此，我们才能客观、清醒地认识：企业在市场上的占位如何？有无核心竞争力？品牌运营上还有哪些有待改进的地方？我们的企业使命和企业愿景是否恰当、准确？企业格局是不是够大？我们是否具有足够的情怀去做好企业品牌？企业管理是否与品牌运营相匹配？

……

那就是，你的企业自动运转的时间是否能超过半年以上？

如果是，就说明你的企业已经在品牌的推动下，在没有

出局则站在企业之外，行业之外，产品之外，员工之外，回头看清你有什么样的企业、什么样的产品、什么样的员工……

这个过程，是无关生智、局外生慧的过程。

由此可见，跳出行业看行业，跳出企业看企业，是一个非常重要的思维方式。

老总的情况下，也可以自动运行一段时间。也就是说企业脱离了“人治”，已经纳入“法治”轨道。

从投资角度来说，脱离了“人治”的企业，就是可投企业了，企业的品牌建设也基本大功告成。

局外就是我在我之外，我与局无关。

企业经营者必须定期去到局外，才能对局内看得更清楚。当然，企业经营者入局必须入得彻底，出局当然也必须出得干净利落，还要保证自己随时进入、随时出局。

企业经营者也只有在企业之外，才会生出经营企业的智慧；也只有站在团队之外看团队，才会生出经营团队的智慧；也只有在产品之外看产品，市场才会立刻显现。

企业永远都会有问题，也正因为有问题，才需要经营者具备局外智慧，去看清企业，发现问题，解决问题，使企业得到迅速成长。

同样，企业的产品也永远没有完美之时，所以，我们只能找到目标顾客群体，把我们的产品卖给那一部分顾客。

这也是品牌差异化的智慧。

号称“买我的车，需要提前一年提出申请”的劳斯莱斯，作为世界汽车史上最尊贵的代表车型，面对顾客时，他们首先要考察购车者的诚信状况、财力程度，甚至资金的来历，最后才能确定卖什么颜色的车给顾客。

黑色的劳斯莱斯只卖给王室或政要部门，这是劳斯莱斯公开向外宣称的销售定位。

世界音乐摇滚史上的“猫王”埃尔维斯·普鲁斯利（Elvis Presley）在世时，就曾想购买一辆黑色劳斯莱斯车。

但是，劳斯莱斯公司经考察认为：虽然“猫王”开辟了一个音乐的摇滚新时代，名震全球，尤其是在年轻人心目中的影响与地位无可替代，但他还是不能满足公司的各种条件，即他既不是王室，也不是政要。

最后，劳斯莱斯公司只卖给他一辆银灰色劳斯莱斯。

可见，埃尔维斯·普鲁斯利虽已是全球摇滚之王，但因为他的身份问题，就是买不到黑色劳斯莱斯车。因此，劳斯莱斯车所象征的气派与尊贵的条件真是不可逾越，牛得很呢！

劳斯莱斯之所以坚持不卖给“猫王”黑色车，确实是一种品牌企业的智慧与原则。因为品牌经济其实就是体验经济。

品牌使命中有一个重要的法门是：为消费者提供文化上、心理上的尊贵体验和身份感受。

对于大部分消费者而言，购买品牌的体验，尤其是消费那些世界级名牌时，其实就是满足人类的那种与生俱来的炫耀感、成就感和尊贵感。

对于那些消费者的心理体验来说，人家根本不会觉得买得贵，而感觉用上了就不贵，这样的思维会给他们带来一种无法言说的愉悦感和满足感。

品牌企业，就是从这类消费者的那种品牌体验中获得了超额利润，且从不需要议价。

我们不能不说，劳斯莱斯这种严谨的智慧，也是一种品牌智慧。

品牌企业跳出企业看企业，怎么看？看什么？

我们认为需要注意看问题的几个方面。

构成品牌的三大要素：劳动、资本、技术。当企业家跳出企业看企业时，这几个要素的重新评估、重新组合，就是一个不能避开的问题。

首先，在人力资源方面，企业处于一个什么样的水平。如果我们不重视人的因素，即使你的品牌如何高大上，那也只是一个梦想，因为品牌文化无法落地，或者落地时受到人为因素制约，那就前功尽弃、抱憾一时了。

其次，资本问题，也应该引起企业经营者的高度重视。资本运作又称资本经营、消费投资、连锁销售、亮点经济、离岸经济等，是中国大陆企业界创造的概念。它指利用市场法则，通过资本本身的技巧性运作或资本的科学运动，实现价值增值、效益增长的一种经营方式。简言之，就是我们的企业家在跳出企业看企业时，要考虑如何利用资本市场，通过以小变大、以无生有的诀窍和手段，利用好企业资产的品牌经营活动。

最后，回看企业里的技术创新问题。“大众创业，万众创新”是中国经济发展的重要引擎，是“发动机”。创新当然带有颠覆性，从供给角度，一定要让创新成为企业培育新的经济增长点的最重要动力。

回看企业，如何更好地组合这些要素，让它们在一起发挥作用，就涉及企业家精神。

什么是企业家精神?

企业家精神就是指企业家组织建立和经营管理企业的综合才能的表述方式，它是一种重要而特殊的无形生产要素，或者说就是一种品牌企业的精神。

企业家是要有一点精神的。回看企业，就是一种谦虚谨慎、追求进取的精神下的理智行动，就是一种做大企业、做好企业品牌的行动。

第三节　行为时空智慧

众所周知，一个人有怎样的思维方式，就有怎样的行动方式，就有怎样的做人做事方式，也就会有怎样的结果。

思维方式，是人生最宝贵的财富。

当前流行的互联网思维，体现了人的思维是可以互相沟通、传递的。在通过网络传递的同时，也可以通过网络接收。

在某种程度上，人的观点和见解，甚至行为是思维的体现。

美国著名社会心理学家马斯洛提出了需要层次理论，将人类需求从低到高按层次分为五种：

（1）生理需求。

（2）安全需求。

（3）归属和爱的需求。

（4）尊重的需求。

（5）自我实现的需求。

生理需求：这是人类维持自身生存的最基本要求，包括饥、渴、衣、住、性方面的要求。如果这些需求得不到满足，人类的生存就成了问题。

安全需求：这是人类要求保障自身安全、摆脱事业和丧失财产威胁、避免职业病的侵袭、接触严酷的监督等方面的需求。

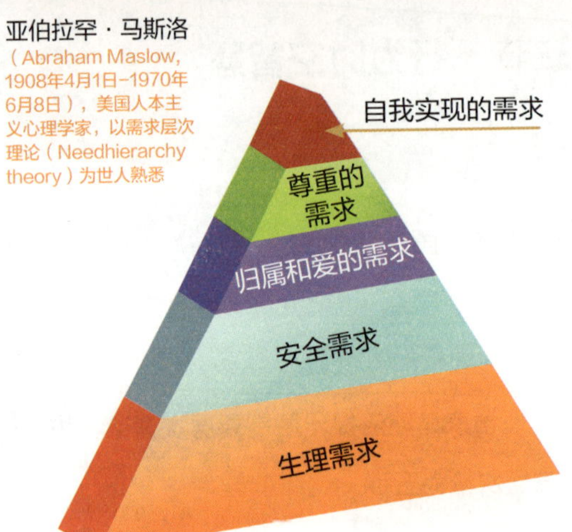

马斯洛认为，整个有机体是一个追求安全的机制，人的感受器官、效应器官、智能和其他能量主要是寻求安全的工具，甚至可以把科学和人生观都看成是满足安全需求的一部分。当然，当这种需求一旦相对满足后，也就不再成为激励因素了。

归属和爱的需求：这一层次的需求，包括两个方面的内容：一是友爱的需求，即人人都需要伙伴之间、同事之间的关系融洽或保持友谊和忠诚；人人都希望得到爱情，希望爱别人，也渴望接受别人的爱。二是归属的需求，即人都有一种归属于一个群体的感情，希望成为群体中的一员，并相互关联和照顾。感情上的需求比生理上的需求更细致，它和一个人的生理特性、经历、教育、宗教信仰都有关系。

尊重的需求：人人都希望自己有稳定的社会地位，要求个人的能力和成就得到社会的承认。尊重又分为内部尊重和外部尊重。内部尊重是指一个人希望在各种不同情境中有实力、能胜任、充满信心、能独立自主。内部尊重就是人的自尊。外部尊重是指一个人希望有地位、有威信，受到别人的尊重、信赖和高度评价。马斯洛认为，尊重的需求得到满足，能使人对自己充满信心，对生活满腔热情，体验到自己活着的用处和价值。

自我实现的需求：这是最高层次的需求，它是指实现个人理想、抱负，发挥个人的能力到最大程度，达到自我实现境界的人，接受自己也接受他人，解决问题能力增强，自觉性提高，善于独立处事，要求不受打扰地独处，完成与自己的能力相称的一切事情的需求。

当年，云南白药牙膏就是从马斯洛需求层次理论分析出：消费者想治疗牙病是生理需要，白药牙膏很容易使人联想到云南白药的药物品牌，恰到好处地将治疗牙病这一隐形动机通过意识引导变为显性动机。

他们还发现：消费者收入的变化会引起消费者需求重心的改变。随着现代人的收入增加，人们会将需求重心向健康、舒适、方便侧重，对于产品的质量要求也越来越高。

云南白药作为民族品牌，与高端的国外品牌相比，在消费者的情感选择中具有一定优势，但也要警惕消费者行为中崇外崇洋的思维。

于是，他们立足于这一点，推出新一代口腔护理、保健牙膏，以牙龈、牙周、牙齿和口腔其他组织得到专业的护理、保健为特色，并满足消费者对于产品高质量要求的心理。

美国耶鲁大学教授克雷顿·奥尔德弗（Clayton Alderfer）的ERG（人本主义需要）理论，建立在上述的马斯洛需求层次理论之上，他认为人的行为分别出于以下需求：

（1）生存需求（Existence）。

（2）关系需求（Relatedness）。

于是，在上市初期，即在电视广告上对“药店及商场有售”之类的信息进行提示，充分利用了消费者的商场知觉，通过购买环境的不同，引导消费者的消费行为。

经过耐心的引导，2006年年底，云南白药牙膏的销售额飙升到3亿多元，基本确立了中国功能性牙膏的品牌地位。2012年，他们的销售额达超12亿元，一举成为医药产品进军日化领域的成功典范。

（3）成长需求（Growth）。

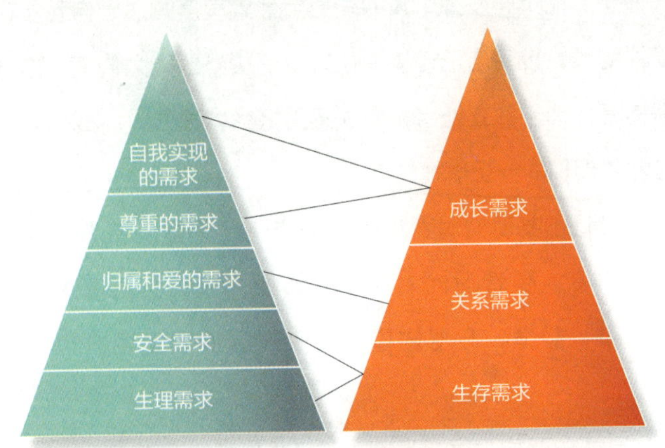

马斯洛需求层次理论　　奥尔德弗人本主义需求理论

但他还认为：多数人在同一时间段内，完全可能有不止一种需求起作用；如果较高层次需求的满足受到抑制的话，那么人们对较低层次的需求的渴望则会变得更加强烈。

一百多年前，瑞士食品技术员亨利 · 内斯特尔发明了一种育儿奶粉，即把果糖和营养剂加入奶粉中，成了当时风行一时的健康育儿食品。

在育儿实践中，确实有孩子喝了亨利 · 内斯特尔的奶粉后，因为营养均衡，所以十分健康。从此，亨利 · 内斯特尔的奶粉改写了其国家婴儿不喝牛奶的习惯，把妈妈们从奶孩子的劳烦中解脱了出来。

实际上，Nestle 的英文含义是“舒适”和“依偎”；而

1867 年，内斯特尔创立了育儿奶粉公司，以他的名字 Nestle 为其产品的品牌名称，并以鸟巢图案为商标标识。

因为英文雀巢（Nest）与他的名字为同一词根，所以中文一并译为“雀巢”。

雀巢图形会使人们直接联想到鸟妈妈喂养小鸟的情景，再联想到现实生活中妈妈哺育孩子的辛劳。

于是，“雀巢”奶粉的销路一直很好。

这里，“雀巢”的品牌充分体现了奶粉的功能定位和情感定位。

功能定位，就是突出奶粉的新功效，强调它与同类奶粉的不同之处及其优越性。“雀巢”奶粉、咖啡具有“雀巢”的内涵和品质，奶粉让婴儿健康成长，咖啡给众多消费者带来了舒适和安逸。

情感定位，则突出了产品对消费者的象征意味。利用它唤起消费者的爱和人情、亲情等情感共鸣，以这种情感打动方式去劝导、改变消费心理。

“雀巢”品牌名称及标识注入了人性情感及爱心意境，很快就树起其品牌企业的温情外部形象，给人的感觉是温馨、开心。

因此，我们可以引申出：企业管理措施，包括品牌管理，都应该随着顾客的需要结构的变化，做出相应的改变，并根据每个顾客不同的需求，制定出相应的品牌管理策略。

这种品牌智慧是很高明的，因为只有人情和人性才能打动一切人。

只有这样，才符合我们所了解的人性、人情。

而当人的行为与时空整合，那么就有了实际上的具体意义。比如，企业经营者角色的转换，从经营者角度转换到消费者角度看企业，看自己的产品。

这样，经营者就会找到不同的答案和不一样的感受。也就会找出自己企业及产品和服务存在着什么问题，有哪些优缺点，还需要什么样的改进、提升等。

有一句话，可以很准确地形容这种变换时空后的行为结果：

换个角度，你就是老大。

企业要发展，就要跳出行业，去和行业老大相比，最后还要和全球老大比。一个人或一家企业，如果你不树立最强的敌人，而是一味地和羊作对、战斗，你永远斗不过狼，更不要说老虎了。

所以，企业经营者如果能潜心调研一下消费者行为的内在动机，对企业发展，对品牌管理，都是有重要意义的。不仅如此，这种调研，还会有更多更重要的收获：可以发现新产品机会，新的细分市场，找到新的客户，扩大销售区域；还可能制订出与目标消费群体更接近的销售方案，提高销售额。

如果经营者还能跳出自己的圈子，回看、俯视自己的企业，随着角色越来越多，就会对企业及品牌管理有着更清醒、更准确地把控。

实践告诉过我们：任何品牌得不到发展，产品不好卖，都是没有满足和重视消费者的需求，没有真正调研过消费者行为表现的内在动机。

当然，这种调研还会有助于制定消费行为的规则，科学、正确地引导消费者的购买决策行为和决策时间。

所以，我们也可以这样说：

消费者对于产品以及品牌的态度，老板要负 100% 的责任。

格兰仕微波炉，就是一个成功引导消费行为的典范。

格兰仕创建于 1978 年，前身是一家乡镇羽绒制品厂。1992 年，带着让中国品牌在微波炉行业扬眉吐气、让微波炉进入中国百姓家庭的雄心壮志，格兰仕大胆闯入家电业。

但是他们也意识到，当时，微波炉并不被顾客所认识，消费者也不知道这种东西有什么用，怎么使用，用了有什么益处。

1995 年，格兰仕决策层认识到，在全国只有几十万台容量的狭窄市场上，企业要想有所作为，就必须进行大规模的消费引导，迅速扩充市场容量。中国的消费者是先入为主的，当多数中国老百姓还不知道微波炉为何物时，谁能在第一时间让他们接受，谁就是赢家。

于是，格兰仕立即发起了一场规模浩大的微波炉“启蒙运动”：

联络全国400多家新闻媒体，以合办栏目的方式，做豆腐块大小的知识窗，系统介绍微波炉的好处、选购、使用、菜谱、保养方法等。

新闻媒体的炒作迅速产生连锁反应，有关微波炉的文章铺天盖地。

格兰仕组织专家编写微波炉系列丛书，免费赠送100多万册。

精心制作数百万张微波炉知识光碟免费送给顾客。

经过一段时间的引导与宣传，微波炉概念得以迅速在消费者中普及，微波炉市场渐渐形成，消费者也开始认可微波

于是，格兰仕品牌也随之叫响全国……

炉的作用等。

行为时空智慧，就是我们要利用好马斯洛的需求层次理论和克雷顿·奥尔德弗的 ERG 理论，给产品找出差异化和亮点，切出自己的一片天地，让企业品牌走上一条健康发展的道路。

如果能理解上述两种理论，也就理解了由此产生的一些思维，及其导引出来的行为方式。

这将有助于我们“换位思考”，“设身处地”地站在另一个角度上去考量消费者及其行为，从而让产品品牌走进消费者内心，让品牌在消费者心目中完成“注册”，最后达到品牌制胜的最终目标。

第四节　战略智慧

“战略”一词源于军事术语，指筹划和指导战争全局的方略。

有战争，人们就会想办法谋取胜利，而在单纯凭“斗力”无法取胜时，人们很快就想到了在“斗力”之外要加上“斗智”，到双方都知道“斗智”时，战略的观念就开始产生了。

19 世纪初，“现代战略研究之父”、德国战争史学家卡尔·冯·克劳塞维茨将战略定义为：为了达到战争目的而对战斗的运用。

还从格兰仕的成本战略智慧说起：

格兰仕不仅用低成本引导消费，生产成本上也是他们一直在考虑的战略。而且，实际上，他们的竞争优势法宝就是：实施总成本领先。

随着人类社会的发展，“战略”一词逐渐被广泛应用于军事以外的领域，包括政治、经济、科技、社会发展等，其含义逐渐演变为“泛指重点的、带全局性或决定全局的谋划”。当人们把军事战略思想运用到公司的经营管理之中，就产生了公司战略管理。

为了这一目标，他们拼命扩大生产规模，摊薄各种成本，追求规模经济效益，以求降低微波炉的单位成本，借不断降价来排挤竞争对手，抢占市场，使品牌产品的市场销售量、市场占有率不断提高。

除此而外，他们还经过反复研究、比较分析，在 1998 年和 1999 年两次变相降价，即增加微波炉产品的附加值，提高赠品分量，实施“买一赠多”（根据产品型号分别附赠 7 件、9 件、11 件相关产品）的价格策略，当年市场占有率就一下子提高到 61% 和 67.1%。

这种战略竞争，使他们的对手想学都学不了、学不来。因为一旦学上，只能是把自己累死、压死。

战略，着眼于解决未来的问题。企业当下出现的困难，都是之前的战略缺乏所导致。在市场竞争的“红海”上，有的企业找不到战略智慧的“蓝海”，所以变也是个死，不变更要死翘翘。

人生最大的战略，就是成功和幸福，那么首先要解决**“我是谁？我从哪里来？我现在在哪里？我要去哪里？”**这四个战略点。

解决了这一战略，你才能知道你能走到哪里，什么时候才能到达，前景如何。如此一来，人类可以在百年之后得到一个理想中的美好去处。

而企业的最大战略，与人生的战略管理大同小异，我们也要解决上面四个问题。唯其如此，才能说我们的企业战略管理明晰，企业才有跻身市场竞争行列的可能。否则，企业倒在市场竞争的“红海”上，只是一个时间问题了。

所以，品牌战略智慧，就是培育企业品牌，使其增值，使其具备一定的市场知名度，甚至是国际知名度，并使品牌得到有形和精神层面的传承。

如今的百年品牌企业，也不是没有。他们的战略管理，一定是当年就做得非常好。也只有这样的百年品牌，才能做

圣象地板，企业成立于1995年。由于他们率先把强化木地板引进国内，较好地解决了地板质量及自然磨损的问题，得到了消费者的认可，企业发展得也比较快。

到此生没白活，企业得以永生，永远为人类生存、生活做出自己的贡献。

我们来看一下一家公司的战略管理：

1998 年，圣象地板在强化木地板市场上，已经拿下了同行业销量第一的桂冠。

但圣象地板并不满足于这样的地位，这是一个勇于进取的企业，愿景远大的公司。他们启动了对当时的地板市场详细调研，发现：当时，地板市场由实木复合地板、实木地板、强化木地板瓜分拓展，而自己的圣象地板已成为强化木地板市场上的第一品牌。

事实上，当时的地板市场是处于一个产品质量良莠不齐，但市场需求旺盛的行业环境中。于是，地板企业都在忙于满足顾客和市场对于地板的需求，而企业发展战略等重要问题却没有引起业内重视。企业经营者都忙着赚钱，品牌战略就被他们扔到脑后去了。

但他们也发现：整个地板市场，居于领袖地位的品牌地板仍然空缺，连有些领袖战略管理的地板品牌都没有。圣象地板由此制订出首个战略：圣象由强化木地板第一品牌，转变为地板市场第一品牌。

当时，圣象地板的经营模式也很有意思，采用了虚拟经营的办法，由德国一家著名的公司给他做 OEM（代工），而圣象则专注于自己的品牌战略规划、经营上。

虽然这使企业的经营成本增高，但这种经营模式，在当时已经是很超前、很具胆识了。

在这样一个品牌创建空当期，如果圣象地板能坚决地打造品牌，就会在市场“红海”上的竞争中轻松取胜。

但此时的圣象地板，急需的是：在其时的品牌平台上、战略管理上要得到更高层次的提升，从而将企业推到更大的一个平台上，这也会顺利开启企业的跳跃式前进发展的模式。

经营伊始就努力塑造企业品牌，也正是圣象地板占据强化木地板第一的关键因素。

于是，圣象地板开始把自己定位于全国“地板市场第一品牌”，还制定出多品牌战略，使地板体现出高品质、高品位、富于价值感，圣象品牌由此得到直接的提升、完善。

圣象地板由此还大手笔地进行企业形象、品牌形象的广告传播，社会反响和市场反响都非常好。

但理智的圣象地板并不沾沾自喜，更不夜郎自大，而是清醒地继续在品牌战略管理进程中，通过各种办法，包括找到品牌产品的亮点，打出产品高度差异化：比如地板“上墙”“上天”等办法，继续提升圣象品牌。

现在，圣象地板的市场销量已经多年独占鳌头。

这时，品牌超值就是最大的胜利，也是品牌管理智慧的最大胜利。

当我们的品牌管理融合好上述三种智慧，那么，品牌价值就会得到保证，而且会源源不断地提升，甚至提升到我们自己都会吃惊的地步。

那么我们的品牌企业在回看企业过程中，如何落实战略智慧？需要注意什么问题？

我们认为，首先要考虑通过有效途径降低成本，使企业的全部成本低于竞争对手的成本，甚至是在同行业中最低的成本，从而获取竞争优势。

如果现有对手之间的价格竞争非常激烈，产品同质化严重，产品无差异化，顾客使用产品方式类同，消费者具有议价可能的。可以考虑以下几个方面的战略竞争：

降低产品成本，全部取消产品或服务中的花样。

改进设计成本，低于对手的创新成本。

节约材料成本。

降低人工费用成本……

这样，我们的战略智慧，就可以抵挡住竞争对手的对抗，抵御消费者讨价还价，灵活处理供应商的提价行为。

自然，在这种战略智慧中，我们也可避免过度降价引起利润率降低。此外，不能丧失对市场变化的预见能力，如创新的变化也可能降低企业资源的有效利用。

同样，在进行差异化战略竞争时，企业要突出自己产品与竞争对手之间的差异性。主要从四个路径考虑：产品差异化、服务差异化、人力资源差异化、企业形象差异化，提升消费者的品牌忠诚度，形成强有力的同行业进入障碍，减少竞争对手。

当然，在我们推进这种差异化战略智慧时，需要规避一些问题：可能丧失部分客户，消费者所需的产品差异的因素下降，也可能发生顾客忽略差异的情况，包括差异化过度的问题，都需要注意规避。

战略智慧中也包括聚焦战略。什么是聚焦战略？就是指企业经营活动集中于某一特定的购买者集团、产品线的某一部分或某一地域市场上的一种战略。这种战略的核心是瞄准某个特定的消费者群体、某种细分的产品线或某个细分市场。

所以作为中小企业经营者要时时注意，定期地从自身之外回看企业，就一定会收获到许多意料之外的智慧结晶。

当企业具有完全不同的用户群，这些用户或有不同的需求，或以不同的方式使用产品，在相同的目标细分市场中，其他竞争对手不打算实行重点集中战略，企业的资源不允许其追求广泛的细分市场，行业中各细分部门在规模、成长率、获利能力方面存在很大差异，致使某些细分部门比其他部门更有吸引力，此时，就需要我们运用聚焦战略来处理品牌竞争中遇到的问题。

第七章

“名不正则言不顺”

——品牌名称研究

由听过一次、看过一回即能牢牢记住的“东坡爱上息坡面”，就应该意识到：品牌名称极其重要，也是一种品牌智慧的体现。

现在，我们就来研究一下品牌名称的问题。

第一节 品牌名称“木秀于林”

民间有话叫“名正言顺”，也有话叫作“名不正则言不顺”。在我们周围，有的品牌因“名正”，品牌发展之路异常顺利。相反，有的品牌因名称有各种缺陷，导致品牌最后不是不死不活，就是销声匿迹。

比如，我们以前就听说过的“乡巴佬”“小猪猡”“洋鬼子”“地主”等名称，因其“名不正”，最后也没带来什么品牌“福利”，反而招致网民吐槽，甚至是社会舆论的一致声讨，被受众从讨厌直到唾弃，最后一死了之。

20 世纪 50 年代，樱花胶卷在日本的市场占有率已超过 50%，本来产品前景还算不错。但出人意料的是，不长时间它却被富士胶卷反超，最终被富士胶卷竞争得只剩下了一点点的市场占有率。

据后来相关部门的调查发现：导致樱花公司市场落败的深层因素，根本不是其产品质量有问题，而是它的品牌名称“樱花”惹的祸。

原来，“樱花”一词在日文中代表柔性、桃色的模糊形象，而“富士”一词，却暗合于“倒悬东海天”“白雪映朝阳”的日本圣山富士山。由于富士山是日本民族的象征，作为日本的国家象征之一，在全球享有盛誉。因此，“富士”的品牌形象在日本民众心目中的形象非常清晰，民众好感度也高，企业发展也因此蒸蒸日上。

2014 年，富士胶片迎来了成立 80 周年庆。作为全球知名的跨国企业，富士胶片在影像、医疗、印刷、高性能材料等多领域进行了创新性地探索。他们一直把“成为一家在 21 世纪能持续发展的企业”作为发展目标，不断生产与提供唯有富士胶片才能创造的市场领先的产品、服务、技术。

可见，有一个好的名字或“木秀于林”式的名称，对一

个全新品牌而言，能否尽快缩短品牌导入期，迅速获得消费者认同，在消费者心目中完成“注册”，最终成就一个强势品牌，已成至关重要的因素。

其实，品牌名称的研究，不仅包括了语言文字文化，同时也囊括了市场营销、翻译、心理学和美学知识。毋庸置疑，品牌策划顾问界已经兴起的品牌名称研究，将来肯定会促进市场营销学、语言学等学科的理论进步，也将有益于我们对文化、翻译、心理学和美学的研究。

品牌名称研究将来会发展成为一门学科，因为品牌名称实在是太重要了。

现在，我们把品牌名称研究单独作为一节拿出来研究，也是想抛砖引玉，为业界和企业界提供一些具有启示性的东西。

品牌名称，就是企业的重要无形资产，它传递企业的价值观，明确品牌的定位，表述品牌特征，说明对于消费者的功能，是识别产品或服务的思想理念的集合大成。它是品牌系统中可以读出来的那一部分，这部分可以是企业名称，也可以是注册商标。

在业界，现在基本都有此共识：

它虽然独立于企业视觉识别系统之外，但却是品牌文化中的重要元素，是品牌特征的高度浓缩，也是后期形成品牌概念的基石。

品牌名称，在品牌策略中占有极为重要的地位。

第二节 品牌名称“14字诀”

经过多年的命名实践，我们归纳出品牌命名必须遵守的“14 字诀”原则：

（1）根：历史溯源，含义积极。

（2）短：简短意赅，惜字如金。

（3）注：成功因子，且可注册。

（4）熟：受众熟悉，朗朗上口。

（5）数：顺风顺水，五行相生。

（6）海：创造蓝海，颇具情怀。

（7）直：易读好记，拒绝隐晦。

（8）感：描述优点，抓住特点。

（9）示：暗示属性，便于延伸。

（10）持：加持标识，兼顾整体。

（11）启：启发联想，寓意丰富。

（12）文：重视地域，适应文化。

（13）兼：国际品牌，兼顾民风。

命名品牌名称，所谓念头即是风水，意念一起，各类灵感也就随即而来。

（14）切：不切产品，就切精神。

通过以上这些原则，品牌名称就会“名正言顺”。

由上面的“14 字诀”原则，你会发现品牌命名也并不那么轻松。

我们看一下美国埃克森（EXXON）标准石油公司名称的由来，看看品牌名称命名有多重要，又有多慎重：

埃克森，是世界上最大的石油公司，它创建于1881年。起初，他们不叫埃克森，而叫新泽西州埃索标准石油公司。其Logo是一只强健凶猛、奔驰如飞的老虎，寓意为埃索公司旺盛的核心竞争力和不服输的拼搏劲头。

后来公司为适应全球发展，下决心统一在美国及其他各国的名称，他们要改换一个贴切的名字。但他们深知，品牌名称变更，牵一发必动全身，是个极为严肃而慎重的事情。

于是，他们动员了语言学、社会学、心理学、统计学等方面的专家，调查了55个国家的语言，走访近万人，做心理、情感方面的调研，查阅了一万多个电话指南。最后，他们通过计算机制作出近1万个新名称。经过层层淘汰，最后也还剩下8个。

对这 8 个名称，他们又用百种以上语言进行检索，保证其没有歧义。

直到最后，他们竟然花费了长达 6 年的时间，和高达 10 多亿美元的资金，才最终确定了“埃克森”这个新品牌名称。

这是全球品牌历史上的一次最昂贵、历时最长的品牌更名活动。

但时至今日，我们再看埃克森的更名，无疑也是最成功的品牌之一。

一些国际品牌在中国本土化时，汽车行业一些名称的选用，注意切合中国文化，比如象征力量和速度的动物：宝马、雪铁龙、路虎。

奥迪公司创始人奥古斯特·霍希，早年开办过一家名为

“霍希”的汽车公司，后来离开该公司 5 年以后，霍希又想重操旧业。为了区别于原公司，他就给新的公司起名为“奥迪 (Audi)”。其中含义其实非常简单：奥迪，是“霍希”的姓氏德文原意的拉丁文形式。

太多的品牌英文名命名，都在考虑词性、词义，或派生出品牌名称。

可口可乐的品牌名称也非常经典：其名字既是对称结构，又有间隔叠音，有中国古诗词之风，且“可乐”中文含义就是快乐、幸福，符合中国人喜欢祈福求贵、希冀富裕安康的文化诉求。

百事可乐 (Pepsi-Cola)：因自称其配方中含有可乐果等成分，宣称能治疗消化不良而得名。

微软 (Microsoft)：公司创办人比尔・盖茨取 Microcomputer software(微型电脑软件)两个单词的词头，起初定名为 Micro-soft，后来去掉了中间的“-”。

耐克 (Nike)：公司名称源自希腊胜利女神奈基 (Nike)。

品牌名称，如果特别出众，对品牌价值也有助推作用，因为好的品牌名称，有助于迅速传播，便于人们记忆，甚至读其名即知其品牌和产品。

2015 年，国内排列出了中国最有价值品牌排行榜。其中前 10 名是：

海尔——907亿元

联想——712亿元

五粮液——586亿元

国美——586亿元

中国一汽——569亿元

美的——540亿元

TCL（企业名称）——501亿元

金融街——368亿元

茅台——348亿元

长安——305亿元

2015 年，国外品牌价值排行榜前 5 名是：

苹果——1830亿美元

IBM（国际商业机器公司）——1160亿美元

Google（谷歌）——1080亿美元

麦当劳——950亿美元

微软——77亿美元

品牌价值，是品牌背后的经济实力、经营战略在市场中的价值体现。

品牌价值，主要由五部分构成：品牌名称认知度、品牌忠诚度、品牌满意度、品牌联想度和其他专有品牌资产。

现在，是我们应该去详细研究、深入借鉴一下国外品牌名称的时候了。尤其是国外品牌进入中国后的重新命名，希望对我们的品牌企业走向世界时会有所启迪：

比如，“奔驰”的品牌名称，也一样与其汽车品牌匹配得丝丝相扣，不偏不倚，甚至比其原名 Benz 的直译要形象、贴切得多。

品牌名称重新命名，就是指一国某企业品牌在横跨国际的品牌传播中，为顺利进入外国市场，对原品牌名称进行多种形式的研究、翻译，最终获取新品牌的名称。

如今，我们周围国际品牌越来越多，而且这些品牌一进入中国，就很快在消费者心目中完成“注册”。经过调查，我们发现，这得益于它们在品牌名称上刻意考虑中国文化，并在这上面下足了功夫。

名正则言顺。国外品牌在进入中国前，重新命名一个绝佳的品牌名称，是其企业品牌顺利进入中国市场的重要内容，也决定了其能否在中国市场上重塑品牌。

中国消费者一向有强烈的好奇心。对于国外品牌来说，他们本来就一直在关注。

我们必须明了这样一个现实：中西方文化差异，包括中英文书写的差异，甚至包括中西方受众心理差异，都是我们在品牌命名时要考虑的因素。

我们在品牌重新命名时，就要求教于相关方面的专家，在明了这些文化方面的差异后，再去考虑我们的品牌重新命名。

当然，我们也要注意总结如何才能寻找到优秀的品牌名称：

上佳的品牌名称，应该有好的内涵、音调，甚至在音调上的联想，考察新的品牌名称在读音上是否对受众有足够的吸引力、好奇心。

世界品牌在进入中国时，他们在选择中文品牌名称时，一般来说要复杂一些。他们需要关注三个方面：中国文化价值、名称意义以及前期的传播推广。

从传播角度上讲，他们还要考察品牌名称的翻译路径和名字的长度。一般来说，在品牌名称没有特别含义时，他们则完全依其发音直接翻译成新词，此处就是音译了；或者根据品牌名称含义去翻译，而根本不考虑发音，这就是意译了；也有音译、意译同时存在的现象，在发音近似的同时，融合含义翻译出新的品牌名称来。

此外，他们还会考虑新品牌名称的中文音调，是不是符合中国人的发音习惯。

在当前的经济新常态下，中国企业品牌必然需要跨出国门，进入国外融入国际市场，跻身全球市场竞争序列。这时，我们的企业品牌重新命名，就是一个必须面对的重要关口。

这里，我们认为，单从新品牌名称角度来说，我们绕不过外文修辞这一关。

中文的方块汉字，外国受众根本不能理解，我们的企业品牌就必须重新命名。对此，我们将无法选择：只能选取英文名字，或使用拼音，别无他法。

我们认为，中国品牌走向世界，品牌重新命名需要注意一个问题：

中国品牌是要国际化还是要本土化？

这要具体品牌具体分析：比如，有一些本身带有强烈的中国特色的茶叶、旗袍等传统文化遗产，这是中国自己的文化。那么，我们就要本着品牌建设的原则和特点，全面突出中国自己的特色。

这时，取一个更具中国色彩的新品牌名称就是必要的明智选择。自然，我们也要考虑，这个名称是否能直接体现民族特色，同时也能为外国受众所接受。

那些不具有明显中国特色的品牌，在重新命名时，选取那些让外国受众消费者感到熟悉、似曾相识的修辞语境，注意选那些外国人认为好听且流畅的单词，把自己的品牌变得让外国受众易于接受，就是非常明智的选择了。

总之，尽量从文化上，最大限度地融合到目标国家的现实语境中，是中国品牌应该采取的新品牌策略与智慧。

第三节　品牌命名“十三法”

为品牌名称命名有什么方法呢？在我们的实践中，大概有以下“十三法”：

（1）姓氏法：以名人、明星或企业首创人的姓名来命名品牌，充分利用名人、明星效应，得到那些喜欢特定名人或明星的消费者的认同。比如全球著名的“戴尔”电脑，就是用创办人戴尔名字命名的品牌。还有我们在生活中常见的“张小泉剪刀”“松下电器”“本田汽车”等。用人名来命名品牌有一个瞬间提高顾客认知率的益处。

（2）时空法：发掘历史渊源和传统文化，从中找到产品品牌命名的要素，使消费者迅速产生认同感。因此，运用时空法确定品牌，可以借助历史赋予品牌的深厚内涵，迅速获得消费者的青睐。比如“息坡面”，就是利用现有品牌名称，联想到历史名人，迅速抓住消费者一般不与抵抗的名人效应。

（3）接近法：企业把产品品牌与本地地名联系起来，使本地消费者从地理接近上产生一种天生的信任感，进而产生对产品的信任。比如，山东青岛啤酒以本地地名命名，人们因此会联想起这座海滨城市的美丽景色，使消费者在对本地品牌认同的心理上，迅速产生对青啤的认同。

但用地名来命名品牌，一定要慎重。因为法律无法禁止竞争者利用相同的地理名称命名品牌。

（4）功能法：以产品功能命名品牌，让消费者对产品功效产生认同。如“脑轻松”“六必治”等。

（5）人物法：把品牌直接和目标消费者群体联系起来命名，使这个群体的消费者瞬间产生认同感。“太太口服液”就是个鲜明的例子。

（6）语言法：将中文、外文字母或两者结合起来命名品牌，使消费者对产品增加“洋气”的感受。如“海信”的英文“HiSense”，“雅戈尔”用英文“YOUNGER”音译作为品牌，增加“洋气”。

（7）数字法：用数字命名品牌，易于记忆，提升品牌特色。比如“三九药业”“三一重工”“三星电子”等。用数字命名品牌，可以迅速增强差异化。

（8）物类法：用动植物或自然景物、景观命名品牌。比如“大红鹰”“七匹狼”“熊猫”等。这样命名品牌，借助动物，使人印象深刻，提升记忆速度。

（9）使命法：以企业核心价值、使命或远景目标的简短语句命名品牌。比如“同仁堂”等，可以让消费者迅速明确企业精神。

但要注意，把一般性的词句，用在品牌名称上，不是明智的选择。因为凡是在字典上能够找到的，用来命名品牌的任何字都属一般性，任何人都可以把它拿来用到行销活动上。

（10）情感法：以产品带给消费者的感受命名品牌。比如“美的”“家乐氏”“七喜”“吉利”等。

（11）公司法：用企业名称命名品牌。如“菲利浦电器”“索尼电器”“三洋电器”“华晨汽车”等，使产品品牌、企业品牌相互促进，优化企业形象。

（12）自创法：词典里没有，要经过自行创造后命名品牌，属于新词。这些新词一方面具备了独特性，使得品牌容易识别，也比较容易注册；另一方面也具备了较强的转换性，可以包容更多的产品种类。这类品牌最为常见。比如“全聚德”：整个名字并无特别意义，但拆开看单个的字就有很好的解释：“全而无缺、聚而不散、仁德至上。”

（13）拼音法：以拼音为品牌命名，是国内企业的独特做法。比如“海尔”（Haier）、“长虹”（CHANGHONG）等。拼音一般与汉字组合使用成为品牌名称。

通过上述品牌命名方法，我们可以结合企业实际情况和消费需求，颇具匠心地为品牌命名，使品牌更快更好地走进消费者内心，走向世界大舞台。

需要注意的是，品牌名称一定要可以“注册”，能够在法律上得到保护，这是品牌命名的首要前提。品牌名称如果不能注册，就得不到法律保护，就不是真正属于自己的品牌。

所以我们在为品牌命名时，一定要慎而又慎，多方论证，稳妥为之。

一般来说，为品牌命名，一定要遵守以下几个程序：

前期调查。在取名之前，应该先对目前的市场情况、未来国内市场及国际市场的发展趋势、企业的战略思路、产品的构成成分与功效以及人们使用后的感觉、竞争者的命名等情况进行摸底，并且组织消费者使用产品，获得他们的感受。

前期调查工作结束后，采取多种方法命名。

一般来说，功能法适合于具体的产品名；情感法适合于包括多个产品的品牌名；姓氏法则适合于传统行业，有历史

在确定策略后，可开始头脑风暴。在动脑会议上，任何怪异的名称都不应受到责难。由一个字联想到数十个词语，由一个词语，发展出数十个新的词语。发动企业员工，甚至还可以向社会广泛征集。

一般可多确定几个，并从法律角度、语言角度进行审核，抛弃那些不合法的。在企业内部投票筛选出其中较好的，并对消费者目标群体进行测试，根据测试结果，选择出比较受欢迎的几个。与客户一起决出最终命名，并进行法律“注册”。

感；接近法适合于以产地闻名的品牌；物类法给人以亲切感；自创法适用于各类品牌尤其是时尚、科技品牌……

当然在品牌命名过程中，也不能犯如下的错误：

最常见的就是重复。重复的名称比比皆是，虽然各自宣传的内容并不相同，但消费者不明所以，就会使品牌形象大打折扣。

前些年，大量品牌命名以地名、人名、动植物名和普通词汇为多，少有自创、原创，重复的品牌名称多如牛毛，这样的品牌怎么会长远发展下去呢？

所以品牌名称命名，并不是想象中的那么简单，要慎重对待，寻找出适合自己的品牌名称。

第四节　怎样的品牌名称最优秀

为品牌命名，是一个艰巨而伟大的任务。因为一个优秀的品牌名称可以迅速促进产品的成功。

找到一个优秀的品牌名称，又能将其顺利注册下来，就是考验一个企业家和品牌业界从业者的智商了。一般来说，品牌名称要独特、鲜明，且易于发音、识别和记忆。这是基本的要求。至于采用叠音、加入量词等方法已是屡见不鲜了。

但我们认为，以下五点事项还是需要注意的：

（1）符合受众心理，契合品牌定位。品牌名称要符合企业属性，表达品牌的定位和价值，便于起到最佳广告传播作用，激发消费者购买动机，这是品牌名称需要注意的问题。

如女性用品和男性用品品牌名称要有所区别，儿童用品与老年用品也要有针对性。

（2）体现产品属性，符合审美个性。鲜明地表达出消费者需要的益处，有视觉刺激，满足消费者的需求，使品牌形象深入人心。

（3）尊重民风民俗，照顾地域差异。这样树立品牌形象既有效又有针对性。品牌命名要严肃认真，考虑周全，尊重当地文化习惯，尊重当地民间习俗。

（4）区别于同类品牌，区隔化竞争对手。避免使用音义相同相近的名称。名称雷同、模仿，没有差异化，都会使消费者对品牌认知模糊，不利于品牌在消费者心目中尽快完成“注册”。

（5）清新高雅，高度相配。品牌名称不能落入低级俗套，要清雅高端，大气精美，充分展现品牌品位，塑造出高端企业形象。图案和符号也要与品牌名称匹配，相得益彰。

四大核心
Four core brands

FID系统
Fid System

观

站高一线看世界

回看企业

以顶层策划与商业模式设计为企业高度

Find The Foundation

神

帮助企业找到根基

寻找根基

以挖掘中国传统文化为责任

Find The Foundation

印

定位品牌核心价值

核心价值

以营销策略与方法为品牌焦点

Core Value

用

中国理念传播世界

以**五行理念**

生旺品牌为基础

Five elements ideative Sector

Ⅳ 第四步

四大核心：用印神观国际品牌 核心思维

温馨提示：

1996年，Nike又修改了Logo，均以黑色的“钩子”出现在他们的广告中。个性化到只有一个钩钩了，但这并没有阻碍人们对品牌联想。

第八章

56元买一辆56型轿车

——解决矛盾用五行生旺品牌

有一个问题：什么东西会使人们愿意多花点时间去接近它呢？

从生活经验上看：消费者会在能解决他们生活中矛盾的品牌上，花费更多一点的时间。

这种矛盾，如果从五行相生相克的观点来看，也属再正常不过的事情。但品牌核心价值的作用在于，要善于发现顾客需求与现实之间的矛盾，同时也要善于为顾客解决这种矛盾。

第一节 品牌产品的矛盾

试想，如果当初我们的电信公司不推出“存话费送手机”活动，就不会解决人们既想买苹果手机又觉得贵的矛盾。因为话费总是要发生的，既然早晚会发生的，现在有人就此送苹果手机，何乐而不为呢？

可以说，如果我们的电信公司不善于解决这个矛盾，就不会有苹果后来持续火爆中国的局面。

要知道，人性从来都是贪婪的。

人的生理需求有限，而心理需求却是无限的。

所以为这些矛盾提供完美的解决方案，就是要我们找到品牌核心价值所在，找到消费者的痛点。运用五行相生相克的文化理论，找到解决矛盾的方法。

1956 年，美国的福特汽车公司推出了一新款汽车。虽然福特是美国最大最早的汽车公司之一，但这款车一经推出后，却少有人问津，销售不畅，一时遇冷。公司上下都很奇怪：这款车的外观设计得非常好，功能配置也不错，价钱也不是太高，为什么会市场反响平平呢？

艾柯卡是福特汽车销量最小的费城地区的一个刚毕业的大学生。当时，他不是销售员，不过是公司的一个实习工程师，但他眼看着经理们焦虑万分、坐立不安的样子，就开始琢磨起来：怎样才能把这款车卖出去？

人间万事最怕用心。

公司经理们挠破了头，也没想出什么高招来。

终于有一个人想出一个办法，他就是艾柯卡。

有一天，他突然想到一个点子。于是，他找到经理建议："在报纸上刊登广告，只写上'花 56 元买一辆 56 型福特'。"

他解释了自己的想法：车是好车，为什么卖不出去？价格贵怕是其中原因之一，而人们并不是不需要汽车代步。"花 56 元买一辆 56 型福特"，就是只需付 20% 的首付款，余下部分每月支付 56 美元，逐月还清为止。这样，就解决了人们想要汽车还嫌价格贵的矛盾。

经理无奈，只好一试。不料，"花 56 元买一辆 56 型福特"这句广告语一时家喻户晓，到处流传。

谁也没想到：短短 3 个月后，费城地区的福特汽车销量就一跃成为全国第一。

时下，我们中国汽车市场上的贷款购车、零首付购车等营销手段，也是用来解决品牌汽车价格贵，而有消费者一时消费不起的矛盾。

品牌产品上的矛盾基本可分为三个层面：

一是双趋式矛盾。矛与盾两者都很好，鱼和熊掌都想要。但如何解决它呢？

二是双避式矛盾。矛与盾两者都不好，但要"两利相权取其重，两害相权取其轻"。问题是怎么个取法呢？

三是趋避式矛盾。趋利避害是人的本能，但这需要理智。怎么才能具有那种理智呢？

众所周知，这个世界上到处都充满着矛盾。

而且，矛盾的种类也多种多样：像信息矛盾、兴趣矛盾、结构矛盾、关系矛盾、价值矛盾……诸如此类的矛盾，在我们的生活中一直发生着，只是大家熟视无睹，没有注意到而已。

信息矛盾，是人们对某些数据或者事实认识不清时，就会意见不一，并发生矛盾。

兴趣矛盾，是以人们潜在的关注点、期望值为中心，为了解决这个矛盾，你需要关注的是什么？每个人兴趣不一，选择也将不一样。而不同的选择，也将出现不同的结果。

关系矛盾，与历史、沟通方式和信任有关。比如男女关系、婆媳矛盾、情人与原配、企业与监管部门、顾客与代理商的关系，基本都归属于这一类矛盾之中。

比方说：当爱情与金钱发生矛盾，你是高富帅，你有的是钱，但是当我们相遇了，有可能发生爱情，此时，你会选择我吗？这是一种关系矛盾，又与价值观、爱情观等有关。

企业界有一种说法：做企业要高调，做人要低调。这种说法，就是在解决企业与人之间的关系矛盾。因为一旦选择低调办企业，势必会让企业一直陷入产品思维的怪圈，而导致隐患丛生，甚至牺牲企业的生命力。而太高调，摔下来的

我们在生活中也常常有这种体验：人的认识、见闻毕竟有限。如此一来，在看问题时，就不免出现片面或不那么客观的情况。因此，也就自然而然地开始生发信息矛盾。

结构矛盾，总是与我们有限的资源相伴，而这一矛盾的最终解决，取决于决策授权的个人。

价值矛盾，这是一个最难解决的矛盾。因为这与价值观紧密相连，而人的价值观各有所异，且藏身无形，看不见摸不到，最难以捉摸。

而在企业品牌策划中，我们却一定要以某种价值观为中心，找到创意方向，进行品牌策划。

这些东西看似难以理解，其实只要我们把它讲得通俗点，也就不难理解了。

再比如：美食和健康之间的矛盾。人都需要或有欲望享用美食，可美味又不可多用，多用可能对身体构成程度不同的伤害。这也是一对矛盾，由此怎么设法解决它，往往就成为品牌策划的切入点。

有的人做人高调，有的人却很低调，两者之间也会产生矛盾。

家庭和事业也是一对现实存在的矛盾。我们试想，不管是男人还是女人，如果为了家庭关系更好更和谐，势必要牺牲一些东西，比如事业的追求。如果坚定信念一定要追求事业，那么在家庭生活这一方面，就一定要舍弃一些美好和幸福，甚至会影响到家庭关系，走上歧途。

时候就会非常疼，甚至有性命之虞。

美食和时间也是个矛盾体。不是有句话叫“好饭不怕晚”嘛。如果你只想吃快餐，那就不要讲美味，就要牺牲口福。

还比如男人女人之间的矛盾，诸如此类，不一而足。

可以说，在这个世界上，矛盾到处都有，也无时不在，无处不在。生活中，人们随时随地都会碰到难以预料的矛盾。

第二节 服装品牌的苦楚

眼下电子商务的快速发展，让所有人都无法置之不理。

然而试过之后，大多数品牌企业都面临两难尴尬。尤其对于服装行业，很多品牌纷纷触电，开网店或网上商城。然而，问题很快就出现了，网店与实体店冲突不断，难以协同，大有你死我活之势，甚至倒逼实体店无法出货，或者消费者在实体店购买之后要求退货，致使实体店经营困难。

换一个思路：网店与实体店进行产品区隔，在网店投入低档产品呢？又带来消费者不买账的风险。另外，现在网店的流量成本，已经不低于实体店的租金成本，使企业的经营压力骤增。还由于不受店面面积限制，网店需要的品种数量远远高于实体店，使得企业的产品集中度不高，稍有管理不慎，库存压力就会增大。

凡此种种，让众多品牌服装企业苦不堪言，以致坦言“不做等死，做是找死”，很是纠结。甚至，很多企业干脆退出。

但我们也应当看到：退出等于逃避，就是在等死，也不可取。

电子商务，不仅是一种新业态，也渐成现代生活方式。

现代生活空间可以大致划分为：一是实体生活，一是网络生活，二者相互融合。

作为品牌拥有者，就必须尊重消费者，适应时代生活。你远离电子商务，几乎就等于是在远离消费者。

有统计数据表明：在城镇中，20~29 岁的网购消费者占六成，30~39 岁占三成，40~49 岁占一成。而在农村，29 岁以下的网购消费者数量也正在迅速靠近城镇数量。未来，不需要太长时间，电子商务也会成为他们的购买习惯，电子商务最终会普及到城乡的各个角落。

既然市场未来趋势重点在电子商务，品牌企业就必须想办法解决网店与实体店的冲突。

其实，只要我们发现矛盾，就不难解决矛盾。品牌企业对此必须有清晰的、统一的营销策略，而不是把网店与实体店对立起来，形成“敌我矛盾”，那是不可取的。

这需要我们的品牌企业找到正确方法，解决电商与实体店之间的矛盾。

那么这其中有什么正确方法来解决电商和实体店的矛

首先，必须意识到：目前发展起来的电商模式，使大多数品牌企业都开始进入电子商务领域，有的在电商平台上开台，有的还领先自身力量建起了电子商务网站。

盾呢？

一般来说，这些品牌的实体店分销规模都很大，以往，他们采取稳定的价格策略，以维护品牌形象和分销商利益。而网店的低价模式对他们的实体店冲击却非常大。许多品牌企业认为这一对矛盾不好解决。

其实，这个矛盾主要症结在于品牌企业的营销策略不统一。

众所周知，品牌企业必须统一营销策略于“维护品牌定位、品牌形象”，稳定的价格策略自然就是首要条件。

所以这些品牌企业要向苹果、宝洁这类国际品牌企业看齐，学习他们的经验，把网店与实体店的价格差别尽量缩小，最好小到让消费者可以忽略不计。或者干脆统一好网上网下的销售价格。

因为现在有的品牌企业误以为网店就是低价，实体店却不能低价，这样就人为地导致网上网下矛盾。其实这是一个认识误区。

品牌企业必须明白，所谓电子商务并没有人规定必须低价格出货，其最大优点在于方便购买。价格低，那也只是电子商务初期为解决消费者的信任问题，不一定一开网店就必须低价。所以品牌企业必须维护品牌，统一价格，坚守品牌底线和价格规则，逐渐赢得消费者的信赖。

同时，把网店作为分销店，低价出货。

第二个模式就是产品差异，准确定位二者的目标消费群体。把实体店作为高端店，高质高价；而把网店作为低端店，用于处理实体店的库存或过季商品。

当然，品牌企业也可采用网店与实体店区别价格的办法，但也只限于两种模式：一是“以网店为分销店、实体店为体验店”，准确定位二者的功能，协调好网下网上的关系。

可改变实体店定位，不在实体店出货，而作为品牌店，并采取高价模式。

当然，也可以针对网店专门开发出一种网销商品。但必须注意：要把这些商品的目标销售群体，与实体店的目标人群区分开来，网销商品决不可在实体店销售，只针对扩展网店的人气及销量。

还有一个问题：品牌企业的网店到底要独自运营，还是放手经销商运营？

针对这个问题，品牌企业必须意识到：让经销商独立开设网店，通常会陷入管理混乱、不能统一价格的乱局。从品牌战略上考虑，我们认为要独立运营电子商务，而与经销商协调利益关系，把经销商变成物流配送商，给予配送及售后服务利润。

也可以规划成总部统一物流，给予经销商适当补贴。

如果能严格按照以上的办法解决网上网下的矛盾，就能较好解决时下的网络销售冲击实体销售的矛盾。

而在品牌产品上，许多行业奉行品类定位、功能定位和情感定位这“三定位”方法，来解决矛盾。

品类定位，就是在消费者心智中占领品类第一的位置。通俗地说，就是要让品牌成为消费者首选品牌。

第三节 中小品牌怎样细分市场

中小品牌可以通过市场细分，做细分市场的品类第一。比如 OPPO（欧珀）手机，就一直定位自己是音乐手机。这就要求企业的产品必须具有差异化非常明显的卖点，

功能定位，就是把自己产品的核心卖点进行提炼和包装，把核心卖点带给消费者的利益有效传递给消费者。如好莱客衣柜的仿古雕，橱柜衣柜目前比较流行的智能厨房概念，都是主打产品的功能定位。

并且这个卖点确实是消费者最关注的因素，否则就是自说自话，隔靴搔痒。

情感定位运用得较少。但如果情感定位准确，就具有非常强的杀伤力，长期占据消费者心智。

情感定位很难，成功的寥寥无几。

我们生活的这个世界，一直就是充满矛盾的。就品牌而言，消费者要求更多的商品选择，却还要求更加简单化的商品。

他们相信品牌，却非常介意自己是否被“品牌标签化”。他们有着质优价廉意识，却非常向往奢侈品消费。这些规律，我们在研究品牌核心价值时，都需要考量。

尤其要用五行的矛盾相生相克理论来梳理我们的品牌核心价值。这样，我们才会找到消费者的需求，更为准确地确定品牌差异化、品牌定位。

美国“现代营销之父”菲利普·科特勒说过：品牌即是消费者对某一品牌的信念。品牌不仅用以区别商品，它还是一种象征，远超文字本身的意义。

当前，中国自主品牌存在的最大问题就是：品牌核心价值不清晰，缺乏主动塑造，品质气质趋于雷同。

比亚迪股份有限公司的英文缩写为“BYD”，这个在中国人看来多少有些拗口的名字，实际上有很浪漫的内涵：“Build Your Dreams”翻译过来就是“成就梦想”。

十几年前，王传福发现他所从事的电池事业大有可为后，就辞职带着借来的二百多万元涉足电池业，创办了比亚

迪。他传奇的创业史值得敬佩！

但比亚迪要想做出成功的品牌，就要以消费者为出发点，理解目标群体的消费需求，进一步明确其品牌的核心价值到底是什么。在尊重消费者的基础上，改革内部运营，通过创新引发社会关注，通过传播积累而形成品牌烙印，坚持品牌定位。

但是事实上好像并非如此。

2005—2009 年，比亚迪汽车销量每年以超过 100% 的速度高度增长，2008 年实现销量 20 万辆，2009 年上半年，轿车销售全国排名第七，同比增长 176%。

于是，在获得“CCTV（中央电视台）年度人物”时，王传福喊出了“2015 年实现产销量第一，2025 年全球第一”的产销目标。

这可能吗？

果然，2016 年 2 月的统计数据表明：比亚迪在 2015 年销售汽车 455430 辆，在自主品牌中仅排名第四。

比亚迪做电池，他的对手就只有少数几个厂家，凭借中国的特殊国情，取得成功是可能的。但如果他要做汽车，对手情况就很复杂了，就需要明确品牌战略。

解决好消费者生活中存在的矛盾，市场就会青睐于这个品牌。否则，自然会被市场淘汰。

这一点，在后面章节中将详细论述如何运用五行学说，去生旺品牌，解决好品牌生活中的矛盾。

相比较而言，一贯稳健的长城汽车从皮卡到SUV再到轿车，每一步都走得不紧不慢，结果却十分扎实。2015年销售排名进入前10名行列，这一增速甚至领先于多数合资品牌。成熟、清晰、一贯的品牌定位，是长城汽车的核心动力。

第九章

耐克“钩子”的由来

——找到鲜明品牌形象，印记品牌焦点

什么是品牌形象？品牌形象就是指企业品牌在市场上、在社会受众心目中所表现出的个性特征，它体现受众特别是消费者对于品牌的认知与记忆。

自然，品牌形象与品牌不可分割。形象是品牌表现出来的特征，反映了品牌的实力与本质。品牌形象包括：品牌名称、包装及视觉设计图案等。

第一节 形象是品牌的根基

企业必须十分重视塑造品牌形象。

比如上海的好孩子集团生产的“好孩子”童车，就是矛盾个性比较明显的品牌，它通过找到自己的差异化，树立起了鲜明的品牌形象。

很显然，童车的使用者根本不是妈妈，而是她们的孩子。这个使用者能感受到童车的功效是什么呢？显而易见，仅仅是车的舒适程度而已。

于是，“好孩子”就有了一个解决这个矛盾的创意：

一个孩子躺在一个不知名的黑色童车上，因乘坐感觉不舒服，孩子一直啼哭不止。这时，画面另一侧推上来一辆橘黄色“好孩子”童车。接着，镜头里的孩子在“好孩子”童车的双肩背带轻柔的束缚下，哈哈直乐。镜头一转，孩子夸张地一脚踹倒了先前的那台黑色童车……

“好孩子”强调了孩子乘坐的舒适性，而不是孩子无法感知的安全性。

而安全性，则是妈妈在购买时应该考虑的诉求点，不是这个创意要强调的方向。而这个广告就会引起妈妈的强烈关注，并形成一对一的联想，品牌塑造目的至此基本达成。

在中国市场，“好孩子”通过建立自己的覆盖全中国的销售和服务网络，为消费者提供了包括童车（婴儿车、儿童

其实，有过抚养孩子经验的人都知道，你即使换上了任何一个品牌的童车，孩子该哭的时候还是会照旧啼哭。但，这并不会改变妈妈看了“好孩子”广告后去购买的冲动。在这里，厂家找到了品牌创意的切入点，找到了正确的诉求点，使妈妈在孩子的选择之下，无意中选择听从孩子的“建议”。

电动车、自行车、学步车、三轮车等)、汽车安全座椅、餐椅、童床、床上用品、儿童服饰、哺乳用品、卫浴用品、安全用品和婴儿纸尿裤等在内的系列儿童产品。其中，他们童车产品的销量已连续 10 年在中国市场上遥遥领先。

1996 年，“好孩子”就已进入美国市场；2002 年，他们又率先杀入欧洲市场；早在 2010 年，“好孩子”国际控股就已在中国香港上市……

由此可见，解决好品牌的矛盾，是产品迅速崛起的法宝之一。

“好孩子”塑造品牌的努力一直没停下脚步。未来的年代里，他们要更加关注倾听与回应客户的需求，继续为全球育儿家庭提供创新性的产品和关爱式的育儿服务，并以他们可靠与可信的品牌形象和高效创新的团队，实现业绩高速增长，为客户、员工和公司创造更大的价值。

而这一切，都来源于他们伟大的企业愿景：让全世界的孩子都能拥有“好孩子”！

当下，市场竞争日益激烈，如何塑造品牌形象，企业如何准确找到自己鲜明的品牌形象以为印记，尽快尽早最好地在消费者心目中完成“注册”，是提升品牌核心竞争力的关键，也是企业关注的焦点印记。

众所周知，我们在购买产品时第一要考虑的就是产品品牌，以及品牌背后所代表的产品内涵、企业实力、产品质量和售后服务体系等。

大力塑造品牌文化，才能树立起良好的优秀品牌形象。在产品同质化程度越来越高的时代，企业在产品、价格、渠道上没有任何优势时，文化就是竞争利器。

在时下产品同质化现象非常严重时，技术、质量等硬件指标已难以独立支撑品牌形象，越来越多的企业开始注重品牌的形象包装。

品牌定位准确会有利于提升品牌形象。准确命名品牌、明确品牌核心价值主张，也是提升品牌形象渠道之一。

重视品牌的视觉识别系统建设，能直接提升品牌形象。

建立企业品牌的公益形象，关注社会热点痛点，并为此拿出品牌企业的态度与实力，无私奉献，是提升品牌形象的受众好感度的又一个渠道。

最后，品牌形象要靠品牌推广。如实体推广，在报纸上发布平面广告，在电视台、电台播放广告等办法，是提升品牌形象普遍采用的方式。

当然，这些方式各有千秋，也各有利弊。

在当下，还要重视通过网络推广品牌形象。这种办法见效快、成本低、回报高。

前些年，包括现在，我们一提起“海尔”“康师傅”，我们就会有家电、方便面这类的品牌形象跃然于脑海。

今后的市场竞争中，谁拥有形象鲜明的品牌，谁就会拥有市场。

第二节 品牌形象的有形要素

品牌形象都包含哪些有形的要素呢？

（1）产品形象： 是品牌形象的代表，是品牌形象的物质基础，是品牌最主要的有形形象。

品牌形象通过产品形象表现，包括产品质量、性能、造型、价格、品种、规格、款式、花色、档次、包装设计以及服务水平、产品创新能力等。

产品形象的好坏直接影响着品牌形象的好坏。

（2）环境形象： 是指品牌的生产环境、销售环境、办公环境和品牌的各种附属设施。品牌厂区环境的整洁和绿化程度，生产和经营场所的规模和装修，生产经营设备的技术水准等，无不反映品牌的经济实力、管理水平和精神风貌，是品牌向社会公众展示自己的重要窗口。

特别是销售环境的设计、造型、布局、色彩及各种装饰等，更能展示品牌文化和品牌形象的个性。

（3）业绩形象： 是指品牌的经营规模和赢利水平，主要由产品销售额（业务额）、资金利润率及资产收益率等组成。它反映了品牌经营能力的强弱和赢利水平的高低，是品牌生产经营状况的直接表现，也是品牌追求良好品牌形象的根本所在。

良好的业绩形象，总会增强投资者和消费者对品牌及其产品的信心。

（4）社会形象： 是指品牌通过非盈利的及带有公益性质的社会行为塑造良好的品牌形象，以博取社会的认同和好感。包括奉公守法，诚实经营，维护消费者合法权益；保护环境，促进生态平衡；关注社会公益事业等。

（5）员工形象： 是品牌生产经营管理活动的主体，是品牌形象的直接塑造者。员工形象是指品牌员工的整体形象，它包括管理者形象和员工形象。管理者形象，是指品牌管理者集体尤其是品牌家的知识、能力、魄力、品质、风格及经营业绩，给本品牌员工、品牌同行和社会公众留下的印象；员工形象，是指品牌全体员工的服务态度、职业道德、行为规范、精神风貌、文化水准、作业技能、内在素养和装束仪表等给外界的整体形象。

管理者形象好，可以增强品牌的向心力和社会公众对品牌的信任度；

职工形象好，可以增强品牌的凝聚力和竞争力，为品牌的长期稳定发展打下牢固的基础。

但是，我们还要注意到：品牌形象要随着市场变化、竞争对手变化、消费心理变化等可变因素进行调整，与时俱进地保持或提升品牌形象。

有以下现象的，就要更新品牌形象：

还有的随着时间推移，品牌形象逐渐老化，不适应市场需求。随着科技迅猛发展，消费者心理变化等，一些品牌定位明显有误，也无法满足消费者需求，这就要我们适时更新品牌。不然，迟早会遭到市场抛弃。

另外，当企业达到一定发展规模，就需要重新确定品牌战略，推出新的品牌形象，老字号也会因此增添新活力。包括企业的新厂房、新设备、新产品、新观念可以借由新品牌形象得以重新展示。

第三节 品牌形象更新策略

那么品牌形象更新有哪些策略？

一是品牌名称更新策略。品牌名称适时更新，具有时代特点，将为企业注入新活力。

2003 年 5 月 1 日，享誉中国大江南北的著名本土品牌——联想，在北京正式宣布启用集团新标志“lenovo”，以代替沿用 15 年之久的英文标志“Legend”，并在全球范围内注册。

(1984-2002)　　(Current Logo)

“lenovo”是由联想自己创造出的一个单词。“novo”是一个拉丁词根，代表“新意”“创新”，“le”取自原先的“Legend”，承继“传奇”之意，整个单词寓意为“创新的联想”或“联想创新”。

早在Nike成立之时，他们并没有设计出非常个性化的Logo。

“BRS”（Blue Ribbon Sports）是 Nike 最早的一个标记，当时 Nike 的始创人菲尔 · 耐特前往日本与运动大牌子鬼冢株式会社（Onitsuka Tiger）商讨合作生产运动鞋的事宜，当菲尔 · 耐特被问到是代表什么公司时，他才突发奇想，说出蓝带体育用品公司（Blue Ribbon Sports）的名字，结果便成了 Nike 的第一个 Logo。

1971 年

1978 年

1985 年

Current Logo

后来Nike进一步改进Logo，Nike改为大写NIKE，放在红色“钩子”之上。这一修改已经具有了经典范儿。随后，Nike又将Logo改成红底白字、白色的钩子，还是让顾客联想网球运动。

1971 年，Nike 改动 Logo，但设计人却是一位名不见经传的学生戴维逊，设计费据传也只有 35 美元，但他设计的 Logo 却成为一代经典！

1996 年，Nike 又修改了 Logo，均以黑的“钩子”做广告，个性得只有一个钩钩了，但并没有阻碍人们对其品牌的联想。

这就是一个“印”，印象的印，我们要在品牌策划中找到这个“印”，即品牌在消费者心中的“印记”。

所以只有当高明的营销策略，帮助企业树立品牌形象，使品牌焦点深深印记于消费者心目中时，才会形成企业自己独有的焦点产品。由此坚持下去，品牌就会又快又好地在消费者心目中完成“注册”，品牌价值的增值便会指日可待。

如何判断品牌形象在消费者心目中有了这种“印”呢？需要从以下“九看”着眼：

一看品牌知名度。包括公众知名度、行业知名度、目标受众知名度。

二看品牌美誉度。品牌美誉度是指品牌获得公众信任、支持和赞许的程度。对美誉度的考察也可以从公众美誉度、行业美誉度、目标受众美誉度三个方面研究。

三看品牌反应度。主要表现在消费者对一个品牌的瞬间反应速度和程度。

四看品牌注意度。主要指品牌在与公众接触时的引人注目程度。

五看品牌认知度。是指品牌特征、功能等被消费者了解的程度。

六看品牌美丽度。指品牌从视觉上对人的冲击力能否给人以美的享受。

七看品牌传播度。品牌的传播影响力。

八看品牌忠诚度。主要指公众对品牌产品使用的选择程度。

九看品牌追随度。指品牌使用者能否随品牌变迁而追随品牌，是比品牌忠诚度更进一步的要求。

从这九大方面，考察品牌形象，如果项项达标，那么这个品牌在消费者心中的“印记”就非常清晰可见了。

怎样维护好我们的品牌形象呢？

品牌形象维护，指的是企业为提升顾客忠诚度，维护产品的形象、声誉，维护产品的感知度的行为。有以下四个办法：

（1）提升产品质量，改善服务水平。在改进服务的同时提高价格，也可以改进服务但保持价格不变，还可以改进服务但降低价格。

（2）导入情感要素，提升产品附加值。

（3）技术创新。品牌形象的生命力一半来自创新。创新使品牌形象与众不同，让品牌生命中加入了无穷活力，是延长品牌形象生命的重要途径。

（4）坚守诚信。诚信是品牌在消费者心目中完成“注册”的基本要素。企业在产品质量、服务质量等各方面的承诺，使消费者对品牌产生偏好和忠诚。

所以，诚信给品牌形象带来的价值不可估量。良好的信誉是企业的无形资产，可以增强品牌形象的核心竞争力，带来品牌的高附加值。

2008年，“三鹿奶粉事件”造成了整个行业的诚信危机，中国奶制品企业的品牌形象几乎全部坍塌，企业道德形象在公众眼中发生质变，导致整个行业发展遭受重创。这个教训可谓相当深刻。

诚信是品牌立身之本，没有诚信就没有品牌。没有品牌就没有市场，没有品牌就没有高额利润。

第十章

化妆品见效快好还是慢好

——重复传播形象差异，传承品牌之神

中国的市场随着全球化的到来，以及进入经济新常态的状况下，市场也相应地呈现出以下变化趋势：单一化需求向多样化需求转变；雷同化需求向个性化需求转变；贫困型、温饱型需求向小康型、品牌型需求转变。市场需求的改变，必然导致供给也随之改变，这样一来，企业之间竞争更加激烈，因此中国市场上正在逐渐形成品牌竞争的格局。

第一节　品牌传播的意义

爱美之心，人皆有之。

女人更不能例外。

女人有想通过整形手术变漂亮些的愿望，但是她们又害怕整形手术不安全，怕出意外，也惧怕疼痛。

比如有一家妇科医院做的品牌广告：开始了吗？已经结束了。

这是针对怀孕女性怕疼痛的矛盾心理而进行创意的广告片。

这个片子说明一个问题：只有找到品牌的矛盾，并挖空心思地解决它，才会有独特而有趣的品牌创意。

准确找到矛盾，是品牌企业获得巨大成长的机会。

这就要求我们要有发现矛盾的能力，并能正确寻找到矛盾发生的原因。

同时也要认识到这样一点：有矛盾，就一定会有解决矛盾之道。要学会找到解决矛盾的方法，这是创建品牌过程中极为重要的一点。

因为只有当人们找到了矛盾解决之道，才意味着有了开拓市场之道，才意味着我们有了满足人们需求、解决生活矛盾之道。

我们来看一个案例：

"相宜本草"这个品牌属化妆品行业，是国产天然本草类化妆品品牌。前期，其产品进入市场化运作时间较短，市场认知度较低。虽然产品拥有良好的品质和口碑，目标市场为中高收入人群，年龄为20~35岁，但了解该品牌的消费者相对较少。

他们通过调查研究发现，化妆品消费心态中存在这样一个矛盾：绝大多数女性消费者，在期盼改善自身肤质的同时，却更担心化学类化妆品对皮肤带来的生理性伤害，哪怕是过敏反应。而本草类化妆品本身也有一个弱项：见效慢！

但相宜产品却较好地解决了这个问题。

他们有一项专利技术："导入剂"，即根据中医"经皮吸收"理论，从中草药提炼出来的一种活性物质，主要促进有效成分快速渗入皮肤深层，被皮肤充分吸收，使有效成分以2～4倍的速度渗透至皮肤深层，增强中草药精华的护肤美容效果。

这刚好解决了本草疗效慢的矛盾。

终于他们就此为相宜的品牌个性化，找到一个关键字——快！

于是厂家以亲近自然，大自然生生不息的生命力，和人的自然纯净之美相得益彰，处处彰显内在力外在美的品牌理念为广告创意出发点。包括在包装上，也主要采用绿色以及白色作为主色调包装，突出自然健康，以复古图案为底嵌入品牌文字，以表现"相宜本草"运用古老中华中药美颜的文化。

他们还对企业进行了品牌化运作，确立了企业使命：

"员工因相宜而幸福，中国因相宜而骄傲，世界因相宜而美丽。"

最后，他们提出了一个核心价值主张，即广告创意：

非传统，快本草

这一品牌广告一经传播，相宜本草销售开始异常火爆，销量增速达到了 100%。

2011 年，他们的销售额达到了 10 亿元，2012 年竟然达到了 20 亿元；获评“2014 年度中国轻工业化妆品十强企业”称号……

专注于寻找品牌矛盾，消除消费者疑虑，一个看似简单的创意，经过重复性传播，让消费者感觉到产品契合了解决矛盾的精神，塑造了一个出手大方的产品，一个响当当的品牌。

从这些案例，你会发现：**你传播什么，消费者就能记住什么。**

解决矛盾之道，意味着满足需求。找到了解决之道，就意味着你找到了“蓝海”，有了开拓市场的可能。

实践说明，电视是最佳的品牌推广媒体。于是，电视重复性品牌传播推广，成为企业和传媒企业普遍采用的一种形式。

品牌重复传播，是指通过一个媒介每轮频繁重复多次、连续播出的一种传播形式。可以分为电视重复性品牌广告、广播重复性品牌广告、网络重复性品牌广告、平面重复性品牌广告等多种方式。

这种形式又分为两种形态：

一是单独的广告语重复，如连续三次重播“恒源祥，羊羊羊”广告；二是重复播放广告画面或广告镜头、广告内容，如“脑白金”广告。

注意，在不同媒体不同时段推出的同一个广告不属重复性广告。

1989 年，德芙巧克力进入中国。

深耕六年后，1995 年德芙成为中国巧克力市场领导品牌，说起他们的品牌广告词“牛奶香浓，丝般感受”，几乎

但重复性广告也要把握好度，如恒源祥在一分钟内重复十二次，据相关调查表明：受众认为广告词重复两次最佳，恒源祥的重复频率已经超出观众能接受的最高峰值，观众表示反感。解决的办法是：可将每轮三次重复降为两次，并变同一声音为不同声音，变单一画面为多样画面。

人人皆知，耳熟能详。

其时，德芙、吉百利、金帝等品牌已经占据了中国巧克力市场80%以上的份额，市场呈寡头竞争状态。而近五年中，中国巧克力市场增长率达到80%，但金丝猴等原糖果产品也进入巧克力市场，奥地利的“莫扎特”等高端巧克力品牌更是强势进入中国，竞争愈演愈烈。

而德芙巧克力与金帝的目标顾客都同样定位于18~24岁，一般偏向于女性朋友以及15~35岁男女。各种糖果的销售也是德芙的一大威胁，它们在某种程度上替代了巧克力。

德芙巧克力在金融资源上占有一定的优势，德芙巧克力是由世界上最大的巧克力和糖果公司美国玛氏公司投资的。在资金上占有绝对的优势。于是，他们的品牌广告传播力度加大，进行重复性传播，电视广告遍地开花。

结果，德芙的市场占有率节节攀升，几乎一直领跑中国巧克力市场。

名人掌上电脑的品牌推广，以前曾主诉行业商务通，以价格竞争，广告上打出降价信息，起到很好的配合传播作用。

但是他们很是注意重复性传播的科学性，经常变换代言人和广告画面，让电视观众不产生反感和疲劳感，传播效果自然就好。

第二节　品牌怎样重复传播

以性能上找出差异化，给消费者以省时、省电、省力等差异利益。比如新飞冰箱，推广广告中就着重表现：0.4度电能做什么？只能用剃须刀刮半边胡须，只能用吹风机吹干半边头发，而新飞冰箱却可以工作一整天，这就意味着电费的节省。

省时、省力同样也可以找出种种差异化，进行传播，必然会收到事半功倍的效果。

可口可乐和百事可乐的品牌广告，都是诉求于文化差异，卖的就是品牌文化。但百年来，二者的品牌文化传播并没有互相模仿而趋同，反而各具特色，区隔明显。品牌广告传播实践历史上，历来就不乏这类诉求内容差异化的经典案例，他们永远值得企业界、品牌业界借鉴、学习和总结。

品牌传播差异化失败的表现：如上个世纪80年代我国出现的许多产品广告都无一例外地标榜“省优、部优、国优”“质量三包”等，结果，这种无差异化的传播让品牌广告白白浪费掉不菲的广告费。

也有的传播广告的差异化“跑偏”，竟然在广告中加进一些高科技名词和专业术语，故弄玄虚，结果是成功地阻碍了受众对传播内容的接收和消化，当然也就白忙一场了。

虚假传播在目前的一些医疗保健品广告中比比皆是。这种做法恰恰说明这些企业没有品牌思维，只是想赚点钱囫囵温饱而已。肆意夸张、虚构传播内容，不但有违人性、有悖于诚信，有的还盗用、滥用广告，直接涉嫌违法，这都要引起企业界、品牌业界的警醒。

其实，在品牌重复传播中，如果能找到品牌形象差异，就能传播出品牌之神韵，使顾客对品牌忠诚度直线飙升。

BRAND
DIFFERENTIATION
品牌差异化

提倡从中国传统文化中挖掘出品牌差异化来，帮助企业找到文化上的根基，找到中国文化的“神”韵。

找到了中国文化之“神”，你的品牌忠诚度就会大幅提高。

而忠诚度一直是品牌资产衡量中非常重要的一环，也是企业品牌建设绩效考核的一个重要指标。

随着经济的发展和社会生产力的提高，市场逐渐从卖方市场转向买方市场，在供过于求的现实条件下，消费者已具备“货比三家”的条件，因此，许多企业越来越有品牌意识，希望通过品牌传播去占领一席之地，期望通过有效的品牌传播达到减少营销传播费用，并提高品牌营销的效果。

那么，怎样进行品牌传播？

（1）精准定位。一款衣服，会适合所有人吗？显然不会。同样，品牌传播必须拥有精准定位目标消费群的能力。比如，“太太口服液”，消费者一看，就知道这是已婚女的营养补品。越能让目标消费群体产生认同感，就越能减少品牌传播费用。

（2）重复传播。为了在人们的脑海中占据一席之地，你的品牌需要经常出现在他们的头脑中，一直到他们记住你的品牌为止。你需要不断地重复，直到所有这些重复性的事情给别人留下了深刻的印象，并深深地印在人们的脑海里。

（3）有效互动。互动会让消费者对产品产生更深的感情与了解，品牌营销若是触动了消费者的痛点，便能促使消费者产生消费冲动，最终实现购买。

以上讲到了四大核心的三大核心，最后一个核心“观”，即回看企业，我们将在第六部分详细论述。

（4）创新内容。什么是创新？就是一种新颖、原创或不同寻常的品质。针对不同的目标受众，品牌推广应该提供有针对性的创新内容，而不是现今大量出现的毫无创新思想的软文、新闻、广告等。消费者需要看到让人眼睛一亮的内容，特别是处于现在信息爆炸的时代。

第三节 品牌怎样脱颖而出

品牌培育核心竞争力，也是企业走向成功的关键。竞争力又取决于企业与竞争对手保持差异的能力。

随着国内外市场形势的变化，其实企业之间的竞争在某种程度上就表现为品牌之间的竞争。

品牌竞争，没有差异，就会死亡。

现在一些企业，尤其是很多的中小企业，现已集体陷入一种特殊的竞争节奏中，已忘记企业使命——创造出更具差异化的品牌产品。结果品牌竞争得越激烈，他们之间的差异也越来越小。此时，如何让我们的品牌在市场上脱颖而出，就成为一个关键问题。

因此，品牌企业要注意以下六点：

（1）品牌命名群策群力。

确定品牌名称，就是要选择出最优秀的“这一个”，要易读易记，独特不群。但在命名时，就要群策群力，广开言路。

关于这一点，前面的相关章节已经详细论述过，这里不再赘言。

（2）有的放矢搭建桥梁。

一个品牌当然首先要明确目标消费主体，迅速地在品牌与消费中间搭建起沟通情感的桥梁，使品牌能够具备亲和力、黏合力，建立起自己的“粉丝群”，让品牌尽快在消费者心目中完成“注册”。

最好邀请高手，有不同文化背景的、极具创新精神的专家、学者、作家、教师、品牌业界人士等，甚至可以各自组成不同小组进行广泛讨论，让这些语言专家畅所欲言，集思广益，选择那些能够突出品牌特点、视觉和听觉有冲击力的品牌名称。

（3）明确功效定位准确。

从品牌名称上就能判断出产品和服务的功效或功能，能给消费者带来何种收益与好处，迅速提升品牌忠诚度，加快提升品牌价值。

（4）明确载体独特不群。

这一点与明确功效基本相同，向消费主体人群表明自己的品牌载体，找到与竞争对手不同的形式，指出其独特亮点。

（5）激发情感催生冲动。

冲动性消费，是品牌发展的最大推力，因此，品牌要能够激发出目标消费群的情感，这种情感包括怀旧、尊重、归属、享受、占有、安全、爱慕、完美、求知、发泄等要素。

（6）品牌文化凝聚力量。

品牌，文化特征十分明显，如果能抓住品牌实现出来的感觉，用消费者的某种感受传播品牌，便能收到最佳效果。如“CocaCola”的中文译名“可口可乐”，就会让消费者产生一种愉快、欢乐的心理感受，从而凝聚起品牌能量，进驻到消费者的内心世界中去。

B品牌战略图
Brand Strategy Chart

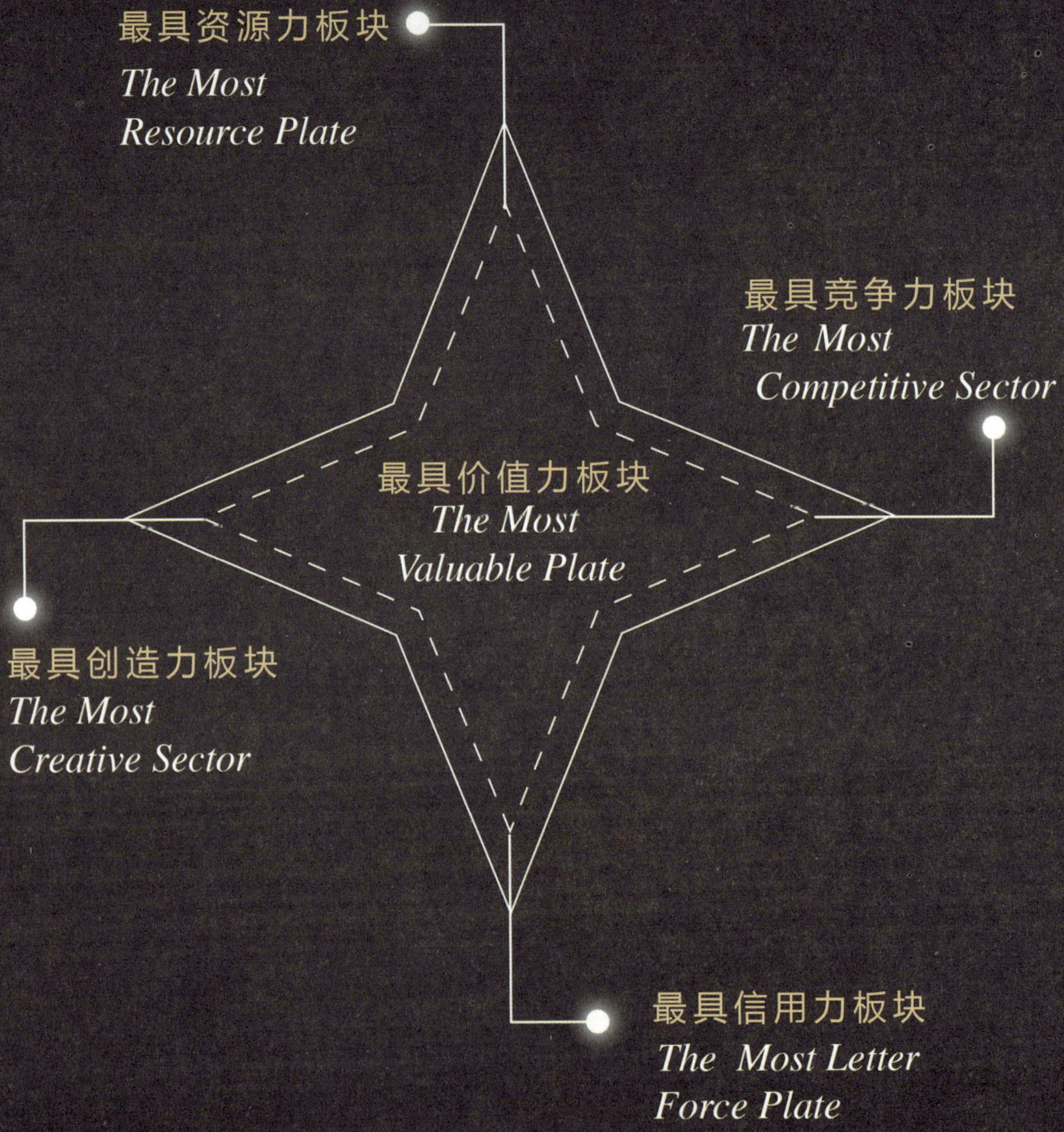

最具资源力板块
The Most Resource Plate

最具竞争力板块
The Most Competitive Sector

最具价值力板块
The Most Valuable Plate

最具创造力板块
The Most Creative Sector

最具信用力板块
The Most Letter Force Plate

V 第五步

五大板块：品牌战略决定企业　未来十年

温馨提示：

今后十年中，将是企业市场竞争更为激烈的时代，实际上就是品牌竞争时代。因此，我们要明确企业品牌战略，建立企业未来版图。因为，如果企业方向不对就会白费力气。

尊严来自实力，结果不会骗人。

我们的企业要善于学习，适应这个时代的要求。一个老板不学习，就是企业最大的损失，也是员工们的不幸。

第十一章

为顾客寻找“老熟人”

——用创意打造竞争力板块

品牌产品横向发展、衍生时，要注意找到消费者心目中的“老熟人”形象。而这种创意，可以打造出颇具竞争力的企业板块。

第一节　“老熟人”形象

什么是“老熟人”形象呢？这里的老熟人，就是指大众普遍熟悉的、具有文化意义的标志性人物或其他事物。

如果是当代名人，则更好了。比如企业界的王健林、马云等，王健林就为董明珠的品牌背过书。比如演艺界的邓超、范冰冰等，比如体育界的姚明、孙杨等。

“老熟人”形象，可以是古代名人，比如孔子、孟子、苏轼、李白等。

可以是近代的人物，比如鲁迅、康有为、林则徐、慈禧、袁世凯等。

“老熟人”形象也可以是普通大众耳熟能详的其他事物，甚至是动物、植物、生物，甚至是有名的文物、化石等形象。

这里需要注意的是，离当下时空距离越近的，你可能越需要支付高昂的形象代言费用、版权费用。这也是为什么企业找“老熟人”时，为降低成本，都愿意回过头去找古代的大家熟悉的事物的原因。

品牌创意寻找“老熟人”时，可谓天下均可为我所用，只是这个形象是受众熟悉、熟知的，哪怕是大众一知半解，只要能勾起受众继续了解下去的欲望，都可以选择，加以利用。

中小企业在品牌创意阶段上，有没有找到“老熟人”形象为企业代言？

找这种“老熟人”形象，为你的企业和产品代言，这样往往还无须花费太高成本，就能在受众心中留下深刻的印象，使你的品牌在消费者心目中完成潜移默化的“注册”，让品牌占领消费者的心智。

这样的“老熟人”形象，对品牌的塑造具有极为重要的意义，甚至影响深远，最终成为企业的核心竞争力，进而打造出企业的最具竞争力板块。

品牌的能量在于要满足顾客的需求，而顾客的需求是不容易满足的。你的品牌在顾客心目中如果有一位“老熟人”形象，顾客就会为你这个产品和企业，多打上一些印象分的。

乌江榨菜，在三度重新定位品牌后，因为选择了清虚道德真君的形象，一下子引起普通百姓的注意。

这个形象，唤起了普通受众对神仙脸谱的记忆。一经传播，迅速在顾客心中开始“注册”，结果因为品牌影响渐大，

这个清虚道德真君，是《封神演义》里的一个角色，阐教玉虚宫元始天尊门下，为道教“十二金仙”之一，古代传说中的神仙。具有神通广大的本领，是万能的代表之一，为大众所膜拜。这个“老熟人”形象完全是百姓心目中熟悉的形象，是真正的“熟人”。

销量大增 25%，其上市股票一直在上涨，从原来 2012 年的 14.80 元涨到 2013 年的 27.80 元，翻了将近一番。

然后，这个企业发展横向产品，仅在 2014 年的一次招商会上，一个海带丝产品订单就达 11.3 亿元，首期打款达 4000 万元。

一个海带丝就让他们做到这种程度，不能不说这既是行业的一个奇迹，又是品牌创意的力量，甚至可以说是人们熟悉他们品牌脸谱的特殊作用。

他们利用“老熟人”形象，在不知不觉中，为企业打造出了一个具有核心竞争力的板块。

之后，乌江榨菜又迈开了企业收购步伐，兼并了横向企业——一家四川泡菜企业，进一步横向发展、延伸自己的产品，进一步把企业品牌做得更加极致，企业也更加强大起来。

“真功夫”集团的“老熟人”的形象就疑似李小龙，这就把一个古板的中式快餐转向到偏娱乐化，并向普通大众传递了真实功夫代言的品牌，用的也是真材实料的联想信息，让受众进行二次创作时，联想到亲切、真实感觉。

但是，就在最近，“真功夫”更新了品牌 Logo 形象。

真功夫此次 Logo 升级，说明他们品牌成功在消费者心目中“注册”完成后，还想要自己的形象更加鲜明，意在争取时下互联网上更年轻的一批消费群体，也说明他们进一步准确地进行了精致化、小众化的目标顾客细分。

但更为受众熟悉的“老熟人”，会更有效地进行品牌文化的沟通。自然，这种“老熟人”就包括了当今各路文体明星大腕。

明星，从某种意义上说也是公众人物，有的粉丝众多，其影响力非常巨大，几成“意见领袖”。

像谢娜、李小璐、周迅、SHE（中国台湾女子流行演唱组合）、TWINS（中国香港女子双人歌唱组合）等都为雅客糖果代言过，雅客糖果连连起用这些明星，充分说明一个事实：企业一定得到了相当巨大的利益。

像李连杰代言柒牌中华立领，在电视上播过多年了；梁朝伟也为才子西装代言，现在偶尔还能在电视上看到这则广告。至于时下网络上、电视里，明星广告就更多得数不过来，这里不再一一列举。

这些企业品牌之所以用这些观众的“老熟人”明星，其背后自然是营销效果特棒。这样的创意自然会创造出行业其他企业根本无法抗衡的竞争力，这已毋庸置疑。

汉王电纸书，由颇具书卷气质的明星许晴代言，网上网下一播出，第二个月产品销量就翻了番。像舒淇代言的洁尔阴和朵唯女性手机，其中朵唯女性手机，以“安全”功能为卖点，短短几个月销量就高达60万部……

“老熟人”形象代言，要抓住顾客内心世界和他们的情感需求，这样的传播效果就会事半功倍，进而形成企业核心竞争力板块。

第二节　怎样的创意最优秀

此外，价值主张创意、文化创意、品牌产品包装创意、品牌FID理念识别系统及FID五行学说的分析，都是企业打造最具竞争力板块的重要因素。

我们来看看三星集团的企业理念系统。

三星集团是韩国最大的企业集团，业务涉及电子、金融、机械、化学等众多领域。

集团旗下 3 家企业已进入美国《财富》杂志 2006 年世界 500 强行列，集团旗下的旗舰公司——三星电子，在 2003 年《商业周刊》IT 百强中排名第三，日益成为行业领跑者，其影响力已经超越了很多业内传统巨头。三星已有近 20 种产品世界市场占有率居全球企业之首，在国际市场上彰显出了雄厚实力。

其企业理念如下：

（1）三星的使命：

为人类社会做出贡献。

（2）三星的经营理念：

以人才和技术为基础，创造最佳产品和服务，为人类社会做出贡献。

（3）三星的核心价值：

人才第一，

最高指向，

引领变革，

正道经营，

追求共赢。

（4）三星人的精神：

与顾客同在：从顾客的角度来思考问题，与顾客结成利益共同体，通过为顾客创造价值，满足顾客的需求，实现顾客的梦想，达到三星与顾客共同成长的理想状态。

向世界挑战：提升境界，思考世界中的三星；放眼全球，瞄准国际领先企业；增强自信，勇夺世界第一。

创造出未来：世界的未来——提高人类工作与生活质量；组织的未来——实现成为世界超一流企业的公司追求；自己的未来——取得成就，实现未来。

那么，什么样的创意最优秀？

第一应该是属于“这一个”品牌的创意。

中国的中小企业，可以从上述世界品牌企业的理念识别系统中得到一些启示，用优秀的个性化强烈的品牌创意，打造我们中国人自己的具有竞争力的国际品牌。

第二就是通俗易懂的创意，要让邻家 80 岁老奶奶都能听明白。

第三就是让人眼睛一亮的创意。

这三条中，最重要的是第一条差异化——品牌如何与众不同，独特独到。

差异化是寻找诉求点，诉求点把握住了，创意的大方向也就明确了。将诉求点进行完美地演绎和表现的过程，就是创意。创意决定着品牌的成败。

怎样才能获得优秀的品牌创意？通过两个渠道可以获得更优秀的品牌创意：

一是从传统文化中挖掘。从历史的、民族的、民间的、全球的各种人文奇观中，发掘具有深厚文化内涵与底蕴的文化创意。

二是从前所未有的、全新的、富有现代气息和风尚的文化创意领域着手。这种创意完全由创意者自行发明或创意经营者创造。

第三节　创意怎样推进品牌建设

全球性金融危机曾经对中国中小企业的生存和发展产生过深远的影响，这种影响至今仍时隐时现。

要想沉着应对这种危机，中小企业就要加快转型、不断创新，并要运用创意来推进自己的品牌建设。

上面讲过，创意主要来源于历史积淀和无中生有这两条路径，利用创意推进品牌建设，就要加强设计力、融入文化元素、重视传播推广和加强品牌营销。

现在，怎样利用创意推进品牌建设？中国的中小企业还是要树立新观念，企业经营者要树立品牌思维、实施品牌发展战略和做好品牌运营，这样才能更好地在危机中求得生存和发展的空间。当然，在以下三个方面进行努力，也将有助于推进企业品牌的建设：

第一，要融入核心价值。为消费者提供新的消费观念，主要是在结构、造型和色彩上迎合消费者的需求，结合产品特质和功效，明确产品的集中服务对象，更快更多更好地满足消费者需求。

第二，充分挖掘文化资源，融入与消费者相关联的感情因素。具有高品质文化含量的名牌产品，可使消费者在享受产品本身时，获得额外精神享受。

第三，精心策划销售导向，扩大市场份额。应明确产品能否为消费者服务，消费者是否喜欢产品。产品是品牌最终的价值归属，只有当产品为消费者需要、喜爱，产品才会在无形中得到传播。

据统计：当下，中国的中小企业占比达90.8%以上。他们创造的最终产品和服务价值占国内生产总值的65%以上，上缴税收约为国家税收总额的55%以上，提供了65%以上的就业岗位。

由此可见，中小企业对我国在繁荣市场、创造效益、吸纳就业等方面发挥了重要作用。眼下，在经济下滑的市场环境下，中小企业怎样才能练好内功、获得发展？

要进行员工培训、调整产品结构，以技术创新和文化创意双创战略促进发展和加强品牌建设。

如今，“谁拥有了世界品牌，谁就拥有了世界市场”。

20世纪90年代以来，尤其当90后成为消费主体后，人们越来越发现名牌产品畅行无阻。

随着品牌竞争的发展，文化创意也被推向品牌竞争的前

目前，中国的中小企业还是以生产传统产品为主，在经济不景气时，产品受影响比较大，竞争较为激烈。而中小企业技术上在短期里难有重大突破，但在文化创意上，比如，为品牌寻找“老熟人”形象上，为品牌编撰品牌故事上，都相对较容易取得品牌营销的巨大成效。

台。通过品牌的文化力去赢得消费者和社会公众对品牌的认同和亲和力，已经成为当今市场竞争的一种深层次、高水平、智慧型的竞争。

因此，中小企业目前的正确生存发展选择就是：加强品牌建设，提高消费者对品牌的忠诚度和以较低的成本为消费者提供新的价值。

第十二章

百年品牌人为贵

——以人为本培育品牌资源力板块

一些企业管理层经常有这样的苦恼：

企业人才流失太大了，刚培养成手的员工，也刚刚能接业务了，却一下子就走掉好几个，不仅社会影响不好，而且自己辛苦培养的业务人才转瞬即逝，公司的各项业务又怎么去展开呢？

如果长此以往，势必会影响到企业的正常运转，甚至也会威胁到企业品牌的传承，甚至造成不良的社会影响！

第一节 如何发掘人力资源

1987年，在中国有6个人凑了两万元钱，创建了一个叫华为的公司。经过近30年的发展，现在华为已成为全球通信业具有领导地位的供应商之一。

我们要向著名企业学习，培育自己的品牌企业的资源力板块，发掘人力资源管理的思想与智慧，帮助自己的企业健康、快速地向前发展。

2014年，这个公司排名世界500强第285位，与2013年相比上升30位。

华为总裁任正非曾经说过：华为没有成功，只是在成长。

目前，华为在国际市场上覆盖了90多个国家和地区，员工近4万人。

我们来看一下华为的资源力板块是怎么创建的：

（1）华为人力资源管理目的。

建立一支宏大的高素质、高境界和高度团结的队伍。

创造一种自我激励、自我约束和促进优秀人才脱颖而出的机制。

中国不缺乏创新种子，只缺乏适宜种子生根发芽的沃土、春雨、阳光。

人力资源管理就是管理好这片土地，松土、浇水、施肥。

（2）如何使用人才。

爱惜人才，尊重人才，但决不迁就人才。

号召人才学雷锋，但不让雷锋吃亏。

在华为大学门口，赫然醒目写着八个字：“小胜靠智，大胜靠德。”

华为制定了一系列的人才培养、管理、使用、晋升的科学而又公正、公平、公开的资源力管理机制。

比如，华为在干部选拔上，就建立了一套标准化的干部选拔标准。在华为不同的业务部门、不同的管理层级，在进行干部选拔时，大家采用的是同一套标准。

华为从 1996 年就开始与外脑进行合作，2005 年开发出了华为领导力模型。

领导力模型包括 3 个方面的内容，有 3 大核心模块。第一块是建立客户能力，第二块是建立华为公司的能力，第三块是建立个人能力。其中包括了 9 项关键素质，这 9 项关键素质后来被衍生为华为在干部选拔时会进行的干部评价，叫做“干部 9 条”。

对于领导力素质的评价，不像一般写评语，用一些非常通用的、非常含糊、放之四海而皆准的评价，而是要求必须基于具体的事例。

另外，华为在干部选拔过程中间，还采用了“三权分立”的方式。这三个权利是：建议权、评议权和否决权。

华为其他的一些用人制度等，在此就不一一赘述了。

其实，如果企业出现小范围的人才流失现象，也属于正常。但是对企业来说，尤其是品牌企业来说，如果这种流失陷入不正常范围，小则可能影响部门工作，大则可能拖垮企业，让此前辛辛苦苦建设起来的品牌倒掉。

同时，人才成本不能拉高，这样对企业的伤害将是长期和致命的。

显然，避免人才流失应该是品牌企业人才战略的组成部分。

其实，人才流失只要不影响正常工作，都属于可理解范围。当然，企业人才流失也要和人才培养速度相匹配，如果不能匹配，也就不正常了。

要过滤掉、淘汰掉那些跟不上公司发展步伐的，或者在人性、品格上有缺陷的人。因为这部分人的存在，将来一定会成为品牌企业发展的负能量，甚至拖累企业，严重的也会毁掉品牌。

现在，一个地方如果没有人才，经济发展一定会受影响，这已经成为业界共识。

当然，如果我们企业有美好的使命和愿景，但没有优秀人才，管理上还是跟不上去。这就是我们所说的：百年企业人为贵。

中国的企业不像日本那样员工终身聘用，企业不是太稳定，有的企业寿命非常短。再者，地域差异化明显。如果人才停滞不前，不能流动起来，那中小企业怎么发展？

企业 HR（人力资源）都知道：薪资待遇是培育资源力板块中最重要组成部分。时下的 80 后、90 后，包括 00 后都现实得赤裸相见，稍有一言不合，即扭头离职，其中大多数人早就对薪金不满意。

以至于如今许多 BOSS（老板）和 HR 都强烈感觉到：提高薪金待遇，是第一个最有效的留人“砝码”。所以，我们认为，改善薪资分配体制，是一个大问题，也是一个严肃的问题，更是一个考量 BOSS 智慧的难题。

只有舍得，才会获得。企业获得资源力板块的稳定、强劲，才可能在品牌竞争中，充分发挥人的因素时，有人才可用。

第二节　品牌中人的因素

在品牌建设中，人的因素占第一位。不创建好的资源力板块，不做好脖子以上的工作，品牌就难以树立起来，也不能形成企业的核心竞争力。

资源力板块，也会以一种企业文化的外在表现形式，与企业品牌文化一同输出，可以隐性地影响客户的思维、占有其心智等。

比如，现在有的企业开启了社交化销售的模式，这实际上也是一种品牌文化的输出。

因为当企业品牌运营不断成熟，仅仅靠某产品已经无法全力支撑品牌的内涵。

现在，有的品牌企业开始在线上发力，与顾客互动，进行社交化活动，也包括在线下开办专业性较强的俱乐部，形成了实体社交圈，避免冷漠的交易态势，向目标客户群体输出品牌文化，于潜移默化中完成品牌在顾客心目中的“注册”。

品牌的人性要通过受众并不反感的方式，源源不断地于

在品牌文化传播过程中，如果品牌推广渠道不接地气，不去和客户做亲密性互动，让企业品牌形象高高在上，在云端上，不能落地，这样的缺少人性的品牌文化也无法吸引客户及目标消费群体的主动关注和积极参与，就谈不上品牌文化的渗透，也谈不上在消费者心中占位了。

当然，也要注意，不要用公益资源力来做商业品牌，更不要用公益的名义输出品牌的商业文化，那样，消费者极可能十分反感。久而久之，他们也就失去了参与的热情，最后严重伤害到我们的品牌文化。

无形之中输出给消费者，这样有助于消除交易、销售之际的那种冷漠和简单的买卖关系。

通过品牌人性的互动，让用户感受到产品之外的文化给他带来的参与和关注的趣味，最终让消费者乐意接受企业的产品及相关服务，这才是品牌资源力输出的最终目的。

品牌文化的输出，要消除商业化，要更纯粹一些，真正表现出一个品牌企业应该担负起来的社会责任，这才是潜移默化的品牌文化输出，也是一种品牌资源力的输出，从而让品牌受益无穷，传承到永远。

当然，在品牌资源力板块建设上，也要考虑时下的网络社区化，现在也已发展成为一种聚会文化，甚至将来可以取代现实聚会。

时下，消费者购买心理及现实行为已经有太多的变化，尤其是他们在购买决策时，大多要在网上搜索相关信息和评论。此时，他们不会太多关注品牌企业的自说自话，而是看其他顾客的意见，尤其是批评意见，最后他们才会做出自己的购买决策。这种来自企业品牌之外的资源力板块，也需要引起我们中小企业家的注意。

这个变化需要得到从企业品牌文化资源力板块的角度上的重视与关注。要想方设法地通过消费者的评论以及反馈，了解消费者的矛盾思维的初衷，解决他们的矛盾，让消费者的评议更趋于客观、公平、公正，建立起企业品牌的外部形象，建立好企业外部的资源力板块。

企业品牌要追求长足发展，除了要放远眼光，品牌产品横向拓展，还必须匹配相应的品牌属性，找到输出品牌文化的平台，借用以人为本的因素，让品牌走出去，深入人心，实现品牌资源力的板块建设，促进品牌整体发展，全面整合企业拥有的所有资源，以人为本，培育好企业品牌的资源力板块。

作为品牌资源力板块中最重要的因素，甚至是第一要素的企业家，应具备以下 7 大素质：

民间有话叫：“兵熊熊一个，将熊熊一窝。”同样的道理，在所有的企业里，如果老板素质较低，或者在做人上就有问题，那么他就会成为品牌资源力板块上面那个最短的一块板，从而让品牌跑偏，企业最后也将无法走远。

第三节　如何提升企业家素质

目前，中国民营企业家素质急需提高，主要体现在以下四个方面：

（1）文化水平不高，缺乏专业素养。中国的民营企业家接受正规教育的比例比较低，文化知识、专业素养都不尽如人意。经济全球化时代，就要求民营企业家要有品牌经营理念，优化管理风格，有一个准确、精致的核心价值观。

所以，民营企业家要通过"走出去""请进来"，来充实、提高自己，学习先进的培训方法，定期到国内外知名企业学习交流，请国内外企业管理专家来企业交流，学习国内外先进管理理念，提高管理水平。

（2）诚信意识淡漠。对消费者缺乏诚信，对企业员工也不讲诚信。民营企业不签劳动合同、克扣员工工资的现象屡见不鲜；有些民营企业为了融资、少缴税，不惜一切代价粉饰财务报表、甚至造假，财务数据脱离了企业的基本经营状况。

（3）缺少环保意识。民营企业家多以经济利益为主，环保意识差。

（4）创新意识薄弱。从融资渠道上说，民营企业处于不利地位，在申请专利、创新发明等方面意识薄弱。

那么，如何提升民营企业家素质？

（1）及时转换角色。企业家的素质直接关系到品牌的生死、发展，民营企业家可以通过自身努力提升素质，转变思想观念。随着自身社会地位的提高，所处的社会角色的不同，要及时转换角色认知，进行准确的角色定位，做一个有责任意识、有担当的企业家。

（2）提升知识水平和管理能力。民营企业家要提升自己的知识水平，要关注最新企业管理的经验，应用于企业实践。

（3）讲求诚信。只有诚信经营，品牌才会迅速成长、发展。

（4）提升个人素养。只有企业员工认同自己的老板，认同企业文化，才能做到上下团结，唯有如此，企业才能迅速地发展起来。

（5）通过外部因素提高民营企业家素质。建立职业经理人队伍，使“家族式”企业现象得到遏制。实践证明，家族式企业弊病多端，不利于企业健康成长；依法保护民营企业家的合法权益，营造良好的社会环境氛围；解放民营企业家，这里既包括政府与社会要解放民营企业家，也包括民营企业家对自身的解放，在企业内部建立合理的管理结构并科学授权，将自身从繁杂的事务中解脱出来，才可能有时间去更新自己的文化知识与专业素养，提高管理素质。同时，行业企业协会要建立企业家联谊机制，搭建企业家交流平台，互通信息，互相促进，共同进步。

培养和造就一支高素质企业家队任，是中国品牌走向世界的重要步骤。

同时，这也是一项系统工程，需要全社会有计划、有步骤、有目的的努力。要相信，中国的企业家一定会创造奇迹，收获成功，开启一个品牌发展的新时代，建设好品牌资源力板块，适应经济全球化的要求。

第十三章

品牌定位有秘诀

——准确定位创造价值力板块

在品牌创意、策划阶段及最后落地时，我们用专业化、品牌化的语言文字，去准确表达我们企业的核心价值主张、企业使命、企业远景，并使之让人过目不忘，富于心灵冲击力，进而抢占顾客心智的高地。这不仅可以让客户第一时间对公司产生尊重，也会让我们自己的产品拥有一种与众不同的品牌化魅力。

第一节　怎样为品牌准确定位

试想：如果产品同质、价格透明、渠道共享、促销雷同、政策相似……各种产品的元素过于相像，又何谈核心竞争力呢？

那么怎样才能找到准确的品牌定位？又如何抢占顾客心智？其中有什么蹊径？

比如人们熟知的万宝路香烟，就以策马奔腾荒野的牛仔形象，走进消费者的内心天地，其品牌形象经过多年的重复传播，已深深根植于消费者内心。

可以回想一下：近十年来的几个品牌手机，有的也曾进行过大量的广告传播，甚至也曾一度辉煌过。但如今，他们有的已难觅踪迹，甚至我们已想不起其姓甚名谁……其中原因非常简单：因为当初它们没能说清楚自己到底代表过什么，他们的核心价值主张是什么？从来没有击中过消费者的内心，更没有占据其心智，从而成为消费者的过眼云烟。

大家都有过这样的购物经历：面对商超里那堆积如山、

缺乏核心价值主张的品牌，根本不会产生品牌核心竞争力。只有真正将品牌核心价值主张从传播层面上升到企业战略层面的高度，全面整合企业内外资源，形成一击即中的力量，才能直接击中或潜移默化地影响到消费者那种本能抗拒的心理，让自己的货品成功地从琳琅满目、成千上万的同质产品中脱颖而出、华丽亮相。

一般来说，一个品牌成功的前提，一定是它代表了同品类产品，身处于同行业中的垄断地位、顶尖位置，而且谁也无法撼动其品牌文化的根基。

琳琅满目、排列整齐、业态通透的产品，一般情况下，都会自觉不自觉地去选取那些自己熟悉的品牌。这就说明，那些你熟悉的品牌，一定是曾经走进过你内心某一个角落的东西。

对于一家公司来说，你的品牌只有确定了有效定位，占据了某个独特品类，品牌形象得到了很好的塑造与传播，才能事半功倍。否则，你的品牌传播费用至少要有多半打了“水漂”，做了“无用功”。

因为如今市场竞争已越来越激烈，越来越白热化了。这种情况下，消费者也必然会面临着巨大的选择空间，品牌企业一招不慎，势必全盘皆输，传播费用也将毫无悬念地赔个精光。

因此在进行品牌定位时，必须要“走心”。

品牌战略定位，一定定“乾坤”，是否用“心”，当然就会决定品牌未来的命运。

平时，我们到商超如果想购买空调，极可能会想到格力；买果冻，第一时间想到的就是喜之郎；买矿泉水，我们第一反应是娃哈哈……由此，我们可以得知：平素，顾客通常以品类来思考，以品牌来表达，而品牌定位的实质，就是用品牌核心价值占据顾客心智中的某个品类，从而形成企业的价值力板块。

比如一些国外品牌，在传播上为达到品牌自身要求与中国文化的相融与结合，都会做出一些情感性的传播。

对于像春节这样的中国传统节日，一个阖家团圆的时节，可口可乐的广告片就选择了典型的中国情境拍摄：运用对联、木偶、剪纸等中国传统艺术，通过贴春联、放烟花等亲近民风民俗的贴心传播，来表现中国浓厚的乡土味，一下子就引起了国人的共鸣，击中了中国观众内心那个柔软的角落。

尤其是在春节即将到来时，到处都弥漫着过节的气氛，选择这种节点适时适量进行传播，就会达到品牌推广效果的最大化与深刻化。

这是典型的“中国风”品牌定位的“走心”案例，他们真是下足了功夫研究中国文化，也是在用心传播推广自己的品牌。

为此，他们还做了其他方面的努力。比如，可口可乐就曾选择华人新生代偶像做形象代言人：1999 年，选择了张惠妹，赢得了一大批青少年的喜爱；后来由新生代偶像谢霆锋出任可口可乐数码精英总动员的代言人；现在，又由

良苦用心策划出来的“走心”传播，人们熟悉和怀念的“中国风”，一定会在受众内心中产生某种共鸣，有了共鸣的传播，就一定会加倍放大品牌传播效果，就会疾速地形成品牌核心价值力板块。

可口可乐如此做品牌定位，使自己俨然成了本地产品，拉近了与中国人的心理距离。这种乡土形象，自然也是消费者眼中的“老熟人”形象，就能更有效地与中国消费者沟通、交流，在消费者心理上产生一种民族民风的共鸣感和信赖感。

如此一来，不仅可以使品牌迅速占据消费者的心灵，而且会达到事半功倍的效果。

SHE、刘翔等娱乐界、体育界明星代言，产生了令人惊叹的轰动效果，从而占据了顾客心智。

第二节　品牌定位怎样才“走心”

占据顾客心智，品牌的战略性定位与战术性定位缺一不可。

战略性定位，锁定特定品类，并引领企业内部运营，产品品类相对稳定。

战术性定位，通常依托于品类生命周期不同与竞争状况的灵活多变，这一点多表现在营销传播层面。没有进行战略性定位的品牌，必然会将战术性定位做成自己的亮点，但如此一来，品牌则只能维持短期的竞争优势。

同样，有战略性定位无战术性定位的品牌，这个品牌也不能有效占据顾客心智高地。

比如我们都知道的农夫山泉如果没有“有点甜”、王老吉没有“怕上火”的战术性定位，他们也将很难占据顾客的心智。

有一个著名的比喻：所有的产品都存放于两大货架：一个是商超里的销售终端，另一个则是消费者的心房。企业把产品陈列在销售终端还不够，还要把品牌形象镶嵌进消费者的心智，让你的品牌在他们的心里占据一个强有力的位置，这样，我们才能实现真正意义上的品牌销售。

在品牌定位的问题上，有“一抢一给”两个问题需要我们思考：

一是你的品牌是否抢得了先机。比如市场有需求，你是不是第一个设法打开了消费者的钱包？如果是，就是你及时满足了消费者的需要，而别人没有做到，你注定会抢占市场先机。

二是你是否给了消费者购买你的品牌产品的理由。当产品的卖点与顾客的购买需求相重合时，消费者会认为“正合我意”，马上就会产生共鸣感，这时的交易机会就会直线上升。

信任，最容易让人产生冲动的情绪。你只要做到让消费者在了解你的产品“卖点”后，相信购买你的产品对他有用处、好处，正好符合他的需求，那么产品就很容易被消费者拿走，你也就成功地打开了消费者的钱包。

这就是**信赖产生消费**。

因此我们认为，一个全新的品牌，必定面临初期认知上的挑战。在打入顾客心智，占领消费者心灵之前，品牌需要做好几个关键品类化的要点：

明确品类宗属、启用新品牌名、为新品类命名、标志性视觉。

不断推动口碑传播，提升品牌信任度，努力让顾客信任你的公司和你的产品，给顾客一个购买你的品牌产品的理由和信心，使顾客能迅速建立购买意向。

品牌在顾客心目中有了一定可信度之后，还需要保持一定的传播频率，以保证品类的高速发展，并注入热销概念以保持最低成长速度。这就要求我们必须加大投入，避免出现“最后一公里”现象，造成停滞不前。

在品类发展期，也需要我们在既定的品类中适时对品牌重新定位。比如像王老吉的“中国最畅销的罐装饮料”、鲁花的“人民大会堂国宴用油”的宣传语，都让他们提升了在顾客心目中的信任程度。

由此可见，我们要保持品牌领导地位，就应该尽可能地运用公关方式隐退品牌主推品类；突出品类需求，勇敢竞争，建立品类区域的心智资源，其有效的方法就是针对竞争品类打进攻战，以攻为进，争取主动权，稳操胜券。

有一句话：商场如战场，说的是市场竞争之激烈、残

商业竞争的真正战场不是市场，而是在竞争中看谁能占据顾客心理上的高地；商战也不是产品之战，而是心智之战。

酷。其实，这话不是太准确，准确的说法应该是：

因此，要注重产品品质和品牌建设，成为同类产品中的“No.1”（第一名），创造出品牌产品核心价值力板块。

在思想上，要力求创新，第一个创立或者划分出新品类。

集中优势，第一个提出某一概念或者与某一概念相关联的东西。

比如，现在经常能在电视上看到“脑白金”的广告，成天在喊：“今年过节不收礼，收礼只收脑白金。”有时因为重复播放地“轰炸”，看得人脑袋有点大，却达到了让“脑白金”传遍四方、占领心智的目的，广告词甚至成了人们的口头禅。

“脑白金”如此深入人心，就是成功找到了一个“No.1”，即他们抢占了一个独一无二的定位。

所以说：在如今信息泛滥、产品同质化严重的情况下，品牌必须要努力占据消费者的心智高地，而一旦品牌进入消费者心智并占据位置，再想撼动它，那几乎就是“不可能完成的任务”了。

第三节　品牌定位“十大法则”

怎样进行品牌定位呢？这里我们介绍一下“十大法则”：

“第一主义”的著名品牌就是“三一重工，销量第一”。

法则一：“第一主义”。就是追求某一领域的第一位。像海信在2016年欧洲杯上，就推出“中国第一”“销量第一”的定位，其他品牌的诸如“营业面积第一”“创新项目第一”等。一般来说，名列第二的品牌的销售量往往仅为第一的一半，名列第三的又是第二的一半。所以，品牌要争取名列第一的位置。第一的名次通常要大家竞争决定，只有在某一领域有巨大优势的品牌才能如愿，第一并不适合资源一般化的品牌。

法则二："第二主义"。品牌明确认可行业第一品牌，自己不过是第二。人们会由此对品牌产生一种谦虚诚恳的印象，信任这一品牌，也较容易在消费者心目中完成"注册"。

比如，当年美国阿维斯出租汽车公司就有"我们是第二，我们要进一步努力"的品牌定位。

法则三："第N主义"。勇敢承认品牌在市场上竞争不过其他同类品牌，但在某一区域或本地却可以和著名品牌平分天下，并肩而立。这样的定位市场上多有案例，比如像"东北的小江南"这样的定位，就很明确：我不是第一也不是第二，但是我还有我的定位，且上口易记。

法则四：市场空白。就是消费者需要，而市场上还没有被重视的市场空白点。诸如海飞丝洗发液定位"头皮屑，全没了"，给那些为头皮屑烦恼的消费者找到了最爱。这种定位适合于大企业，也适合中小型企业。

法则五：挤对对手。通过找出竞争对手的弱点或缺点，来确定自己的定位，设法改变竞争者现有形象，从而确立自己的品牌地位。这种方法应慎重对待，因为一旦被竞争对手认为"不客观，不公正"，就可能会惹上品牌官司、法律纠纷。

法则六：目标群体。以某消费群体为定位对象，突出产品专为其群体服务，来获得这个群体的认同。把品牌直接与消费者关联，让消费者感受到尊重，使其产生"量身定做"的感觉。

法则七：树立敌人。与某知名品牌作出明显的区分，站在竞争对手的对面，成为敌人。像七喜的"七喜，非可乐"定位，就非常典型。

法则八：文化融入。将文化内涵直接植入和融入品牌之中，提高品牌品位，使品牌形象独具特色。一般酒业运用此法较多。

法则九：经营理念。企业利用自身的经营理念，作为品牌定位的诉求，用较确切的文字描述呈现。随着中国日益重视人文精神，这种定位会受到重视。

法则十：自我表现。通过表现品牌的某种独特形象，标榜独特和个性，给消费者一种表现自我个性和生活品位的快乐感觉。如百事"年轻新一代的选择"的定位，就非常典型。

当然，我们还要注意规避抢占顾客心智、品牌在消费者心目中完成“注册”的过程中存在的“两不要三看”的问题：

一不要“跟车”要“超车”。

这个问题上有一个最大的陷阱，那就是效仿。因为你一效仿，就会被千万同质化产品淹没在产品的红海里，不死才怪。

所以要了解消费者的心智将主导消费行为，但消费者的心智又有多种样式，需要具体分析。比如，有的顾客就愿意跟在别人后面购买商品，这就是从众心理的“羊群效应”。

其实，顾客的心智运作原理还有很多。比如，顾客消费时，顾客内心是拒绝改变的。品牌后进者要想超过第一名，你就必须与众不同，尤其是与第一名不同。所以，这时最大的陷阱就是完全效仿第一名，按照第一名的模式来思考问题，“前有车后有辙”，那这个品牌就无法发展，被市场淘汰只是时间迟早的问题。

因为你是在“跟车”，而不是“超车”。

有一个非常具体的案例。比如几乎大家都看过的电视连续剧《潜伏》，当时火得不行，不仅孙红雷更火，意外地把姚晨也带火了。这下子就不得了了，电视上不久就开始群起播放类似的跟风谍战片。现在，我们回过头去想一想，你还能想起的谍战片，恐怕也还是只有《潜伏》，其他的已经在观众心目中死掉了，没给人留下任何印象。

再具体到品牌建设上，与上面的正是“道不同而理相通”：跟风效仿，必死无疑。

二不要另起炉灶。

既有定位和新定位之间一定要维持某种联系，不可另起炉灶。比如宝马有很多车型，但宝马维持了其既有的定位概念：驾驶体验及乐趣。

但也有一种情况，新产品、新服务与原品牌完全不搭界，甚至属于两个行业，那么，我们就可以考虑重新定位。否则，只能跟在原来的品牌后面，而新产品的销售将一事无成。这是有教训的：某卷烟企业，要做地板产品，因为坚持沿用原来的香烟品牌，结果，后来这个地板产品也没做起来，最后也就不了了之了。

在市场竞争中，一个品牌务必把定位做到理想状态，甚至要独一无二。

很多企业的定位没有自己的东西，这就是定位“跑偏”，成了“跑酷一族”，没有个准确的路线图，结果到了生疏的地方，一招犯错，就碰到了致命底线上。

对于品牌定位优劣标准，我们一直认为：

一看品牌市场份额。像宝马，在美国名列雷克萨斯之后，但在全球市场上它无疑是领先品牌。

二看品牌是否占据了顾客心智。像沃尔沃，用造坦克的标准要求自己造车的安全性，非常注重驾乘者的安全，就给顾客留下了可能一生都难以磨灭的“安全”印象。如果他要买车换车，又注重安全性，怕是第一个就能想起沃尔沃来。

这就是准确定位的体现，这也是品牌必须聚焦的原因。不聚焦，你就失去了自己的灵魂。

三看定位方向是不是非常明确。这是占据顾客心智需要特别注意的一个问题。

一个品牌如果失败，原因当然可能会有很多，但上述这两方面原因是主要的。

比如有一个饮料品牌的营养素水，分出了男女性别，但最终品牌失败。我们经过分析认为：首先，产品需要单一，饮料分男女性别是大可不必的事情，而且容易造成定位模糊；其次，一个品类必须有一个固定方向，这样也有利于准确定位。

品牌打造刻不容缓，早日打造知名品牌，企业利润就可以呈井喷状态，急转直上。

对于中国中小企业来说，目前的竞争力和生存力都相对弱小。因此，中小企业的品牌要想成为名牌，不断延续下去，就要正确、准确地定位。

第十四章

“三只松鼠”的亮点

——差异化战略强化创造力板块

在寻找品牌差异化时，我们一定要保持对消费者足够的尊重。只有当我们怀着尊重和好奇的心去看消费者时，才能了解到他们内心真正需要的是什么。这样也许我们就能找到你的品牌差异化究竟是什么。

第一节　品牌差异化的意义

“三只松鼠”于 2012 年 6 月在天猫上线。

令人称奇的是：仅仅 65 天时间，他们就做到了网络坚果销售全国第一名。

在 2012 年“双十一”时，他们更创造了日销售额 766 万元，名列中国电商食品类第一名。

2013 年 1 月，他们单月销售额又超过 2200 万元。这个不俗的业绩令人震惊。

至今 4 年多时间，他们的品牌推广不仅冲上省级卫视的热播节目，累计销售额早已过亿元，还获得了 IDG（美国国际数据集团）公司的 600 万美元投资。

经过梳理，业界认为他们有一个特点：带有品牌卡通形象的“三只松鼠”包裹，给顾客准备了开箱器、快递哥寄语，甚至连顾客都想不到的坚果包装袋、封口夹，还有垃圾袋。你看人家为顾客准备得多细致？同时，他们还赠送给顾客：传递品牌理念的微杂志、卡通钥匙链，还有用于吃完坚果擦手的湿巾……

人们不禁要问：“三只松鼠”为何要如此“讨好”那些“亲”们？我们认为答案只有一个：

品牌差异化战略，打造出了他们的品牌竞争创造力板块。

于是，他们成功了，而且如此神速，不得不令人刮目相看。

品牌创造力板块的力量，有如一颗“经济原子弹”的当量。

什么是品牌差异化战略？就是指为使产品、服务和企业形象等，在与对手竞争时，有明显区别的文化、特质及外在表现形式，并以此获得竞争优势和创造力而采取的战略。

这一战略的重点，是在产品和服务方面，创造出可被全行业和顾客都视为独特、唯一的可实现差异化的亮点，借此培养顾客对品牌的忠诚度及认知度，为品牌加分，增强品牌创造力。

我们可以这样说：差异化战略会为企业获得高于同行业平均水平的利润。但在实施差异化战略时，企业又会耗费一定的成本，自然也将承担一定的风险。

差异化战略类型主要有“四化”，即：

产品差异化

服务差异化

人事差异化

形象差异化

根据上述“四化”，找到产品不同角度的优点，塑造出核心价值主张分享给顾客，将有差异化的相同产品卖给不同的顾客。

很显然，谁都无法改变一个成型了的产品，但我们可以改变顾客对产品的看法和认知。

我们来详细分析一下“海底捞”火锅的差异化服务战略：

“海底捞”，是一家以经营川味火锅为主、融会各地火锅特色为一体的大型跨区域直营餐饮品牌火锅店。他们成立于

1994 年，经过二十多年的发展，如今的“海底捞”已成为中国火锅餐饮业中的佼佼者。

“海底捞”成功的原因当然有很多，除了他们对食品质量的严格要求外，他们在服务上的差异化战略，占有重中之重的地位。

甚至有人分析：“海底捞”虽然是一家火锅店，但他们的核心业务不是餐饮，而是他们的服务。可见，他们的服务已经给消费者留下了难以磨灭的深刻印象。

在“海底捞”火锅店，只要你一进门，就能切实感受到“顾客就是上帝”这句话在人家那里彻底落地。

我们常会看到：在一般比较红火的饭店等位区里，经常人声鼎沸，喧哗热闹，性急的顾客还会发发牢骚，女人叽叽喳喳，男人骂骂咧咧，显得焦急却又无所事事……在这样的餐饮店里等待只有无聊和焦灼。

但在“海底捞”那里，却是另一番景象：

等待就餐的顾客，可观望屏幕上即时打出的座位信息。等待区里有免费水果、饮料、零食。

如果亲朋好友多人在一起等待，他们还会送上扑克牌、跳棋之类的桌面游戏，供大家一起消遣，打发等待时的无聊。

还有餐厅上网区，可供等待者上网。

等待的顾客，这段时间里还可以接受免费的美甲、擦皮鞋服务。

就餐时，每隔 15 分钟，就有服务员主动更换你面前的热毛巾。

顾客带了小孩子前来，服务员还会帮助顾客喂孩子吃饭，陪他们在儿童天地做游戏。

……

“海底捞”在服务上的差异化，贯穿着以人为本的理念，让顾客充分感到自己在这里被重视的感觉，获得舒适的心理感受。

通过贴心、细心的服务，形成企业的核心竞争力，也会形成企业品牌的创造力板块。他们的这种差异化服务，又比较难以被其他同行效仿，创造力板块的形成，就是指日可待的战略了。

当然，这种服务上的差异化也面临风险。

因为像这样的服务，只要用心而有实力，就可以学得到。这样，就会面临来自竞争对手的模仿、学习甚至改进。因为是后来的模仿者，可能会有更详细、更充分地准备，在差异化服务上改进后，进而成为他们又一个健硕的同业竞争者。

第二节　差异化的根本何在

当然，品牌运营中的服务差异化会给运营企业带来收益，而产品差异化也同样会带给品牌以新的生命。

企业从产品到品牌的运营，在走向国际化过程中，常常难以脱离国家形象。对于进入经济新常态的中国，中国品牌也已成为国家层面关注的一个重要方面。

其实从产品运营进入品牌运营，中间也不过只隔着一层纸而已。捅破这层纸，就什么都想通了：无非过去是企业卖产品，现在是直接卖企业。过去企业“卖艺”，现在企业直接“卖身”——品牌。

随着中国经济实力的提升，加上中国领导人对中国“金字品牌”不遗余力地宣传推广，中国高端装备制造正在全球

在品牌形象建设成为国家战略的同时，中国企业在全球市场博弈中也要努力做大做强，实现更好的发展。这其中，华为、阿里巴巴等品牌正在国际舞台上展现中国企业的风采。

树立起品牌号召力。

当然，要建立品牌，也要先做好产品。没有好产品，品牌形象就无从谈起。

产品是根本，品牌是产品的生产者留存于人的心智中的不朽形象。

加多宝品牌一度曾发现：消费者的心智不易改变，很是顽固。但是他们也意识到：这样一来，反倒可以让加多宝找到一个重新定位、打开消费者心智的绝佳机会。

因为在以往的十多年里，加多宝坚持只生产310毫升的红罐，这一种产品，只用同样的广告语：怕上火；只用相似的广告创意（蓝色冰雪中，有一个大红罐和“怕上火”的字样），这些早已在消费者心目中留下了极深的印象。

既然消费者已经认准了这一点，那就直接告诉受众：加多宝就是它，并不是一个新品牌。

于是，与过去品牌定位有一定联系的广告语诞生了：“怕上火，现在喝加多宝。全国销量领先的红罐凉茶改名加多宝，还是原来的配方，还是熟悉的味道。怕上火，喝加多宝。”直接将王老吉留存在消费者心智中的印象，不声不响地接续过来，这简直就是一场不动声色的移花接木。

一夜之间，加多宝这条广告狂轰滥炸在各种媒体上，就是商超、小卖部、餐饮的渠道上，也在一遍遍地轰炸。饮料销量最旺的夏季，加多宝已经成功地嫁接了消费者认知度，都了解了“改名加多宝”。

后来，他们又视具体市场及法律层面的变化，推出了广告语：“怕上火，更多人喝加多宝。中国每卖 10 罐凉茶，7 罐加多宝。配方正宗，当然更多人喝。怕上火，喝加多宝。”

这条广告创意，可与那个香飘飘奶茶“一年卖出N亿杯，杯子连起来可绕地球N圈”相媲美，后来还被其他企业套用：“中国每卖出10台大吸力油烟机，就有6台来自XX”、“对不起。目前，十个人中还有四个人没有机会享受XX的优质服务”……

结合具体案例讲一下产品差异化：

佰草集是中国众多化妆品品牌之一，那么怎样才能改变现状迅速强大起来呢？

从1995年开始，佰草集抽调力量，对产品定位、开发和营销等开始做可行性调研。

调研的最终结论是：国际化妆品公司的研发人员队伍庞

大，如果“佰草集”同样研发，就不会占什么优势。只有走差异化路线可以走得通，市场可能有包容性。

“佰草集”另一有利因素是：中草药研发上，自己有多年经验，如果让新产品走中草药路线，就有一定优势。

于是，他们成立了化妆品企业少见的“中医药研究室”，进行细胞学研究、中医理论的总结性研究及中草药提纯实验，将产品创新定位于中医、中草药文化，体现出品牌独特的“中国风”，并从专卖店装修、柜台展示、产品包装、海报设计等细节上，统一细致地体现了“中国风”。

这种明确的差异化定位和准确的产品卖点，成为佰草集最终打动丝芙兰，成功进驻欧洲的关键一招，成了企业品牌颇具创造力的板块。

三年后，他们开发出了 17 个含中草药添加剂的护理产品。

2008 年 9 月 1 日，这个上海家化旗下的高端中草药化妆品牌——佰草集，在世界时尚中心巴黎的香榭丽舍大街丝芙兰化妆品专卖店正式上市，为国产化妆品从蓝海走向红海，吹响了第一声进军号角。

差异化的力量，带来了企业创造力。

“佰草集”，运用丰富的中国元素和中国文化的品牌内涵，在产品竞争激烈的西方化妆品市场上，以创新为开路先锋，使产品独树一帜，打造出自己的创造力板块，走出了具有自己特色的产品创新之路。

很明显，上述这个案例中的产品创新，就是“从原料的角度”开始的。

这就是产品创新的力量，也是品牌差异化的力量，更是品牌创造力板块的重要“组成部分”。

那么我们怎么找出品牌差异化呢？

所以在寻找品牌差异化时，我们一定要保持对消费者足够的尊重。只有当我们怀着尊重和好奇的心去看消费者时，才能了解到他们内心真正需要的是什么。这样也许我们就能找到你的品牌差异化究竟是什么。

现在，汽车成了人们生活中的热门话题。但是从功能性上讲，无论消费者是何人，只需买台几万块的国产小车就够了。那为什么还有人非要花上几十万元买宝马，花几百万元买一辆劳斯莱斯呢？这里就有一个问题，那就是人们认同的那些高档豪车在于其精神价值，而非单纯的物质价值。消费者需要更纯粹的精神的享受，而不是物质需求。

第三节 如何找到品牌差异化

第一，要找到产品差异化。产品差异化，又分为垂直差异和水平差异。垂直差异是指比竞争对手更好的产品，水平差异是与竞争对手不同的产品。

宝洁的洗发水品牌，设计了六个品牌各自的个性化定位，从而实现了在洗发水行业骄人的业绩。

当然，也要规避两个误区：

一是把差异化概念化。如牙膏“一刷就白”“现代中药技术，清热去火”；动不动就冠以“环保产品”“绿色产品”等，这些产品表现出了只满足于概念化的产品差异化。这也是这种品牌最终销声匿迹的原因之一。

二是把注意力放到实施产品差异化上。以洗发水为例，是不是所有的洗发水品牌都要像宝洁公司一样，不断地研发和树立多种品牌，从产品功能上去创造差异化？答案是否定的，因为中国大多数日化企业并没有宝洁、联合利华的雄厚经济实力和高端研发能力。并且一旦由于研发或制造工艺而使得产品的成本提高，产品的价格因此高于其他同类产品，反而会失去原有的消费者。

第二，要找到服务差异化。海尔，就是通过服务差异化，赢得了品牌竞争力。

第三，要做好市场调研。企业在将一个品牌推入市场之前，必须先进行深入细致的市场调研，了解消费者的需求爱好，了解其他竞争品牌的市场定位，从而为做好品牌定位提供决策依据。根据各个竞争对手的分布情况，为品牌确立适当的市场位置，找到一个良好的起点。

第四，重视经营管理。品牌的内涵是企业经营管理、产品质量、营销能力、销售服务等的集中体现。因此，企业要想使一个品牌在市场上站住脚，并受到消费者的喜爱，就必须在经营管理上下工夫。

第五，要抓住技术创新。把技术创新放在重要位置，使产品技术含量保持领先地位。

最后这一点，正是本章的重点：品牌差异化，会激发出企业更大的创造力，给每个企业更大的竞争空间。所以，中小企业要重视品牌差异化，只有如此，才会培养出企业的核心竞争力。

第十五章

1个亿等于30个亿

——公益凸显信用力板块

据调查，在经济和产品危机环境下，消费者不但关心产品质量，更关注这个产品或品牌是否与“善行”相关联。中国接受调查的消费群体中，有高达90%的人坚持认为：即使是在经济不景气时，他们也愿意购买有社会责任的产品和品牌。

第一节　品牌公益的力量

2008 年 5 月 12 日，汶川大地震，一时举国震惊，全球关注。

5 月 18 日前，中国所有媒体开动了宣传机器，5 天的救灾报道及灾区信息披露，让全球完完整整地接收到了汶川地震的悲惨、惨烈，包括当时中国整个社会阶层的情同此心、心同此理的悲伤与悲悯。汶川，一时间成为中国人关注、关怀的第一对象。

此后的一天，互联网上开始疯狂转载一个名为《国际铁公鸡排行榜》的帖子，陈述了一个后被证实是误会的“事实”：国际品牌在汶川地震中表现呆板，没有体现出足够的人道主义和企业责任。

正当国人群情激愤、千夫指向国际品牌之时，王老吉突然宣布捐款 1 个亿。当时据说这是比可口可乐、百事可乐等大多国际品牌加起来的捐赠数额还要多很多。

这一巨大反差，强烈地刺激了中国人正在悲伤中的神经，国际品牌在那一刻一下子成了“无良品牌”，王老吉则瞬间超越了那些国际品牌，成了“中国良心品牌”。

结果，网上又风行起了一句话：“王老吉，你够狠！捐一个亿！为了整治这个嚣张的企业，买光超市的王老吉！上一罐买一罐！”

王老吉大获全胜，不仅在于它捐款数额巨大，还在于它把握住了绝佳时机：央视 5 月 18 日赈灾晚会，王老吉就在这台晚会上现场捐款，中国当晚有数亿人在观看这台晚会。

虽然这句话只有几十个字，但其巨大的“杀伤力”可抵十万雄兵。王老吉因此不但赢得了品牌在国人心目中的完全“注册”，还赢得了 2008 年营利 120 个亿，超出 2007 年 30 个亿。也就是说，王老吉捐款 1 个亿，最后却意外地赢得了 30 个亿的利润。

在短短的几分钟内，这一信息就传递给了 13 亿中国人和海外华人。在几个小时内，王老吉的品牌企业形象接连发酵。

许多人没有注意，当时王老吉捐款现场的一旁，其实还有一家企业也捐了同样数额的善款，却没有王老吉的惊人效果。这就是品牌形象建立后，在公益作用下，无限放大了的品牌传播效果。加上当时的特殊舆论环境，使王老吉的公益善举取得了以一当十的最大化效果。

老子在《道德经》里有云：“道生之，德畜之，物形之，势成之，是以万物莫不遵道，而贵德。”纵观世界，横览中国，成功企业的品牌形象，无一不是“创业十年以道生之而繁盛，兴业百年以德畜之而常青”。

还是说说王老吉。当时，这家企业在那场大地震灾害面前，树立起自己大爱无疆、义薄云天的大爱角色，体现了中国人骨子里那种不屈不挠的坚强精神。但当时也有人吐槽：王老吉炒作痕迹明显。

但多数国人还是认为，那1个亿的善款摆在那里，比多少指责都来得更有底气。彼时彼刻，即使企业有炒作之意，也不会耽误当时国人对王老吉的全心力挺与无比敬意，也不会阻碍王老吉成为国人特别是中国网民心目中的“品牌英雄”。

其实，即使到今天，8 年时光过去了，经历过那场灾难的中国人，还是不能忘却王老吉那 1 个亿的力量与感受。

第二节　品牌公益误区何在

如今，也有人对品牌企业参与公益活动有思想误区：

（1）做公益就是奉献。通过以上对王老吉的捐款之举的分析，就能得出正确结论。

（2）做公益就是炒作。这里有两方面的问题，一是企业对于公益活动的宣传要以公益为主，不要夹带“私货”，虚假宣传、过度宣传，要真正“用心”地做公益；二是社会公众要推崇那些真正在做公益的“企业公民”，使品牌企业感到公众的理解与支持。如此，品牌企业则会毫无顾虑地专注于公益事业。

（3）做公益增加成本。认真考虑一下这个问题，其实不然。品牌企业在公益活动中，收到的是品牌价值提升、企业形象向好的收益。王老吉的“1个亿换来30个亿”就是一个明证。

而且人们极少知道：王老吉原来在北方并不红火。但从2008年5月19日的“1个亿捐款”开始，王老吉就在全国市场销量飙升，全国上下刮起了王老吉旋风。也是从那一

可以想见，这种抓住关键时机的公益善举到底有多大的"洪荒之力"，其"成本"何其之微。

公益营销首先要坚持公益之道。

天开始，王老吉也开始为北方市场所迅速接受。

王老吉的经历告诉我们：巧妙运用企业品牌的公益善举，就能做大做强企业的信用力板块。**公益产生信赖，信赖产生消费，**在他们这里得到了更有力的佐证。

中国几千年传统文化传承下来的观念是：做好事不留名。过于高调，就有些俗不可耐的味道。

不管这一传统观念是不是合时宜，但它在我们这片土地上传承了几千年，有着无形的力量，谁都难以逾越。但如果我们换一个角度想：社会毕竟要发展，要向前，要创造历史，那就必须要让各种资源通过各种渠道得到增值。

从经济角度讲：投资就要有回报，也只有当投入能够产生回报时，投入才可能有可持续性，才可能产生下一次的更大投入。如果只有投入而没有回报，有朝一日，任何资源都难免倾尽而光，那时做慈善的经济基础也将不复存在。

比如，汶川大地震时，多数企业都捐钱捐物，但有的企业或个人虽然也出钱捐物，却遭到网民强烈吐槽。比如当时万科捐赠了 200 万元，却遭到国内同胞的万炮齐轰；一家地产商号称捐 100 套别墅，让灾区小朋友住上别墅，被网民定义为恶性炒作而遭遇猛烈吐槽。

公益营销是一个系统工程，系统就有它的运行规则，有许多相当微妙的玄机隐身其中。

这种"出钱又受伤"现象，其主要原因在于企业没有深谙公益与营销之间的微妙关系。

例如福建的盼盼食品集团，在地震当天迅速调集法式小面包送往灾区，成为首家将食品送往灾区的企业。尽管当时他们也只捐了价值约 100 万元的食品，却因此为媒体广泛报道……公益营销，就是要抓住人们迫切需要的点，才会催生最大的营销效果，才能催生王老吉那样的“1个亿等于30个亿”的信用力。

信用力，就是营销力，说到底就是品牌力。

品牌企业投身公益，做一个优秀的“企业公民”，将有“四大收获”：

（1）树立企业良好的外部形象，为品牌营销打下良好文化基础。

（2）再造、输出企业品牌文化，进一步提升品牌忠诚度。

（3）吸引媒体宣传报道，获得社会大众认同，提升品牌附加值。

（4）为品牌企业带来成就感、分享感，获得企业愉悦感、使命感。

对此，可口可乐（中国）有限公司董事长陈奇伟说过：一个好的企业文化，不仅是写出来的，更要做出来。

可口可乐在公益事业上就曾经承诺过：每一个可口可乐业务单位，都要成为当地的模范“企业公民”，让每一个公民都受益。

于是，从1993年起，可口可乐即开始赞助中国“希望工程”，而且十多年来始终如一，已捐建数十所希望小学，上百个希望书库，使数万儿童重返校园。更为直观的是：他们还捐助成立了两个江西可口可乐希望之星高中班，并捐赠800万元支持家庭贫困的第一代农村大学生。

这些举动，都塑造了可口可乐的“企业公民”形象，值得我们的中小企业借鉴和学习。

可口可乐的体会是：企业不仅要出钱，更要在公益事业

上出心，形成了自己“企业公民”的一整套公益事业体系。

如此经年累月地热心公益，使可口可乐在中国人心目中树立起良好的品牌形象，成功地使这个外来品牌在消费者心目中完成“注册”，促进了品牌信用力的稳步提升。

通过外部公益活动，可口可乐眼睛向内，也向内部员工宣示企业文化，使员工懂得“企业公民”的责任是什么，为什么要当一个好的“企业公民”。他们也告诉员工，在道德和法律的架构下，“企业公民”可以做什么，不可以做什么。

可口可乐之所以一直坚持公益事业，且一直不遗余力，成为全球企业典范，是因为可口可乐看到、感受到公益事业对品牌带来的超值，这也是他们坚持公益事业的原动力。

比如联想有一个公益理念：鼓励发掘身边的社会需求，付诸爱心行动；利用网络平台，吸引公众关注公益，做到人人参与，让公益行动更有力量！

再比如，肯德基、必胜客等品牌企业与中国扶贫基金会、联合国世界粮食计划署（WFP）共同发起“捐一元·献爱心·送营养”项目。每年利用两周左右，邀请消费者捐出一元钱，为中国贫困地区儿童提供营养加餐。

“勿以恶小而为之，勿以善小而不为。惟贤惟德，能服于人。”刘备早在三国时期就知道这样的道理，今天的企业家们更应该明白：公益项目必将引发社会公众的爱心，激发他们的责任感，明确“人人可公益”慈善理念，同时“能服于人”地塑造企业品牌形象。

腾讯公益慈善基金会，属于国家民政部门主管的全国性非公募基金，腾讯公司初期投入2000多万元启动项目。

其基金会宗旨为：“致力于公益慈善事业，关爱青少年成长，倡导企业公民责任，推动社会和谐进步。”

该基金会面向社会实施慈善救助和开展公益活动，除将大力参与救灾、扶贫、帮困等社会慈善事业外，还将积极为青少年健康成长和教育提供帮助。

为配合基金会活动，腾讯还在企业内部成立了“义工”组织，定期组织员工参与扶贫帮困、奉献爱心的公益活动，这些都体现了腾讯公司“做最受尊敬的互联网企业”的品牌愿景。

第三节　品牌如何走公益之路

品牌企业可以开展哪些公益活动?

（1）赞助体育活动。

（2）灾区救助活动。

（3）赞助社会福利事业。

（4）赞助文化事业等。

品牌企业如何进行公益活动?

（1）重视前期策划准备。一是对企业品牌形象现状及原因的分析。调查材料必须真实、可靠。二是要确定一致性原则：公益活动要与企业品牌文化及经营理念相契合。比如：万宝路一直赞助国际体育事业，尤其是赛车活动，因为这些体育项目都是坚强不屈、富于斗志的男子汉形象，这一形象，正契合于万宝路的品牌精神和牛仔形象。三是要确定长期性原则。长期坚持公益活动，才能在消费者心目中树立起坚固的企业形象和品牌形象。指望一蹴而就的公益活动，是不存在的。

（2）精准组织，周到实施。一是要对内部员工进行宣传、引导，使员工认同企业的公益行为，并认真热情地参与其中。二是选择好合适的媒体进行公益活动的宣传，使品牌消费者对品牌有更深刻的认知与认同。

（3）全面收集活动反馈。在一次公益活动进行中及至结束时，要及时收集社会反馈，比如媒体报道、网络评论、现场调查等，做好项目总结，及时调整下一个项目的战略战术，保证项目与品牌形象的一致性。

公益活动虽然不会给企业带来直接的经济利益，但在实施过程中，企业可以通过至少以下四种方式，运用各种有效的公共关系技巧，扩大公益活动的社会影响：

（1）举办隆重的赞助仪式。

（2）新闻发布会。

（3）网络平台直播。

（4）邀请社会名流评价。

据调查，在经济和产品危机环境下，消费者不但关心产品质量，更关注这个产品或品牌是否与“善行”相关联。中国接受调查的消费群体中，有高达90%的人坚持认为：即使是在经济不景气时，他们也愿意购买有社会责任的产品和品牌。

由此可见，企业做好“企业公民”，是强化企业信用力板块的重要法宝之一，是企业竞争制胜的利器。

所以公益与商业并不矛盾，相反是相辅相成、互相促进的关系。

比如，像耐沃特公司（Life water）那样，为了缺水地区的孩子卖公益矿泉水，用商业的资源模式去做创新公益活动，这也是一种大爱！

通过以上几章的讲述，我们可以感觉得到：品牌战略图上的最具竞争力板块、最具资源力板块、最具价值力板块、最具创造力板块、最具信用力板块，是一个有机的整体，他们相辅相成、互为促进。

所以，中小企业在制定具体的品牌战略图时，就要综合考量，确定企业的品牌定位，并稳步实施，打造出最具价值力的品牌，助力企业走出中国，走向世界。

六维角度看品牌

Six Dimensional Angle

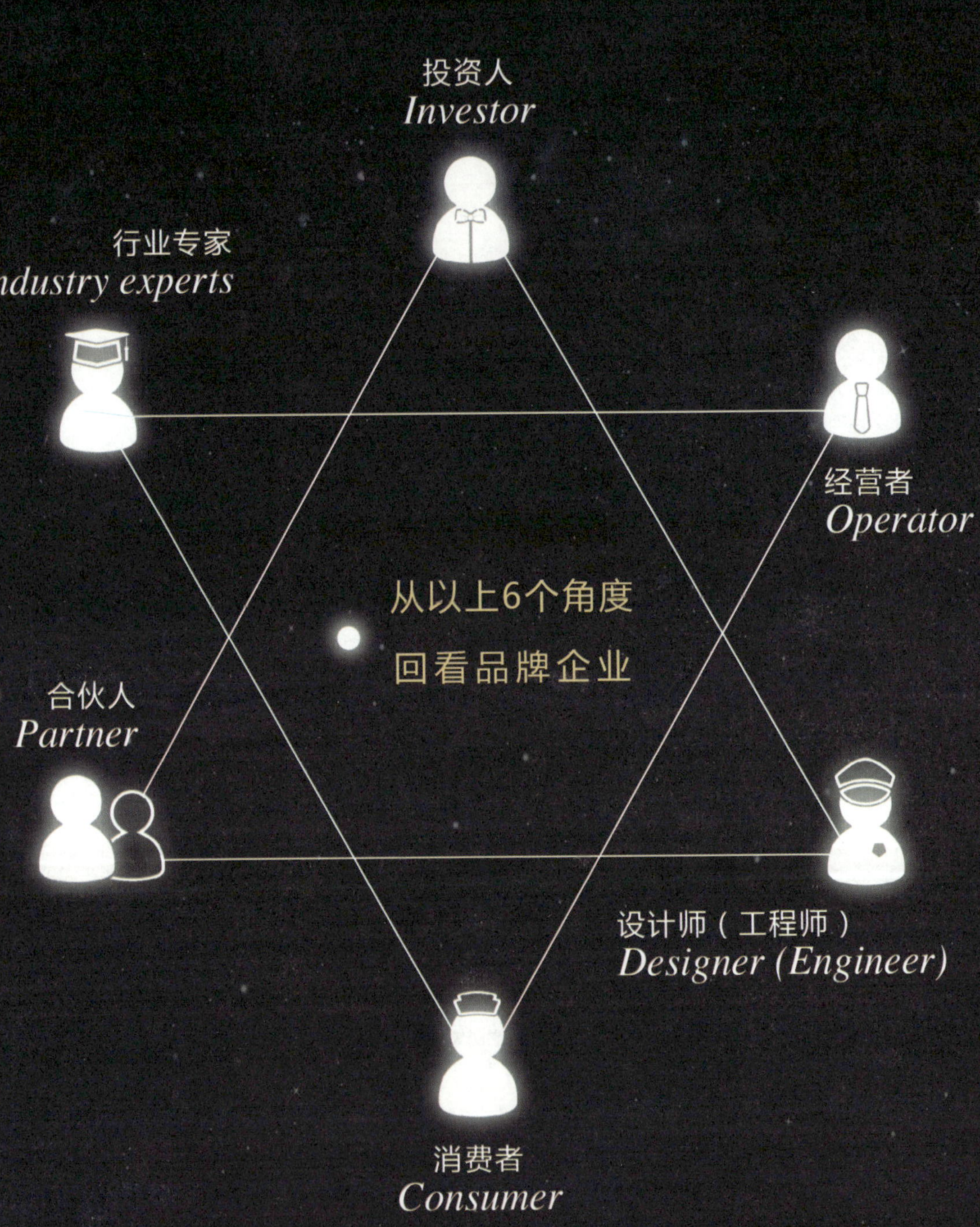

Ⅵ 第六步

六维角度：时空转换 跳出中国 回看企业

温馨提示：

小朋友落水，本能的思维模式是“救人离水”，但司马光年纪小，不能爬上缸沿救人，于是，他转换手段，果断地用石头把缸砸破，“让水离人”。

逆向思维法，涉及我们生活中的方方面面。比如企业经营者，就要定期或不定期地跳出企业看企业。

只有观世界，才有世界观。

第十六章

“早醒三天，快活三年”

——完成品牌“注册”，观企业未来

《孙子兵法》有云：“激水之疾，至于漂石者，势也。”

翻译成现代汉语，这句话的意思就是：流水的速度与气势，决定了石头能否在水上漂起来。自然，企业的市场反应速度，肯定也决定了企业能否及时占有市场先机。

第一节 企业如何成为行业“老大”

企业的市场反应速度，取决于企业主能否跳出企业看企业，站高一线看企业，以顶层策划、精确的商业逻辑设计，使企业站到市场最高点，成为行业“老大”。

赶集网，作为互联网平台之一，从2005年就开始在网友中流行起来。因为它的服务实在是大则全、小而全，网友在这里总能找到自己需要的任何信息。但是后来因为其他网站的陆续上线，加上有的区域性网站阻击，赶集网的成长发展出现了瓶颈现象。

为此，他们几经周折，终于找到了一个品牌传播点：赶集，很容易让人联想到农村赶集。而赶集的联想，很容易让人联想到早年的一首儿歌《我有一只小毛驴》，于是，他们找到了小毛驴赶集和自身网站的联想点。为了增强品牌传播效果，他们还特意制作了独特的毛驴叫声。品牌传播广告打

出去以后，赶集网的粉丝突然猛增，迅速占领了网友们的心智，百度的客户搜索频次也大幅提升到 10 倍以上，使赶集网一夜之间成为全国同行的第一大品牌网站……

赶集网这是“早醒三天，快活三年”的节奏啊。

其中最主要的是，他们跳出了自己的行业，找到了人们熟悉的一个小毛驴形象，因此在网友中得到了共鸣，尤其是年轻人的认可。

在这里，“早醒三天”，说的是企业要尽快找到品牌差异化尽快解决客户需求。

品牌建设，就要尽快抓住市场机遇，市场和效率是不等人的。如果贪图享受，只知躺在经营业绩簿上睡大觉，必然要“晚醒三天”，错失时机，留下无尽遗憾。

在竞争对手还没有准备好的情况下，需要我们快速抢占机遇，迅速抢占客户心中的品牌制高点，这是考验品牌企业市场反应速度的重要抓手。

这一点，“加多宝”做得就非常到位。事情是这样的：

自 2012 年开始，广药“王老吉”猛然发起了气势汹汹的广告攻势，但是产能和渠道却没能及时跟上。每天，人们可以看到铺天盖地的广药“王老吉”广告，但是在各大商场、超市乃至餐饮酒店等渠道上，却迟迟没有看到红罐“王老吉”。

这就是“王老吉”的“晚醒三天”。

而这恰恰是等于白白赠送给“加多宝”几个月的宝贵时间。就在这几个月的空当期，“加多宝”看准时机，暗自发力，倾尽所有，集中全部资源，以轰轰烈烈、势不可当的姿态，铺天盖地地开始宣传“全国销量领先的红罐凉茶改名加多宝，还是原来的配方，还是熟悉的味道”，忽忽拉拉地就一下子占领了消费者的心智，席卷了业界的目光。

“加多宝”高管对此曾发言：我们这是在和时间赛跑，在和竞争对手赛跑，在和媒体记者赛跑啊！

再来看看“早醒三天”的另一个案例：“乌江榨菜”的品牌来历。

乌江榨菜，这个品牌是重庆市涪陵榨菜集团旗下的众多榨菜品牌之一。

它是涪陵榨菜的一种。

榨菜，位居世界三大名腌菜（涪陵榨菜、法国酸黄瓜、德国甜酸甘蓝）之首，历来被列为素菜佳品。其工艺独特，配料考究，鲜香脆嫩，回味悠长。

尽管是有以上诸多益处的一种产品，但调查发现：人们还是对其有质疑，即是否安全，是否有对人体有害的成分，是否健康可食。

有矛盾的地方，也意味着一定会有解决矛盾的办法。

他们想出了一个广告创意：“三清三洗三腌三榨”。

他们了解到消费者的担心和质疑，就勇敢地决定把产品的生产工艺流程拿出来“晒一晒”，解决了消费者忧虑的“舌尖上的安全”矛盾，结果使他们的榨菜从原来的 5 角钱一袋，一下子提高到了 1.2 元。

“早醒三天”，带来的利润是显而易见的。

他们还确定了一个产品策略，就是从“三榨”诉求开始，以“三榨”打响“乌江榨菜”品牌，顺势引出其他衍生产品。

于是，2005 年，乌江榨菜产量一下子达到 6 万多吨，创历史最高水平，同比增长 1 万多吨。其中，创新产品“三榨”销量就突破了 1 万吨，这一突破时间也仅仅用了短短的 6 个月时间，利润也是原产品的 4 倍。“三榨”品牌策略，使“乌江榨菜”短时间内迅速成名，成为市场上的绝对强势品牌。

2005年以后，随着企业的实力增强，厂家准备修正品牌产品方向，放弃了“三榨”的广告诉求点，甚至盲目地生产了高达2000元一袋的高端榨菜产品，出现了对榨菜市场误判的失误行为。由此，他们走了一段歧路，又“晚醒三天”，企业利润也出现了高速增长后的突然停滞——只有一点点的微增长。

企业老总坐不住了。

随后，厂家又回归原来的品牌定位，开始打造品牌的“四部曲”，提炼出核心价值主张，进行不间断地品牌传播，使乌江品牌逐渐在消费者心目中形成了“注册”效应。

2013年，乌江榨菜以资本优势开始了酱腌菜市场上的优质整合，开始了新一轮的高速发展。

第二节　品牌横向发展有时机

这时，就需要企业跳出企业看企业，跳出行业看行业，这就是我们所说的“观”字的内涵了。

如前所述，乌江榨菜品牌进军酱腌菜市场，把榨菜做向“高端”，不是向横向发展，他们走了一段弯路。

由乌江榨菜的案例，我们有一个感悟：当你的品牌成长到行业市场饱和、产品几乎垄断行业时，就要考虑横向延伸、发展，这是最准确的时机。

这种纵向拔高，是比较危险的举动。因为品牌做大后，牵一发必然动全身。所以，此时就要横向延伸，而不能轻易纵向拔高。这是因为，当时他们并没有跳出行业，准确“观”到自己品牌发展的路径。

所以我们认为，在品牌产品市场上，当单品成长到垄断地位时，就必须要横向发展，进而取得更大的市场成功，取得更多、更广、更大的市场占有率。

当然，品牌企业，千万不要以为自己有多么大牌，就可以为所欲为。如果是那样，一旦一招不慎，可能就会让品牌、让企业招致灭顶之灾，甚至永无咸鱼翻身之日。

所以这里有一个问题，你什么时候向横向发展？那就是，必须是在你的品牌市场达到了绝对垄断地位，保证现实

另外，品牌企业，千万不可变化过多。变化过多，你就会危在旦夕。因为你的顾客品牌忠诚度，会因为你的多变而大幅下降。

宝洁产品策略无疑是优秀的，他们坚持一个定位：符合市场规律，满足消费者需求。

中你绝对是行业“老大”时。

否则，轻易不要奢谈什么横向发展。市场瞬息万变，一着不慎，必将满盘皆输。

精准绝佳的品牌策略在横向推出新产品之后，就能获得可观利润。我们来看看大名鼎鼎、品牌数量极多的宝洁公司的产品策略：

宝洁公司有两大经营特点：

一、产品种类多。从香皂、牙膏，到咖啡、橙汁、土豆片，到卫生纸、感冒药、胃药，横跨了清洁用品、食品等多种行业。

二、在这个基础上，宝洁公司更是在同一类产品上推出不同的品牌。以洗衣粉为例，推出的品牌就有耳熟能详的“汰渍”，还有“洗好”“欧喜朵”“波特”“世纪”等近10种品牌。

在中国的市场上，可能大多数的消费者都没有注意过，我们用的日常生活用品大多都是出自宝洁这一家公司。

现在如果要问全球哪个公司拥有的品牌最多，那一定是宝洁公司。

当然这些辉煌业绩的取得，与其公司的愿景目标有关：成为并被公认为提供世界一流消费品和服务的公司。

有什么样的愿景，就有什么样的企业。

综上所述，打造品牌产品的第一步就是：要成为行业的“代言人”。

“早醒三天，快活三年”，趁着大家都还没反应过来，我们要快速反应，在消费者的大脑里尽早进行品牌“注册”。

第三节　品牌产品要“五看”

如何让品牌产品在消费者心目中完成“注册”，有以下“五看”方法：

（1）看趋势。时代在向前，科技在发展，都是大势所趋。因为有了网络平台，于是滴滴、神州专车等品牌应运而生，且很快在网民心中完成了“注册”。

（2）看差异。国家刚刚提出的“供给侧改革”，就是基于“产品同质化”严重导致的产能过剩。“供给侧改革”不是单单指市场、产品等方面的差异化，而是品牌在顾客心目中实现“差异化”。

（5）看视觉。如果一个品牌天天换文化符号，消费者今天看到了红色，明天又突然看到了黑色，心智被那多变的品牌搞乱了，你的品牌也就悄悄地远离消费者了。

至于到底如何回看企业、行业，甚至是回看全球同行业，做大做强企业，站高一线看企业，我们会在下一章节中进行详细论述。

（3）看推广。确保品牌“信息”抵达顾客心中，用好“广告”和“公关”这两大工具，来让品牌推广“无孔不入”。

（4）看信任。想让品牌进入消费者心中，就要让人家看到你的可信赖感，才能不战而胜。

第十七章

一百年前的艰难选择

——六维角度回看企业

在回看企业的过程中，如何跳出固有的思维定式？这是每个企业都应该认真思考的问题。

思维定式，简单来说，是由单纯经验造成的。这类经验在指引人们行为的同时，也在影响着人们的创新思维。

所以，要想跳出固有思维，多维角度看企业，就需要多增加经验，增加阅历。经验越多，人的思维就会越开放、全面。

第一节　孙膑智胜魏惠王

这里还有一个故事，就是孙膑智胜魏惠王的故事：

孙膑是战国时著名的兵法家，到魏国求职。无奈魏惠王心胸狭窄，妒其才华，想故意刁难于孙膑："听说你挺有才能，如果你能让我从座位上走下来，我就任用你为将军。"

魏惠王的思维是：我就是不起来，你又能奈我何？

而孙膑则想：魏惠王赖在座位上，我不能强行把他拉下来，把皇帝拉下来就是死罪。怎么办呢？只有让他自动走下来这一个办法了。

孙膑略作思忖，就对魏惠王说："我确实没有办法使大王从宝座上走下来，但是我有办法使您坐到宝座上。"

魏惠王心想：这不还是一回事吗？我就是不坐下，你又奈我何？便乐呵呵地从座位上走了下来。

比如，如果我们身处百年以前，又假如你是一个土豪，有一笔钱要做天使投资，而你面前有两个可选择对象：一个是卖马的企业，另一个就是汽车制造公司。放到当下，这个选择是十分容易的。但在一百年前，如果你面对这两个选择，恐怕也会犹疑不定，颇难抉择。

孙膑立刻说：“我现在虽然没有办法使您坐回去，但我已经使您从座位上走下来了。”

魏惠王恍然大悟，但已上当，只好任用他为将军。

这种跳出思维定式的逆向思维方法，生活中到处都能碰到，也能用到。

我们在经营企业时，为经营百年品牌大计，就要用到这些思维。

每个时代，都有局限，也就都有难题。

那是因为你跳出了那个时代，因为你知道当下最需要什么样的交通工具。站在今天的角度，自然就会选择后者。

上面这个一百年前的抉择，为什么放到今天说你会很容易选择呢？

所以我们认为，品牌企业就要不定期或定期地回看、俯视自己，也就是“七个跳出”：

“跳出企业看企业，跳出行业看行业，跳出中国看中国，跳出全球看全球；跳出行业看未来，跳出卖点看产品，跳出数据看当代，红海蓝海一念间。”

以汽车行业为例，在近年行业疲软、近七成公司净利润下滑的情况下，长城汽车却迎来了逆生长周期，2012 年度净利润达 57 亿元，同比大幅增长 62.6%。

可见在周期性行业中，依然也有品牌企业的生存空间。

像苏宁的云商布局，将有可能颠覆传统的商业模式。不过，这取决于苏宁能否迅速地整合全球资源，而不仅仅是其内部资源。这时就需要他们跳出全球回看企业了。

第二节　如何跳出亮点看产品

打扑克是“平民”活动，搓麻将则是“贵族”游戏。

扑克牌是一种平民化的商品，因为价格低，小到食杂店里都有卖的。

它可以在任何一个地方开玩，并且不限人数：三人可“斗地主”、四人可“双升”等，就是一个人，也还可以玩算命游戏。扑克牌如此适应各种场合，本身就成了平台。本来玩扑克也需要一个场合，比如说桌子——玩扑克的平台，但后来发现椅子上也可以玩，甚至在床铺上也可以。扑克适应了这么多平台，反过来，这些桌椅反而依赖扑克为平台，扑克这个商品就平移为平台化。

麻将则不行，它对玩的人数有限制，“三缺一”就不行。麻将成本也较高，还须有一个专门的麻将桌和舒适的椅子，还要有房间，好的还要有空调，旁边最好再配套个冰箱储存吃的喝的。

麻将的高门槛决定了我们不能随时随地玩，当然这种高门槛就创造了生意机会，有些茶楼、洗浴中心就有专门的麻将室，收费不菲。倘若他们经营的是扑克室，它还会有生意吗？

扑克牌和麻将的跳出亮点看产品的思维，充分说明了平台化与模式化产品的差异：平台化的商品能适应一切场合和一切机会；而模式化的商品带有某种“定制性”，还有些高门槛的味道。

众所周知，产品的价格走势趋同，大多数行业景气度变化趋势也基本相同。即产品价格具有同涨同跌趋势，各行业景气度也有同涨同跌趋势，就连公司盈利趋势也有趋同性。

大多情况下，企业的盈利变化不单是经营能力的原因，

这说明，产品价格或者行业的运行规律后面有一些共同的决定性因素，这种决定性因素决定了产品价格的共同走势，也决定了不同行业的同步走势。

也不单单是某个行业的原因，其真正的原因可能是宏观经济背景，即带有全局性、战略性的问题决定着经济根本走向，从而决定了行业的走向、决定着企业的盈利情况。

因此，品牌建设需要"跳出行业看行业"。

"跳出行业看行业"，要求我们不能局限于行业内部做产、供、需的研究，不能一味地在那里算产量、算需求，而应该把握国际、国内的宏观因素，比如政治因素（海湾地区政治因素影响油价）、人口因素（"90 后"的消费观念）、经济政策（其他国家和本国的经济政策）、货币因素（国际货币体系、国内货币政策的变化）……都要考虑进去。

因此说，"跳出行业看行业"有时候比仅仅陷入行业内部分析显得更为重要。

甚至也可以把社会看成是一个大企业，而企业是一个小社会。

解决社会问题的思路，也是解决企业问题的思路。

比如像这些问题：信仰缺失，一切向"钱"看、"官场"腐化、贫富两极分化等，这些问题看似社会问题，但如果我们仔细考量起来，企业里也有这些问题，且比较普遍，特别是那些传统企业。

如果不能跳出企业看待这些问题，不想办法解决这些矛盾，企业品牌的发展肯定会受到不同程度的影响。

现在企业一切以效益为导向，甚至企业激励制度基本货币化。这种状况时日一长，其效果就适得其反。过去我们还讲：要靠待遇留人、事业留人、感情留人，经过这些信仰缺失的年代后，现在只剩下了"靠待遇留人"。

"官场"腐化问题，这在一些集团型企业和传统型企业中都有表现，这些企业的中间层，现在就形成一种权力化思维，本是支持服务，现在变成了权力审批，权力无监督，就要滋生腐败。

还有一点就是贫富两极分化。能力强、业绩好的员工，对企业的利益获取至关重要，从激励的角度考虑，必然会导致贫富两极分化，员工收入差距过大。

第三节　跳出企业看什么

综上所述，要跳出企业看企业，保持对社会问题的关注和思考，就能十分容易地找到企业内部问题，也就能更容易地找到对策。

比如一家家电企业，就可以跳出这个行业，看待一直争斗激烈的中国家电业：曾几何时，你看到的、听到的不是他们的合作、负责，不是信任、真诚，而是你不让我好过，我就不让你好过，不是你死，就是我活；无底线的炒作，胡乱承诺，流言遍地，胡乱造势营销，隐形地欺诈顾客……这样一些行业生存状态。

面对这样的行业，你的家电产品，要做什么样的差异化，简直就是不言自明了。

跳出中国看企业时，你就会发现：日本空调市场也有十多家品牌生存，但业界都比较克制，都在技术创新上下工夫，他们很少打价格战。他们认为，那样做，企业不会有利润，是自杀行为，是损人也不利己。

这样的跳出行业看行业，跳出中国看企业，就能得出一个非常理智的结论：家电企业，绝不应该你死我活，反而要共存共荣，用技术创新推动行业成长，以达到竞争中双赢获利的目的。

这就是跳出行业看行业，跳出中国看企业而带来的先进思维、文明思想，而这样才会逐渐过渡到品牌思维。

当下跳出行业看行业，要进行理性思维。

其间要注意：**一要避免“看不清”，二要避免“看不起”，三要避免“跟不上”。**

唯有如此，整个国家、社会和行业才能与时俱进，跟上时代步伐。在变革来临时，从容应对，长足发展自己的企业品牌，在未来的竞争中抢占先机。

决策，是企业经营者的首要职责。科学决策的过程是理性思维的过程，渗透着逻辑思维的斑斓色彩。科学决策，绝不仅仅只靠灵感、机遇、胆识和经验，也绝不仅仅靠实行科

那么，回看企业怎么看：一要有独立思维。二要重视证据，形成证据链条。三要重视逻辑推理，找到多角度的因果关系。

学的决策程序、运用科学的决策技术。科学的决策，必须在上述两方面的基础上，靠经营者用科学的思维去考量，去决断。

（1）列举所有的固有思维模式中考虑的几大要素。
（2）增加其他要素再进行重新思考。
（3）减少一些要素重新思考。
（4）组合几个要素进行思考。
（5）代入一个或多个要素进行思考。
（6）跳出环境进行思考。
（7）允许新人、新思维进入，参考其思路。
（8）头脑风暴法。
（9）请行业差异大的专家，用其他行业思维提出思路。

第四节　如何跳出思维定式

在回看企业的过程中，如何跳出固有的思维定式？

思维定式，是由单纯经验造成的。人在获得某项经验之后，在遇到同等或类似情况时，会不自觉地再次应用这种经验。如果应用经验时事件很单纯，或者经验比较单一，则思维定式的效果明显。

但这类经验在指引人们行为的同时，却也影响我们的创新思维，当然，这是难免的，是事物的两个方面，想去除是不可能的，除非你不再获得经验，不再应用经验。

还有，多和同事沟通，多观察其他人的工作方法。每个人处理问题的方式方法都不同，思考别人的方法，找到有益的经验，学过来。这就是跳出思维定式的捷径，但切忌忘了

如果想要减少思维定式不利的一面，那需要人们多增加经验，增加阅历。随着经验的增多，人的思维会更加开放和全面。

在实际工作中，一定要常总结、常思考。总结过去的工作，整理成笔记，常翻出来看看，用旁观者的角度思考过去的工作过程，认真拷问自己还存在哪些问题，或者哪些地方可以改进，从而找到新方法，得出新思维。

自己，否则会邯郸学步。

有一句话叫：跳出三界外，不在五行中。

在回看企业时，也要“跳出三界外”，但还要在五行中。因为相生相克的品牌思维，是我们企业经营者和品牌业界需要遵循的一个“法门”。

所以，从投资人、经营者、设计师（工程师）、消费者、合伙人、行业专家这六大维度，去回看自己的企业，会获得不同的感受和对于企业品牌的清醒、理性的认识，找到不足，改进企业经营，促进品牌价值的攀升。

认知与事实之间是有距离的，而认知大于事实。所以，在一定时期，转换思维角度去看企业的品牌与产品，就可以找到市场机会，找到企业进步的出口。

通过六大角度看企业后，发现成长型企业，也就是中小型企业普遍存在着如下四大问题：

（1）商业模式不清晰。目前，许多中小型企业缺乏赚钱模式，更没有赢利模式。真正的赢利模式在于：一要投入少；二是回报快；三要利润高；四要效果好。

（2）经营焦点不在品牌上，而是在于产品。不能跳出企业看企业，产品思维严重。

（3）没有品牌思维，也不懂营销思维。

（4）普遍缺乏企业文化溯源能力、文化落地展示和企业文化导览系统。

这四大问题，在大多数中小型企业中都有不同程度的表现，值得企业经营者重视起来，找出自己的差距，解决掉这个矛盾，从而让企业走上建设品牌、迅速盈利、快速发展、做好做大做强企业，找到通往国际市场的路径。

产品七星图
Seven Star Map

延伸模式
Expansion Model

研发模式
R & D Model

传播模式
Extension Model

花猫产品
Cat Products

小狗产品
Puppy Products

金牛产品
Cash Cow Products

企业产品分为
“四产品” & “三模式”

大熊产品
Bear Products

Ⅶ 第七步

七星战略：打造爆品
产品旺销 七星核武

温馨提示：

当下，“90 后”“00 后”逐渐成为主流消费人群，这些孩子从小生活在蜜罐里，家庭条件相对来说，不知比他们的父辈好过多少倍。但是对于产品品质、是不是品牌的这种要求，却为他们的父辈们望尘莫及。

第十八章

设计过的产品最好卖

——四种产品与三个模式相生相旺

品牌的最终本质，初看上去在于产品。但我们认为，品牌的真正本质还是在产品之外。

这种说法，看似自相矛盾，但如果我们细细考量的话，就会发现其中的哲理意义。

未来十多年时间里，一定是中国品牌绝佳的发展机遇期。为什么这么说呢？我们来看看中国的现实情况。

众所周知，中国的品牌历史不是很长，至今也不过30多年时间。和人家国际品牌史相比，我们的品牌史显得十分稚嫩、寒酸。不过，经过30年的风风雨雨，中国企业的品牌意识也越来越强烈。许多中小企业也意识到，品牌对于企业发展的现实意义和其重大的历史意义。

第一节　90后带来的产品思考

当下，中国的主流消费群体是谁了？非常明显，是如今的80后、90后甚至是00后。随着这三代人的成长与成熟，他们已经开始占据消费市场的主导地位。

因为 50 后、60 后、70 后如今年龄渐大，消费意识原本就不是太强，加之他们的童年大多十分贫苦、拮据。他们即使在年轻时属于消费主流群体，对产品品质要求也不是很高，更不关注是不是品牌，只要能说得过去，能够满足起码的生活需求，就是他们最大的心愿了。

过去的十几年、二十多年间，中国之所以有一些劣质产品、假货能够蒙混过关，就是因为碰上了他们那一时期的消费主体，他们本身对品质、对品牌的要求就不太高，也就是那些60后、70后甚至是80后前期的消费群体。

而如今你再看看，那样做还能行吗？肯定不行。为什么？

因为 90 后、00 后这些孩子从小就生活在蜜罐里，家庭条件相对来说比他们的父辈好过很多倍。他们对于产品是不是品牌的要求，是他们父辈们所望尘莫及的。因此，我们常常听到如今的 60 后、70 后父母摇头、哀叹：

“现在这些孩子为什么非要买名牌？”

其实，这些父母还不懂得：孩子们买的不是名牌，而是品牌，是品牌以外的精神价值，起码是品质。我们可以说，或许是孩子们互相攀比的虚荣心在作怪。但当使用品牌、消费品牌成为社会的一种主流行为和思潮时，那时就不存在多

这就是未来社会的主流方向：没有品牌的产品将很难发展下去。因为没有消费主体的力捧，产品终会迎来一个僵死的结局，只是这个结局来得迟早而已。

么严重的虚荣心成分了，而演变成为一种常态化的消费观。

这绝不是危言耸听。

所以有理由认为：如果现在的企业还像十几年前那样，闭着眼睛做产品，做同质化的产品，还要用产品思维去竞争，那么，不仅你将无力满足市场需求，而且这种行为将引发更为严重的问题：

中国的品牌将永远不会出现在国际品牌序列中，更不会跻身主流市场，这也是我们改革开放30年了还没有一个响当当的国际品牌的根本原因。

想要拥有持久生命力的品牌，首先就要做好你的产品。关于品牌核心价值主张和企业愿景，我们必须要把握好。只有如此，才能让品牌发挥最大的能量，最终转化为企业的竞争力。如果你只说在嘴上，实际上产品做得一塌糊涂，那么你还是在做无用功，和品牌更不搭界。这就是品牌本质是产品的道理。

所以企业经营者要对你的产品常怀敬畏，对客户更要怀有敬畏之情。如果你糊弄客户，客户就有理由立刻报复你。一旦顾客产生了报复你的念头，并予以实施，企业的命运就可想而知了。

所以一个企业从诞生开始，就面临如何打造品牌的问题。而当一个企业做大时，往往又面临品牌如何保持活力以及持续发展的问题。

产品要想有高附加值，就必须要有品牌意识，建设品牌，赚取品牌带来的溢价。

这也体现出品牌的真正本质不是产品的道理。

在中国，有中小企业老板认为，品牌是自己花费不菲而打造的，是自己的。其实这是个误区，因为在消费者的心目中，他们不认识你这个老板是谁，对你也没有多大兴趣，更不会关心你品牌花费多少，促使他们做出购买决策的往往在于他们认识不认识你的这个品牌。

第二节　品牌是谁的

中小企业要换位思考“品牌是谁的”的问题。

其实，**品牌最终是属于消费者的。**

因为品牌想追求市场份额，就要追求消费者的份额，消费者份额靠的是对其心理高地的争夺，是品牌对消费者的心智占领，而不仅仅是产品的争夺。

品牌之战不是产品之战，而是消费者认知之战。如果你的品牌在消费者心目中已经“注册”，你就成功了，你就会在激烈的市场竞争中占尽先机，其他杂牌产品根本撼动不了你的品牌在消费者心中的位置。

西方有过一个有趣的实验：

他们把嘉士伯啤酒倒入一个普通啤酒瓶子里，再把普通啤酒倒入嘉士伯啤酒瓶子里，然后让顾客品尝。

令人啼笑皆非的是：所有人都认为装在嘉士伯瓶子里的普通啤酒更好喝，而真正装在普通啤酒瓶子里的嘉士伯啤酒却被认为难喝，甚至想吐。

品牌的本质，其实就是建立了产品和消费者之间的某种联系。

绝大多数企业产品的失败，就是失败在这个层面，而不是技术创新、生产规模和经营成本上。

一家国有服装企业，自己的品牌服装每件最高只能卖到一百多元，但是他们为皮尔·卡丹做代加工，贴牌后就销售到几百元。同样的面料、同样的工艺，差距竟如此之大。

这个例子说明，一个品牌的价值远远不止于它的物质层面，而更在于它所蕴含的文化精神内涵。文化触动着消费者的心灵，促进了品牌在消费者心中完成“注册”，于是，又创造了品牌价值。

那为什么他还愿意到星巴克喝几十元一杯的咖啡？在外，人们不是奔着咖啡才到星巴克的。星巴克不仅提供高标准的产品，而且在使用产品时，让消费者有满意度、舒适度。这就是有人宁肯选择进店消费，而不在家里消费的根本原因。

有位职业经理说：“我在家我更愿意喝茶，在外更愿意喝星巴克的咖啡。”从成本和质量的角度看，在家按照星巴克的加工标准加工出的咖啡，成本只有十元，到星巴克喝一杯咖啡却要支付几十元。

这种情景在我们的平常生活中屡见不鲜。

在消费水平日益提升的今天，人们对文化的要求也相对提高，文化渐渐成为人类精神的栖息地。

还是回过头来研究一下品牌文化中的四大类产品：

（1）现金流非常高，利润非常薄，这种产品叫“大熊产品”，这是开门纳客的产品，也叫拓客产品，是开拓市场的利器。可以用来提高市场占有率，增加客户吸引顾客的产品，可以鼓励大力销售。

（2）现金流非常高，利润非常高，属中高端产品，是企业利润主要来源的产品，是团队提高业绩、企业提高利润的产品，主要通过二次销售进行成交，这种产品叫金牛产品。

答案非常简单：**为小狗产品注入品牌，就会成为金牛产品。**

一般来说，花猫产品是企业用来做活动，或作为赠送的产品，是把顾客拉到自己的“朋友圈”，用以促进与顾客的感情交流、沟通，增加客户转介绍与社会影响的产品。

一般来说，花猫产品搭配小狗产品出售，其效果最好。

我们举个例子来说，就会更加明白晓畅。现在大家都对汽车产品十分感兴趣，我们就来看大众汽车里的四类产品都属于什么产品：

如果厂家愿意用一台新捷达，搭配一个 A8 销售，肯定会同时火爆起来。这个道理，用心想一想就会明白。因为用 A8 的人会把捷达分配给合适的人用，所以他会去选择买 A8。

要明了这样一个事实：**好的品牌方案，可以解决社会生活中顾客身上存在的矛盾问题。**

比如，想要有一个代步小车，但不是土豪，手里没有太多的钱，那你就可以去选择花猫类汽车产品，最典型的就是当年卖得火得不行的夏利轿车，就连赵本山的第一台车也是这个花猫小车。但后来人家连私家飞机都有了，就是因为私家飞机能解决他想随时出发，却可能订不到机票、即使有票

（3）现金流低，利润非常高，也就是说是量少价高，可提高公司利润率与VIP（贵宾）客户数量，是企业未来主营产品，这就是小狗产品。小狗产品是未来的金牛产品，如何把小狗产品变成金牛产品？

（4）现金流低，利润也低，但性价比最高，是“破冰”产品，这类产品也叫花猫产品。

新捷达、polo等这一类无疑是花猫产品。

高尔夫、朗逸、宝来、速腾这一类就是大熊产品。

奥迪A4、A6、迈腾、帕萨特这一类就是金牛产品。

奥迪A8、Q7和TT等类产品，就是小狗产品了。

那么什么产品最好卖？我们认为：设计过的产品最好卖。当然，这种“设计”也包括品牌的包装。

其实，在此之前，人们根本不了解这个来自美国的品牌手机，也少人问津，市场冷得很。到今天，iPhone（苹果手机）火得一塌糊涂，大家经过一个阶段的使用，意识到了这个品牌手机的智能化、功能化等优点。于是，尽管市场也有人对iPhone高级黑吐槽，但仍然不能撼动其品牌在国人心目中的地位，如今果粉随处可见。

还可能面临航班延误等低效率现象。

比如，前面说过的苹果 iPhone 手机，就是经过咱们的两家通信公司的一番设计：存话费、赠苹果，才在市场上大卖，直到火到目前这种状态。

“双种子”饮食，就是“真功夫”快餐的前身。当时，其老板曾经说过一句话：我的目标就是做中国快餐业的老大。

只有这一句话，他再什么都没有。

那个老板的那句话，可以看成是那个企业的愿景。

关于企业品牌愿景，有一个吸引力法则：

你有多大的愿景，就能吸引多少能人，也会有多大的能量。

后来，双种子在广州开了一家门店。老板宣称：一定要做品牌餐饮，不然不能为中国人争口气。据说，他为此把家里的房子卖掉了，拿到了 300 万元，就用这笔钱搞品牌建设。

就这样，“真功夫”启动了品牌打造的步伐，直到今天成功实现了当初的企业愿景。

“真功夫”就是在启动品牌建设后，找到了一个鲜明的形象：一个没有任何费用的代言人——疑似李小龙的形象。这个选择，其实是鲜明而准确地告诉人们，真功夫品牌的核心价值：真功夫是中国人的快餐品牌，用的是真功夫：我们在做有营养的中国快餐。

这种核心价值主张的低成本式的准确表达、推广相当重

品牌的运营，当然要开启传播模式，即一定频度的广告传播、口碑相传和适当的公关传播。

要。不然，即使你建设了品牌，也是“养在深闺无人识”。

品牌传播和商业广告两者有明显区别：

品牌的内涵，是它承载了一部分人对其产品以及服务的认同，是品牌方与顾客方的购买行为之间相互融合、接纳而衍生出抽象化的、特有的、能识别的心智概念。具有可传承性，非直接赚取利润的文化承载者。

而商业广告则以赢利为目的，在产品生产者、经营者和消费者之间提供有效沟通的重要媒体手段，是企业品牌占领市场、推销产品、提供劳务等广而告之的形式，其主要目的是赚取更大的利润。

由此可见：广告是维护、捍卫和加持品牌形象的重要工具之一，成本较高，但是锦上添花。而口碑传播，则是成本最低、效果最好的品牌传播方法之一。品牌口碑相传，也是一次次地重复传播的现实体现。

只有不间断地重复传播品牌的核心价值主张，才会让品牌文化在消费者心目中完成“注册”。

浅尝辄止式、经常中断式的传播，是不能达到那种品牌“注册”效果的。作为品牌经营者及业界应该清醒地认识到这一点，不要做无用功，不要浪费财力资源。

当今风起云涌的中国消费市场，越来越多的是买方市场。产品好坏最后由消费者决定，而影响消费者决策的必定会是创新的传播模式。

如今，在平面媒体、广播电视、电影上等植入传播广告已不新鲜，电商平台、体验式营销、微博、微信等新媒体营销也屡见不鲜。多种创新营销理念和方法层出不穷，推动了中国市场的品牌进程。对于品牌传播手段，只能说现已是五花八门、眼花缭乱。

开启品牌传播模式，应该在消费者日常购买行为和趋势化的传播途径上下工夫，辅以精准的数据研究，结合创新的营销方式，适应消费者越来越多样化的“品位”，深度洞察消费者的心理，从而实现利益最大化。

现在，我们可以发现：核心价值是品牌创建的重要环节。那么，我们如何提炼出品牌的核心价值？

在平时生活中，我们都会有这样的体验：每一个人都会

看到品牌形象，消费者就能联想到企业或者产品。这时，品牌就成功地在消费者心目中完成了“注册”。

在解决自身生活矛盾的品牌上，花费更多的时间来研究、接近和沟通。

比如我们买手机时，就会不断探讨购买各种话费套餐。

所以在研究如何提炼品牌的核心价值时，要充分研究市场态势、行业环境、目标消费人群、竞争对手，以及自身情况，借由这些调研成果，再提炼出有鲜明差异化、诉求清晰准确、可以与消费者心灵产生共鸣的核心价值。

这个核心价值一经确定，就要在企业所有经营活动贯彻始终，尤其包括广告推广、传播等活动中，都要一以贯之，不能轻易变更，以免造成品牌形象混乱，无法在消费者心目中完成品牌“注册”。

第三节　“三点”提炼品牌核心价值

怎样提炼品牌核心价值？我认为要找到以下三点，即：

（1）差异点。

当下时代，产品同质化严重。越是值此之际，就越要寻找出与同业品牌相比，我们自己最大的差异化，寻找出差异化明显的核心价值。

品牌差异化的理念是：只做第一，要么唯一。

为什么要寻找品牌价值的差异点？这是因为可以就此十分快捷地在消费者心目中完成品牌“注册”，从而以最低代价吸引消费者的眼球，引发其心理共鸣。同时这样做还会避开同业、同质的无谓竞争，还可以进行低成本的传播、营销。寻找差异点，是“一石三鸟”的好事情。

曾几何时，王老吉的销量突破50个亿，已超越可口可乐，带动了凉茶行业火爆销售。王老吉的成功，当然缘于他们成功的市场策略和推广，他们找到了自己在饮料行业品牌的差异化，在消费者心目中已完成了“王老吉就是凉茶，凉茶就是王老吉”的核心价值“注册”。

马克思说过：“一有适当的利润，资本就会非常胆壮起来。只要有10%的利润，它就会到处被人使用；有20%，就会活泼起来；有50%，就会引起积极的冒险；有100%，就会使人不顾一切法律；有300%，就会使人不怕犯罪，甚至不怕绞首的危险。”

其时，不管王老吉的品牌优势有多明显，一些并不理智的逐利资本热钱纷至沓来：一些饮料企业资本纷纷进军同业市场，大手笔投入，一时间凉茶销售战场四处硝烟滚滚，到处枪炮声声。在当年夏季的销售旺季，只要人们一开电视，到处都是凉茶广告……可这个市场如今已基本尘埃落定：有的已销声匿迹，不见踪影，有的还在苟延残喘，时日无多……

为什么会造成这种局面？我们现在来分析一下：

当年，经过王老吉铺天盖地的“怕上火，喝王老吉”这一差异点的火爆推广，凉茶功效几乎路人皆知。正常情况下，或者说在科学的品牌推广、传播的策略下，后来要挑战王老吉的，都不应选择去强调凉茶作用，而应当去寻找自己与王老吉之间的品牌差异到底是什么。

但是，这些挑战者们却恰恰采取了同业同质的“跟风”策略，这种做法不是自杀行为，也无异于为行业做贡献，本意是想突出自己，结果却事与愿违。

究其原因，王老吉多年的品牌推广，已经在消费者心目中完成了“注册”，更有挑战者们的效仿跟风，没有实施差异化竞争策略，几乎在为王老吉的品牌“添砖加瓦”。如此一来，失败的结果在他们出师之际，实际上就已成定局。

（2）诉求点。

进行换位思考，寻找最能打动消费者内心某一个诉求点进行提炼。

百事可乐据此为自己重新定位，确定品牌核心价值：“新一代的选择”，全面进行品牌战略规划，指导他们在研发模式上推出了新产品，进入品牌传播模式，最后进入品牌延伸模式，完成在消费者心目中的“注册”，最终，两个竞争对手一同成为全球可乐品牌的巨头。

可口可乐在美国本土也遇到过竞争对手，那就是七喜。七喜上市伊始，就感到两个前辈可口可乐、百事可乐竞争强劲，自己完全处于后来者地位。但七喜也效仿百事可乐，认真研究竞争对手的弱点，以差异化切割美国饮料市场，找到与消费者能共鸣的细分市场，定位研发自己的产品：“非可乐”。

所以说，是否能研发出有差异化的产品，几乎就是品牌能否成功的重要标志。

开启产品研发模式，有“四法”：

①产品及周期优化法。用以指导企业产品开发流程的改进，它提供了一个完整的通用框架、要素和标准的术语。

③门径管理系统。通过广泛调查和统计分析，可以发现产品创新（开发）规律。

另外，产品研发模式的开启，便于品牌找到独特的差异化和诉求点。

就以上两点寻找出的品牌核心价值，一定要与我们自身所有的各种资源、能力等软硬件相匹配，如技术、管理、资金、原料、设计水平等。

（3）匹配点。

眼高手低要不得，“小姐心丫鬟命”也要不得。

因为，我们最终还是要把品牌核心价值间接落地，可以让消费者看得见、听得着、摸得着。如果我们的价值承诺不能兑现，消费者就会迅速抛弃你，甚至报复你的品牌。那样的话，我们所有一切关于品牌的努力就将付之东流、枉费心机。

在这里要注意：很多品牌起家时，其传播都是不错的，但后来有的就逐渐偏离了传播方向，出现失误。作为品牌传播，要尽量避免出现这样的情况，因为当品牌还没有在消费者心目中完成“注册”时，多变善变非常容易导致前功尽弃、半途而废。

像红牛就是个特殊现象：他们原来的诉求点是“渴了、累了、困了喝红牛”，变成了后来的“你的能量，超乎你的想象”。原因可能是红牛觉得现在购买自己产品的理由应该上一个档次，提升自己的品牌形象了。好在红牛在这次失误前，其品牌已经成功地在消费者心目中完成了“注册”，后来即使犯了些许错误，也不能轻易撼动他们过去在消费者心中树立起来的品牌形象。因为，“渴了、累了、困了喝红牛”已在消费者心中“注册”过了。

当你的品牌并没有在消费者心中完成“注册”，自己误以为已“注册”完毕，此时，一招不慎，那么你就会付出惨重代价。

因为不能明确要求客户对我们忠诚。你能做的，就是服务好客户，努力在他们心中完成“注册”。

当年，诺基亚有多少手机用户对它有多么忠诚？当年，几乎人人都用过这个品牌的手机。但当苹果手机出现后，人们还记得诺基亚姓甚名谁了吗？

“我们并没有做错什么，但不知为什么，我们输了……”2013 年 9 月，在微软收购诺基亚的新闻发布会上，当前任 CEO（首席执行官）约玛 · 奥利拉说出这一番话后，在场的几十名诺基亚高管包括奥利拉都哭了……

深思什么呢？我们认为诺基亚当时就是没有及时跟进市场变化，缺少产品延伸策略。

当时，这句话一时风传于中国网络上。如今，这句充满着悲凉和不解，也包含万般无奈的话，仍值得我们中国品牌企业老板们深思。

一般来说，品牌产品延伸模式分为三种：向上、向下、同时向上也向下的方式。

向下延伸，即企业以高档品牌推出中低档产品，通过品牌向下延伸扩大市场占有率。向下延伸产品的企业可能因为中低档产品市场存在空白，销售和利润空间可观，也可能是高档产品市场受阻，通过拓展低档产品反击竞争对手，或为填补自身产品空白，防止竞争对手吞食市场。

向上延伸，就是品牌企业以中低档产品向高档产品延伸，进入高档产品市场。一般来讲，向上延伸可有效地提升品牌资产价值，改善品牌形象。一些国际著名品牌，特别是一些原来定位于中档的大众品牌，为了达到上述目的，不惜花费巨资，向上延伸产品拓展市场。

同时向上、下延伸，也叫双向延伸，即品牌原来定位于中档品牌，随着市场发展，企业对品牌做向上和向下两个方向的延伸，以实现市场空白全覆盖，提高市场占有率，巩固品牌地位。

第十九章

如何做好“货币选票”

——给产品找出让人购买的理由

顾客购买产品，要么用脚“投票”——离开，要么用“货币投票”——购买。

怎样才能让顾客投下一张张“货币选票”呢？

这是个大问题。

在产品面前，最好能够认真地想一想：这个产品有没有市场？哪一类顾客容易接受这个产品？顾客为什么会买这个产品？产品的最大亮点是什么？产品本身的性能和特点能够给客户带来什么满足、益处？产品亮点如何转化为顾客的利益和需求？这些问题都需要我们一一回答。

平时，我们去银行存钱，可能只去某一家银行，其他家一般不考虑，而实际上所有银行的利率基本一致。即使如此，我们还是只去其中一家，这是为什么呢？

我们在宴请客人时，经常只去某一家酒店，而这个酒店其实价格还挺高，附近也有其他酒店，而我们视而不见。这又是为什么？

作为品牌运营者，我们也要给顾客找出一个购买产品或服务的最强大理由。如果这种理由强大到消费者无法拒绝，那么品牌"注册"就成功了。

这种需求，可能是身份象征，也可能是社交需要，也可能就是想要炫耀自己显赫地位、经济实力的虚荣心。

第一节 给"八大理由"买你产品

还是回到现实中看一下吧。

购买汽车，我们都会遇到投保的问题，为什么我们只在某一家保险公司投保？而其他家保险公司的投保条件都相同，我们却视若无睹、鲜有问津？

在这些不变的选择中，我们可能都被某一种潜在的消费意识所左右，那就是我们购买这些服务的理由，也是消费者自己最关心的利益节点。

所以，品牌企业要努力找出消费者购买你的产品或服务的理由，发现、发掘他们最关心的是什么。

顾客购买产品的"八大理由"：

（1）顾客对商品的整体印象。

世界奢侈品牌，它们可能都只是满足了顾客某一个方面的需求。

路易威登自 1854 年成立于法国巴黎以来，代代相传至今。其以卓越品质、杰出创意和精湛工艺成为时尚旅行艺术的象征。产品包括手提包、旅行用品、小型皮具、配饰、鞋履、成衣、腕表、高级珠宝及个性化定制服务等。从皇室御用到顶级工艺作坊，路易威登的种种经典设计顺应了旅行历史的重要发展。

1896年，路易威登Monogram帆布首次面世，宣告了品牌的时尚面貌，其独有的创意也成为其经典象征。

随着游轮旅行的风靡，1901年，他们又推出Steamer旅行袋，标志着旅行软袋时代正式来临。

1924年的Keepall旅行袋，改变了旅行的重量与打包方式，使得短途即兴的出行更为轻松优雅。

1997年，随着艺术总监Marc Jacobs的加入，路易威登将其精湛工艺及独有奢华延伸至时装、鞋履、腕表、配饰及珠宝精品，为顾客在法式传统中加入了时尚的色彩。

从上述品牌推介的文字中，我们或许就能找到消费者购买这一品牌的理由。

（2）成就感。

实现自身人生价值，最终成为其他人学习、效仿的典范。这种成就感，是大多数人的内心需求之一。前面，我们讲过的马斯洛归纳的自我成长、自我实现的需求，就是一种比较高层次的精神需求。

例如一个人去买奔驰轿车，可能就是他要满足自己的某种成就感、身份需要，甚至可能是要实现自己多年前许下的人生愿望、目标。

（3）安全需要。

这是人类较低层面的基本需求。我们的产品是否是能满足个人安全、安心而设计的有形、无形的产品？这需要我们去认真考虑。

例如，初为人父人母的，在为孩子选购童车时，可能最优先考虑的就是孩子乘坐的安全性，而忽视了乘坐者——孩子要求的舒适性。这里，可惜的是孩子不会表达，而被父母一厢情愿地“代表”了。

人性、人情永远具有最能打动人心的力量。

于是，我们就可以代表孩子，给孩子找一个购买理由，这样的理由可能就会打动父母消费者。

（4）口碑相传。

这个很好理解。我们都有过这样的经历：一种产品，无论其是否是品牌，哪怕其籍籍无名，但因为是那些亲朋好友推荐的，而我们也正需要这种产品，就会不假思索地直接掏钱包。

所以，品牌产品只要把品质、功效等都替消费者想到、做到了，那么就可能会被口口相传，而口口相传的推广、传播力量，远比我们的商业广告力量大得多，也更容易为消费者所接受。

所以有的品牌仅靠口碑，就慢慢成就了品牌价值。

比如，女性朋友在平时一定听小伙伴对自己说过一种或几种下面世界级的化妆品品牌，而有的品牌的商业广告却很少：像法国LANCOME(兰蔻)、美国ESTEE LAUDER(雅诗兰黛)、日本SHISEIDO(资生堂)、法国DIOR(迪奥)、法国CHANEL(香奈儿)、美国CLINIQUE(倩碧)、法国BIOTHERM(碧欧泉)、HR(赫莲娜)等。

这些品牌，我们就很少见到过它们的商业广告传播，基本都是口碑的力量使它们盛名于国际。

（5）职业、心理或地理相近。

比如，搞品牌策划、设计的人，在书店里遇到了品牌策划、设计方面的理论或实战一类的图书，至少会非常感兴趣地去翻看一番。甚至于品牌周边一类的书，只要觉得极有参考价值，就会掏钱买回来。

每一个阶层都有基本相同或类似的价值观、兴趣和行为，这个应该引起品牌企业的重视。

这种购买理由非常简单，也可能是消费决策时间最短的一类，因为这是兴趣原则下的购买理由。兴趣是最好的消费理由。

某一社会阶层的人，可能在消费兴趣上空前一致，甚至其生活习惯、消费水准、消费内容，甚至在品牌爱好、行为、兴趣上等都基本相同。

（6）性能需求。

今天，产品同质化日益严重，顾客根本不缺什么产品信息。我们必须事先熟悉产品的性能和特点，归纳产品的优势，给产品准确定位，挖掘并提炼出产品的卖点和亮点，这也是商业广告推广产品的首要前提条件。

在生活、工作中，能带给顾客方便，就可能成为消费者购买产品的理由。比如自动挡车，因其操作方便、简单，不像手动挡车，需要右手一次次地换挡，尤其是在各大城市大堵车的当下，挡位换来换去、离合踩上踩下的，很麻烦。

于是，方便、简单渐渐成为吸引女性决定购买自动挡车的重大缘由。

（7）心理价位。

如果一款产品，恰巧是顾客预期的价格水准，那么也会成为他不假思索埋单的一个理由。

英国《金融时报》的经济学专栏作家、经济学家蒂姆·哈福德，曾解释过商品标价为什么总是要以9结尾。

他分析说，这首先归结于“左位数效应”：一般顾客根本不注意标价的结尾，只关注最开头的那个数字。所以尽管59.99元非常接近60元，但还是会当作50多元。另一个原因，就是“.99”对顾客来说意味着一个好兆头。总之，一般顾客喜欢以9结尾。

实验证明，这种标价方式确实很聪明，也能提高销量。

经济学研究人员发现，一般顾客对待价格的方式，会因数字的形态而改变。比如，整数（例如9）和非整数（8.99）在顾客的脑子里完全不同。当标价100时，消费者倾向凭借自己的感觉来判断是否划算，而当产品以非整数标价（例如99.99）时，他们则会用理性思维来计算。

欧洲的经济学家还发现，不同类别的产品，应该区别对待定价。比如，娱乐或奢侈品，用整数标价会更能获利：消费者更愿意买一瓶标价40的而不是标价39.20或者40.58的香槟。

但对于日常用品，比如人们常用的计算器，受试者更愿意买非整数标价中价格更高的那个。

在另一个实验中，参与者被告知需要买一台用于娱乐或教学目的的相机。结果当相机用于娱乐时，他们则倾向买标价为整数的产品；用于课堂教学时，人们会选择非整数标价的产品……

娱乐代表着奢侈消费，而教学则是理性思维的代表。所以，行业不同，定位策略的心理学意义也不同。

比如像吃午餐，对一个人来说，是为了填饱肚子，整数标价的菜单看起来不那么难算。而且，进餐厅的顾客习惯将高品质和整数价格联系起来，于是，饭店菜单上很少见到非整数标价。

22.75 元和 23.00 元之间的差别，对某些消费者而言并不很大，但是对于食客来说，看到整数价格，可能使他们更舒服、放松地享用美味。

这些定价心理学，值得我们品牌业界和中小企业经营者去仔细研究一下。

（8）售后服务。

比如，现在电脑已成万千家庭的必需品之一。

但多数人，尤其是 60 后、70 后的人，对电脑系统安装及后期维修、软件安装、病毒防护等都不是太精通。

这时，如果有一家电脑公司提供免费上门的售后服务，让客户感觉到十分方便，好像占了多大一个便宜，这就成为这类顾客掏钱购买电脑的最大理由。

什么是人性？直白地说就是：我们不喜欢价格低廉的东西，但也一定会有人专门喜欢占点小便宜。世事更迭，万千变化，但永远不会改变的，恐怕就是人性了。

当然，如果有可能，你最好对顾客保持一定的神秘感，但尽管如此，你还是能帮顾客解决他的需求，或者是

综上所述，如果你能为顾客解决他们急需解决的问题，解决他们生活中存在的矛盾，就会成为他们购买产品的最好理由。

做企业品牌的，要永远记住这样一条铁律：只给客户想要的，不要给你自己想给的。

给他想要的。

第二节　做坦荡真诚的品牌

真诚是任何人都需要的一种感情，是做人的底线。

不讲诚信，一味欺骗，或许能得逞一时，但不会永远继续下去，总有一天会被人戳穿，而身败名裂。欺骗，不仅会毁掉企业的品牌，最后还可能毁掉企业的一生，以及曾经拥有过的一切成功与辉煌。

具体到品牌运营过程中，要跳出企业看企业，在你企业的品牌产品上发现矛盾，并解决矛盾。矛盾解决之时，就是给顾客找到购买产品或服务的最强理由。

要善于与自己的企业“赤裸相见”，发现自己企业中存在的产品矛盾，并能给予解决。

别克运动鞋是大家曾经熟悉的产品，但现在已经没有了，被 361° 运动鞋所取代。其中有什么内幕？

在市场调研阶段，361° 发现：运动鞋没有行业“老大”，只有别克和另外几个同质化严重的产品在市场上纵横驰骋、厮杀竞争。

但有一天，发生了一个令人啼笑皆非的故事：有暗访者到

实际上，别克运动鞋厂家和人家别克汽车厂家八竿子也搭不上关系，根本就没有任何关联。只不过是前者功利心太强，它自身并没有什么特点，没找到让人购买它的强大理由，想耍一下小聪明借势营销，但最后却弄巧成拙，被人一举曝光，引起市场的强烈反响，结果，惹火上身，一败涂地。

别克专卖店做市场调查时，问到产品质量时，其中一售货员竟称：“我们家还生产别克小轿车呢，你说这鞋质量能怎么样？”

这个莫大的教训，给为产品找出让人购买理由的，提供了不可多得的反面教材。

361° 运动鞋，在销售终端多个厂家的重重包围中，最后找出了自己的特点：360 度，我比你多一度。并遍请明星代言，最后杀出重围，奠定了自己在同行业的市场地位。

在产品定位上他们向国际品牌看齐，盯住了耐克等国际品牌，向他们学习，抢占终端市场，确立市场地位。

十多年前，在互联网还没有占据人们生活的各个角落时，像李宁、361° 等运动鞋品牌，真是销售终端能抢占多少地盘，就能创造多少利润。

在产品低水平扩张时，这个办法当然很好。

所以，361° 及时调整了产品品牌打造的角度。原本要用一个亿进行广告轰炸，但最后他们果断地压缩了广告预算，缩减到最终的 2000 万元。节余下来的资金，则全部转向了专卖店的扩张上。

市场策略上，361° 采取了“巩固北方，攻坚南方”。随着店面增多，361° 的市场局面也就迅速地打开了。

我们知道，361° 的品牌愿景是：“勇敢地做自己。”在产品层面和精神层面，他们找到了自己准确的定位。

在产品创新和升级困难时，就要赋予产品独特的卖点和噱头，甚至可以“无中生有”。

像 361° 运动鞋，其实他们与同行业同质现象也很严重，但他们最终找到了“猎豹仿真技术”，找到了一个猎豹图片，并取得了使用版权，也不过花了 3000 元钱，就轻松地取得了“少花价钱做大品牌”的成功。

这样，通过不遗余力地推广，他们的“猎豹仿真技术”，就成了消费者购买 361° 运动鞋的一个理由。

由此，我们认为：同行业同质化严重时，就要求我们从产品结构、产品文化或其他任何一个角度或亮点上，掘地三尺地找出与同类产品的差异点，找到一个令人信服的购买理由。

361° 运动鞋做到了这一点，于是品牌大胜：

截至目前，361° 企业在大陆已有超过 7000 多个销售网点，年销售额达 50 多亿元（人民币）以上。据悉，他们还将加大全球市场的拓展力度。

361° 运动鞋的品牌价值在 2009 年的胡润品牌榜上，以 49 亿元品牌价值排到第 45 名；2012 年，尽管成了仅拥有 40 亿元的品牌价值，但排名却提升到了第 17 名。

第三节　怎样帮顾客找理由

给顾客购买找一个理由，需要我们用心去找。具体有以下几步：

第一步，尝试和顾客深度沟通，发现顾客的主要需求。

要做到“三多三看”。“三多”即多看、多听、多问。了解顾客的需求，询问有价值的市场信息。“三看”即看老板、看柜台、看库存。看到的情况越多，听老板说得越多，我们获得的市场信息就越多，就越能抓住客户的需求和利益，成功的概率就越大。

第二步，从有目的的询问中，于无声处地发现顾客的其

第三步，向顾客介绍我们产品的个性、功能、性能及特点，尤其是对于能满足顾客需求的个性需着重介绍。

他要求。

顾客不但希望得到优质的售前服务，更希望在购买产品后，还能够得到优质的售后服务，接到你的回访电话，遇有节日时，能听到你的一声问候……这些都将给顾客带来欣慰、安全的感受。

在给顾客找一个购买理由的实践中，还要注意一点：千万不要在顾客面前贬损别人，尤其是贬低同行，这是大忌。如果一再犯忌，不但你的产品会被顾客束之高阁，甚至会连累品牌形象，导致一朝坍塌。

当然，竞争对手都会有一些这样那样的缺憾，但面对顾客时，我们也不能据此就一脚踹倒别人，借以抬高自己。因为这样做实在非常愚蠢，还会使顾客产生“就你好别人不好，是不是你本身就不好呢？”这样的逆反性怀疑心理。

永远记住：不要把顾客当成傻子。

当然，也不能暴露自己企业的缺憾、是非。因为一旦你在顾客面前批评自己所在的企业，实际上就等于在批评你自己，那样不仅是对自己不尊重，顾客肯定也会这样想：连你自己都不放心的企业，我怎么会把钱掏给这样不受员工爱戴的企业呢？

在这里，还要注意：当顾客无意购买时，我们不能施压，或者气急败坏。这时，得体的策略是要以退为进，先换个话题，说一说顾客能有兴趣的话题，让顾客的心理得到缓冲，或许还有机会“柳暗花明”。

顾客不肯接受我们的产品，肯定不是顾客的错，而是我们没有将产品卖点转化为顾客利益，这是一个很重要的原因。

在与顾客沟通过程中，也不要在顾客面前自以为是，以为自己什么都明白，把顾客当成笨蛋、傻子，自己则高明得不得了。这样，会招致顾客骨子里的反感。

不仅不要如此，反而要让顾客觉得他自己很牛，有的顾客潜意识里觉得自己是一个有个性的人，如果我们把他当作特别有个性的人来对待，顾客会感觉到“他乡遇知音”，愿意花时间与你沟通，最后就会选择相信你和你的品牌产品。

如果能把以上要点做好、做到位，再能具备一些国际品牌的情怀，我们就能打造好一张张“货币选票”，让顾客成为你永远的“上帝”，而永远不用脚“投票”——离开。

八大思维
Eight Thinking

品牌性思维
Brand
具有经济价值的无形资产

风格性思维
Style
艺术作品
在整体上呈现的有代表性的面貌

侵略性思维
Aggression
用非常规手段夺取侵占
市场开辟新品类蓝海

营销性思维
Strategy
品牌成本最低化找到
消费者心中的老熟人形象

创意性思维
Originalit
头脑风暴法最为人所
熟悉的创意思维策略

互联网思维
Internet
互联网＋、大数据、云计算
的背景下重新审视市场模式

生旺性思维
Five
打造企业的品牌信仰

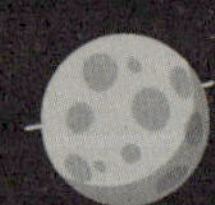

文化性思维
Culture
记录 表达 评述 分析 理解 包容

Ⅷ 第八步

八大思维：品牌精髓 攻无不克 战无不胜

温馨提示：

身处当今时代，互联网思维是立足于时代科技前沿的思想延展，而五行品牌学说又是裹挟中国传统文化的精髓，使中国品牌既有民族之风，也有时代科技气息。二者的融合与相生相旺，是我们做好、做强、做大品牌的不二“法门”。

第二十章

“红姑娘”如何“红”起来

——在消费者心中完成“注册”的品牌性思维（brand）

企业存在的唯一目的是什么？

关于这个问题，各种说法都有，比较多的就是赚取利润，但实际上企业存在的唯一目的是创造顾客。

第一节　做品牌就是树敌

品牌性思维的首要之义就是要占有顾客心智资源，就是创造顾客，让你的品牌在消费者心中完成“注册”，创造更多更好的顾客。

什么是品牌？就是能给品牌拥有者带来溢价、产生增值的一种无形资产，其载体是以和其他竞争者的产品或劳务相区分的名称、术语、象征、符号或者设计及其组合。

什么是品牌策划？就是使企业形象和产品品牌在消费者脑海中完成“注册”，使消费者与企业品牌和产品品牌之间形成统一的价值观，从而建立起自己的品牌印记的综合谋划。

溢价与增值都要源自于消费者心智中形成的关于品牌载体的印象，或者叫“注册”。

能够口口相传，才可以称为品牌。

我们看一个案例。

有一种叫“红姑娘”的红酒，看上去其包装很普通、传统，后来得知其售价也不过27元。

同一个厂家，还有一个叫野果红酒的产品，看其包装，也只是想告诉消费者：我这个是野果酿造的红酒。

其实，这就是企业在用自己的成本，为红酒行业做贡献，这就是产品思维。

包装的商标也有，但不明显，找半天也找不到，充分说明他们可能有品牌意识，但不强，对品牌也不是十分了解。

可以肯定地说，像这样的产品思维，产品不会引起消费者的一对一联想，更不可能在其心中为这样的产品“注册”，这样的企业是做不起来的。

升级前
BEFORE UPGRADE

升级后
AFTER THE UPGRADE

那么，这个问题怎么解决？

2016 年 2 月，“天堂鸟”与这个公司合作，给予了全面系统地解决。

为什么呢？按他的解释是：“灰姑娘”大家都知道，我这个“红姑娘”，就是现实版的“灰姑娘”。

“红姑娘”这家企业地处吉林市。早在 15 年前，老板就花了 15 万元买下这个“红姑娘”商标。当时，花费如此巨资，不能不说老板是大手笔了，所以，他一直视“红姑娘”如珍宝。

合作开始后，我们去企业调研时发现：系列产品还有很多，但生产规模不是太大。经过详细了解，发现企业老板还是具备一定的品牌意识，但产品利润率很低，竟不到 3 元钱。

其实，他们的产品属中高端，但看他们当时的包装，还是没有那种高端、时尚的感觉。

要帮这个企业打造好品牌，就要从品牌定位细分入手，从“溯源”“趋势”以及“赋予”着手。

在“溯源”上，我们查阅到南北朝梁代陶弘景所编著的《本草经集注》，其中记载：山楂加工已有 500 多年的历史，但主要从唐宋时期开始，到明清时进入规模加工。这样一看，山楂有一定的历史渊源和文化底蕴，在药用及养生方面也有一定的裨益。

在“趋势”上，我们调查发现：现在的 60 后、70 后及以前的人，从原来喝大酒，每酒必醉，转变到如今的讲究少喝或者不喝，喝也喝养生酒的状态；80 后、90 后的年轻人是主要消费群体，现在也进入了不喝白酒，转喝啤酒、红酒甚至进口酒的阶段。

所以，如今的酒水消费方向在向养生、佐餐方向转型了。那么，我们就得调整品牌策划的方向。

在“赋予”上，我们要赋予其文化个性上的“吉祥寓意”，还要进行品类区分。我们意识到：红色的液态酒，象征着红火、幸福和吉祥。

在此基础上，我们要进行文化创意，让山楂酒华丽转身——“琉璃果酒”。

琉璃果酒，美丽动感，具新风尚，有文化传承，寓意富贵吉祥、健康至上……这些文化概念，已经完全取代了原来山楂红酒的文化概念，我们赋予其文化理念：

相传琉璃是民间财神陶朱公范蠡发现的，赠送给西施做定情信物。西施泪滴其上，使琉璃有了流动的美丽。民间最早传说，财神的聚宝盆也是用琉璃做的，所以，琉璃在民间被认为是聚财聚福的财神信物。琉璃就是财富的象征。

2008年的奥运会，也系统研究出了红色琉璃的系统烧制方法，象征着富贵、时尚。文化传承上，琉璃起源于3000年前。这个历史更为源远流长，比山楂文化还要丰富、悠久。新风尚上也被诠释了华丽，有穿越时空的感觉。琉璃，流光溢彩，晶莹剔透，颇具动感，很好地结合到企业果酒给人的感觉。

企业愿景，我们为其定位为：

传世果酒、引领世界

品牌使命也确定为：

创新健康果酒品类，传播中国果酒文化

客户细分上，对应着上面的产品细分：

从佐餐清口型的18岁到35岁直到45岁到60岁的顾客，详细而清晰地区分。

通过这一系列的品牌策划，我们找到了这些品牌文化的对应，真正打造出了他们的果酒文化。

琉璃果酒还形成了四个产品细分层面：

佐餐酒、高端时尚酒、红娘喜酒及健康养生系列。

针对高端时尚，我们提出的果酒文化，使他们从山楂果酒转变到“琉璃果酒”，产品卖点也发生了前所未有、翻天覆地的变化。

小结一下：

传递文化、品味惬意、喝出健康

这样，我们又提炼出品牌核心价值主张：

迷上果酒，迷尚琉璃时光

品牌核心价值，需要一步步有逻辑性地推导出来。

他们这个品牌的次重点就是高端，其中涉及婚庆市场。于是我们又提出一个“红娘喜酒”的产品定位。其核心价

商界有个定论，叫“二八定论”，说的是20%的顾客创造80%的利润。产品要走高端，那样销售才会从27元提高到十倍、百倍。

值主张，则从喜庆文化传承上推导出来。这样又导出定位方向：

中国人自己的喜酒

而核心价值主张就是：

琉璃时光，红娘相伴

还为他们制定了“产品七星战略图”等。

目前，这些品牌文化已经在企业落地，品牌产品已经得到了消费者的认可、认同，尤其是“红娘喜酒”，一经上市，销售火爆。整个品牌产品，开始大红大紫起来。

企业老板也说：“这回总算找到了顾客，也对得起当年红姑娘的 15 万元商标费了。”

在一些中小企业那里，每有一种新产品进入市场，他们就轰轰烈烈地大做广告。其实，稍具品牌意识的人都会认为，这只做对了一半。

因为，我们的促销目的并不止于要跟消费者“混个脸熟”，最终目的是要形成品牌效应，累积品牌忠诚。

于是，这里就有一个问题：我们要了解产品目标消费群体的真正需求，找出同类品牌的差异点是什么，根据这些差异点，再去确定相对应的品牌推广重点，以相对应的目标消费群体能愉快接受的传播诉求点，大力推广、传播。

此时，这种推广就需要我们集中火力，一次次地重复，最终拿下这个目标消费群体的“心理高地”，完成品牌在消费者心中的“注册”。

品牌在消费者心目中完成“注册”的标志，不是单纯地让他们记住你的品牌，而要让消费者一联想到品牌就知道这是什么。

像“彰显乘者尊贵——奔驰”“享受驾驶乐趣——宝马”，——只有这样进行品牌性思维，才能让消费者的品牌忠诚度大幅提升，从而成为品牌忠实的粉丝。

比如，前文中提到的七喜，其实质上也不过就是一种普通汽水，在市场上同质化非常严重。假设当初七喜不具有品牌性思维的话，它也可能有销售业绩，但如果想与可口可乐、百事可乐并肩齐驱，那简直就是做白日梦。

但七喜是一个有追求的企业，它的愿景远大，使命艰巨，执意追求品牌建设和品牌战略。

品牌，其实就是为自己树立敌人的过程。

于是，七喜确立一个反其道而行之的品牌战略，找到了自己的核心价值主张：

七喜，是非可乐的饮料

这种“非可乐”的区隔与差异化，非常明确地让七喜“鹤立鸡群”，一下子就突出了自己的品牌个性。

如果产品质量过硬，为什么不向七喜学习学习“傍大款”，与著名品牌并肩站在一起考量我们的品牌战略呢？

这样的品牌性思维是非常值得推崇的。

第二节　品牌如何迅速走进人心

一个品牌，如何在消费者心目中快速完成“注册”，在消费者脑海中留下深刻印象的东西，使他们始终难以忘记，最后再产生一对一的联想？

如果说起方便面，我们就会想到统一，说到凉茶，我们就会立即想到王老吉等。

中小企业的品牌如何能迅速做到这样的一对一联想呢？

我们经过多年实践，感到有以下几点值得探讨：

（1）产品避免同质化。当今市场，产品同质化现象越来越严重，消费者很难凭借“品牌”在同类产品中找到区别。这种同质化品牌现象在市场上屡见不鲜。我们可能随时都能找到一些，而记忆不起来。这就是同质化的弱点，也是极不明智的一个办法。

一个产品进入市场，就要有“品牌”，这是该品牌与其他同类产品区别于消费者心智的前提条件。消费者对品牌自然有理性认识，比如对价格、质量、功能、外观等印象和记忆；当然也就会有感性认识，比如对形象、品位、时尚等的感受与感知。如果一个产品与其他的根本没有区别，甚至一模一样，品牌的“差异化”又从何而来呢？

（2）传播方式独具特点。品牌必须有让消费者记得住看得见的传播方式，它的传播一定是要坚持始终，且多次重复。品牌传播如果朝令夕改，消费者就会发蒙，感觉不到品牌的一致性。品牌的那种视觉风格，就是要让消费者能够一眼识别出来。比如，如果消费者能在仅凭品牌标识认出是哪个品牌，那么这个品牌就非常成功。

（3）引发消费者内心共鸣。海飞丝去头屑，是品牌细分市场的一个经典案例，他们没有太多的广告投入，却迅速让消费者产生了记忆，并随后引发共鸣。一句好的品牌传播广告词，将首先引发消费者的共鸣感受。

品牌怎样让人易记且从此不忘？

一是要提出能让消费者产生共鸣的需求概念。比如滋源洗发水的“洗过一辈子头发，你洗过头皮了吗”，一句话打出去头屑的产品功能概念，让人记忆深刻。

二是要做行业的“老大”。统一方便面、康师傅方便面，这些都是在行业成为老大的品牌，他们的品牌符号是非常成功的。

第三节　品牌性思维“五注意”

要怎么做到品牌性思维呢？我们认为有“五注意”：

（1）认真走心。品牌策划是需要案案走心，处处留意。不能虎头蛇尾、敷衍了事。品牌文化，一经确定就轻易不能改变。所以，需要策划人要谦虚谨慎，认真调研，静下心来，深入思考。

（2）创造性地借鉴，而非抄袭。好的参考方案有很多，品牌策划要大量收集并理解，运用发展性思维，找到能为我所用的品牌文化，并明确表达。此外，还要注重品牌文化积累。

（3）系统性总结。增强自我反省能力，思前想后，随时总结品牌构成的必要元素，慢慢形成自己的品牌策划系统。

（4）培养分析能力，解决品牌从策划到落地的实际问题。

（5）注重包装，引导“注册”。品牌如何创造顾客，注重包装，强化视觉识别等都是一个重要的策划过程，也决定了品牌文化落地的质量。

这里，有一个品牌文化后期落地的一个环节需要引起我们的重视，那就是品牌 Logo。

面对同质化越来越严重的市场，Logo，对于消费群体来说，有了越来越重要的意义。因为有更多企业经营者开始意识到：一个小小的形象鲜明、构思巧妙、结构简洁、寓意深刻的Logo，是能够瞬间在消费者脑海里留下深刻印象的，甚至可能瞬间“注册”。

这从目前比如服装界盛行模仿著名品牌的 Logo，就可以感受到其重要性了。

拿眼下势头正盛的网络行业来说，因为彼此竞争更为残酷，所以各大网站相当重视网站的Logo。

比如“百度”这一公司名称，据说当初就是来自宋词“众里寻他千百度”（百度公司会议室名为青玉案，即是这首词的词牌）。而百度 Logo“熊掌”，则来源于猎人搜寻猎物要循迹于熊爪的联想，这与“分析搜索技术”的形象非常相似，于是这个“熊掌”就成为了百度的 Logo。

据说，后来百度还给网民提供了3个新Logo设计方案，请网民投票，共进行过3轮投票，第2轮投票结束时，有一个新的笑脸Logo已占据了绝对优势。但在第3轮投票时，“熊掌”却突获最多选票……

由此可见，品牌形象一旦在消费者心目中完成“注册”，轻易不会被撼动，即使主观想更换也不那么容易。现在的品牌企业要懂得尊重自己的粉丝就是这个道理。

网络时代，品牌的视觉识别系统已十分重要。

时下的网络购物，网店已多如牛毛。很多有经验的店主都知道：网店Logo是吸引网友前来一逛的重要“法宝”。

看来，如今的消费者，尤其是 90 后，基本都有极为强烈的品牌性思维。

消费者尚且如此，我们的老板呢？

很多网店店主都深深地懂得这个道理：如有网友偶尔对网店的Logo感兴趣，甚至只是欣赏一下，就会闲步进店，这就可能产生交易行为。

多年品牌实践告诉我们：几乎所有消费者都会记住他们感兴趣的品牌Logo……

第二十一章

眉毛胡子不要一把抓

——风格性思维（style）打造唯一品牌

对于企业来说，不仅要有自己的品牌，而且要形成自己独特的风格。正所谓：做不了第一，就要做唯一。

品牌风格的明确与准确，会在消费者心目形成一个深刻印象，这个印象可能多年都不能忘却。品牌在消费者内心完成了“注册”，那些品牌文化符号也将促进品牌价值的提升。

第一节　什么是品牌风格

研究品牌风格性思维，首先要知道什么是品牌风格。

所谓品牌风格，是指目标品牌在品牌自身因素和环境因素整合后受到的双重影响，并在目标品牌核心价值主张的约束下，通过品牌策划、设计等实际运作，对品牌的核心价值、个性与特质做出的，在美学感觉、视觉等方面独一无二的表达方式。

品牌风格在品牌运营过程中，会展现出一致并有自身特点的美学表现，可以或直观或含蓄地表达品牌的核心价值主张，使品牌形象可以迅速完成在消费者心目中的“注册”，并且具有易记、易识别的特点。

品牌风格，主要来源于品牌定位。比如定位高端的品牌，更讲究格调与品质，品牌产品销售主要选择精品专卖方式，店面环境高端奢华、气氛清静幽雅。这样一来，其品牌风格就要走极简洁、大气路线，与顾客的身份、地位相匹配，借以培育客户的忠诚度。

品牌风格来源于品牌本身，包括品牌溯源、品牌行业、品牌愿景、品牌运营过程、品牌定位及品牌文化等。

定位低端的品牌，则更讲究实用与经济，品牌产品多在商超终端零售，与竞争对手产品同店同架，直接竞争。这样的品牌风格，一般要突出性价比，甚至开打价格战，借以吸引顾客眼球，喧嚣热闹，造成轰动效应，打开顾客钱包。

品牌风格的确定，主要是要通过感受竞争对手的品牌风格，从而找出自身品牌的核心价值，找到与竞争对手的差异点。因此，品牌差异化和消费者群体的差异化，决定了品牌风格与特征。

因此，品牌就要有自己的风格和它的唯一性、专属性。

那么，如何打造、确立一个品牌的专属风格呢？

看一下我们天堂鸟在这方面的实战案例：

2015年11月，天堂鸟品牌策划与哈尔滨的居香集团合作，进行其品牌的改造与重建。

经过了解，我们知道：居香集团始创于2000年，是享誉东北地区的食品商贸企业和渠道商，旗下拥有三家子公司和两家分公司，74个城市配送中心和300多辆配送车，辐射80000多家终端超市。商海耕耘16载，居香集团的销售额增长了100多倍，2012年突破1亿元大关。

其时，我们去到这家物流公司调研后，就感觉到其之前的品牌策划缺陷较多：

首先是品牌理念落后，设计不时尚，没有时代特点，其品牌形象没有个性化、风格化，没有眼缘……这都不利于品牌发展及传播。

这家公司的文化墙上也落地了品牌文化，但展示了一大群员工的风采。

我们切记：品牌文化落地时，展示员工风采不是不可以，但你如果展示的是一群人，那就等于谁也没有展示，导致品牌文化不能深入人心，不能留下深刻印象。

谁都要突出，最后只能是谁也无法突出出来。

Jaxang 居香

香传万家 康居天下

80后以前的人可能还有记忆：原来饭店点菜菜单上，不都是黑压压一片的菜名、单价吗？这样就少有人耐心地看完，都是照着菜单点了几个就放下。过后，没有人再记得这家饭店到底还有什么特色饭菜。

后来，随着时代的变迁与发展，有一天我们突然发现，有的饭店菜单出现了些许变化：每页都添加了一个菜品的图片。

菜品有图片在菜单上，吸引目光，脱颖而出，让大家点菜选择容易得多，点这个菜品的也多。如今呢，他们的点菜单上，又几乎全是菜品图片。这就又回到了文字菜单时代了吗？只不过那时是文字，现在则全变成了图片。

这就说明，你什么都想突出，结果因为没有什么重点和特征，就什么都突出不了，事与愿违，南辕北辙。

同样，展示一群员工，只能给人一个“哦，好多人”的印象，其他不会留下任何记忆。因为记忆从来只会留下那些特殊、出位的片断。

当然，他们还有其他的一些不是太合适的品牌文化误区，这里不再一一赘述。

但之前那个感觉比较传统、诉求比较模糊的品牌形象，实际上也产生过一些作用，企业收益也还有一些。如果能在日后突出品牌形象，具有自己的个性与风格，那么对企业一定是件大大的好事。

综上所述，天堂鸟经过前期调研、品牌梳理，为其确定了新的品牌文化。

企业愿景：

创建双渠平台，共赢微超财富

在此基础上，确定了其企业核心价值观：

消费者需求至上

合作者利益至上

互联网科技完善至上

快速送达至上

确定其核心目标：

线上线下、智能商业

实现体验即赚钱模式

最终将居香推向全世界

为其文化定位：

香传万家

康居天下

以“时代感、易记性、品牌性、信任感”为品牌策划创意基础，确定了其核心价值主张定位：

香居天下

接着，我们调研了其整个集团公司的经营状况，发现了一些问题，并提出了要在企业运用“阿米巴理论”。

第二节　什么是“阿米巴理论”

这里，让我们先宕开一笔，研究一下什么是“阿米巴理论”。

什么是“阿米巴理论”？就是指企业将经营部门公司化。

将这些部门进行公司化运作，有什么好处呢？好处就是这些部门公司可以自负盈亏，可以为集团企业创收。

其实，这个理论来自日本一家企业的经营模式。

原来，这是日本稻盛和夫所发明的一项理论。

他在其所著的《阿米巴模式》一书中讲道：

稻盛早年创业时，他一个人既要负责产品研发，又要负责市场营销。后来，由于公司发展迅速，当达到 100 个员工以上时，他开始觉得忙得“冒烟”，直至苦累不堪。每天都恨不得学会分身术，到各个重要部门去做负责人。

后来，被逼无奈的他，有一天忽然灵感上身：把公司各部门细分成一个个叫“阿米巴”的小公司，并对小公司的负责人委以经营重任。这样，经过几年的运行，他竟然培育出了一些具有经营意识的领导人才来。

后来，他把自己独创的这种经营模式称为“阿米巴模式”。

稻盛和夫由此创建了两家世界500强企业——京瓷（Kyocera，原日本京都陶瓷株式会社）和第二电信（KDDI，日本仅次于 NTT 的第二大通信公司）。事实上，也正是阿米

巴经营模式，才让这两家企业茁壮成长起来，且长盛不衰。京瓷集团（旗下主要产品有：陶瓷刀具、陶瓷文具、珠宝首饰、手机、精密陶瓷零部件、半导体零部件、太阳能发电系统等）更是创造出神话业绩——50余年从未亏损。

说来也怪，越是经济危机，越是经营环境不佳时，他的这些“阿米巴”就越有大发展。

这种现象令全球经济界称奇。

后来，人们总结了他的这种做法，称之为“阿米巴理论”。

这些部门变成公司后，完全市场化、公司化运作，不允许赔钱。这些公司赚钱了，集团当然也就赚钱了。

另外，“阿米巴”经营还有“五大目的”：

一是实现全员参与经营。

二是以核算作为衡量员工贡献的重要指标，培养员工的目标意识。

三是实行高度透明经营。

四是自上而下和自下而上的人力资源整合。

五是培养企业领导人。

由此可见，阿米巴经营模式，是将领导力培养、现场管理和企业文化这三大企业管理难题，集中在一起予以解决的、一个非常伟大的经营模式。

虽然将三大难题熔为一炉，但难能可贵的是，阿米巴经营模式却特别的简单，只要对经营企业有些热情的人，就足以很好地理解和领悟。

这就是所谓的“大道至简”吧！或者，我们也可以把这种经营方式理解为企业经营风格。

现在，再说回到上面说的那家物流公司，其旗下就有不少正在经营的“阿米巴”，但他们品牌运营意识不强，各做各的，没有统一的定位明确的品牌战略和运营方法。

经过天堂鸟的精心策划，他们公司的品牌定位比以前更加明确，统一了品牌文化，并使之在各家“阿米巴”落地，提升了集团品牌的含金量，并为他们打造了独特的品牌文化符号。

第三节 “四步”打造风格化品牌

中国具有五千年的文明历史，同时也积淀了优秀的传统文化。而文化符号成百上千，且各具特色，是确定品牌风格的重要代表符号。

品牌文化符号，就是品牌运营过程中代表品牌产品差异化、消费群体差异化的标志性事物，品牌文化符号有代表的图像、标志及象征意义的事物，文化符号的出现，是定位品牌风格的标识之一。

而中国文化符号，就是指能代表中国文化特征的文字，是指具有某种特殊内涵或者特殊意义的标示。文化符号具有很强的抽象性，内涵丰富。文化符号是一个企业、一个地域、一个民族或一个国家独特文化的抽象体现，是文化内涵的重要载体和形式。

品牌打造过程中，能够发现合适品牌自身的文化符号，就是品牌的高级创意。

中国的中小企业应该反躬自问：我的企业有没有文化符号？属于“这一个”的品牌符号？

这个符号是可以替企业省钱的。

初级的超级文化符号，就是一个个的品牌 Logo 的集中，我们把这种现象叫密集恐惧症。

比如 LV，有没有超级符号？有，那就是由 LV 转化、转换及延伸出的符号。

为什么世界级的企业，都有这样的超级文化符号？

中小企业如果没有超级符号，就需要学习。如果要学习，就一定要向世界级企业学习。学习什么不重要，重要的是我们要跟谁学习。

这样，这个超级文化符号的目的已经达到。

我们在超市里看过那个厨邦酱油了吧？他们现在在酱油壶上，贴上了他们特有的格子布的 Logo，即超级文化符号；就连代言的演员也穿着绿格子围裙；所有的产品包装上，也全部是这个颜色的格子布。这个品牌过去并没有这种设计的，现在他们这样设计，一下子就让人记住了，这就是超级文化符号的魅力和巨大功力。

世界著名品牌几乎都有自己的文化符号。在这个领域里，有相当多的范例。像麦当劳、肯德基、可口可乐、百事可乐、希尔顿、万宝路、雅诗兰黛、迪奥、皮尔·卡丹、爱马仕、范思哲、路易威登、香奈儿等这些世界级的品牌，一看到这些名字，你可能就会联想到它们特定的文化符号。

平时，看到一些国际超级企业的文化符号，就马上会联想到这个企业，甚至联想到其产品形象。

厨邦酱油之所以这么做，完全是为了让消费者看到这个Logo，马上就会联想起20世纪生活中常用的田园式餐桌格子布。他们采取“拿来主义”，稍加变换，就成了他们的Logo符号，这让那些上了年纪的老年人在进入超市后，看到这款酱油产品的格子布Logo，就自然而然地产生一种亲切感、怀旧感，并在心目中形成一对一的品牌联想。

品牌文化符号可以帮助品牌形成自己的风格与个性。

这种明确消费群体，针对这个群体设计文化符号，就是在找寻自己的品牌风格，也准确地表达了品牌定位。

同样，透过文化符号的理论，一说到F1（世界一级方程式锦标赛），人们就会联想到他们独有的“赛车格”。

在为上面所说的居香集团进行品牌策划时，我们就借鉴了“赛车格”的概念和文化，融合、衍生出了其独特的品牌视觉设计，彰显居香微超的品质与速度，同时传递给消费者一种世界品牌感觉与时尚的动感，让顾客过目不忘，再见也有似曾相识之感。久而久之，品牌“注册”必会在不知不觉中得以完成。

你看，文化符号有多么重要，有多么神奇？

所以品牌风格的明确与准确，会在消费者心目中形成一个深刻印象，这个印象可能多年都不能忘却。品牌在消费者内心完成了“注册”，那些品牌文化符号也将促进品牌价值的提升。

品牌的风格，一定要有自己的特点，独特到顾客一眼就能识别出你是谁。

标志着品牌风格另一个因素——文化符号，如此重要，可谓品牌形象的代言人。

品牌风格一定要秉持实事求是的态度，比如如果服装根

比如，很著名的国际品牌迪奥男装（DIORHOMME）所的服装产品都比较瘦、纤细中性化。

本没有多少民族元素，却愣说是有民族风，那就有问题了。

品牌的态度就是要诚实守信，来不得半点虚假。

所谓**“诚实为品，印象为牌”。**

不然，毁掉品牌只是早晚的事情，这里就不再赘述了。

可以走以下“四步”，打造我们自己的风格化品牌：

（1）从市场研究分析打造品牌风格。对市场有一个深入的了解和把握，对竞争对手有一个清晰认识的基础上，根据自己的产品及品牌特点，找准自己的市场位置，为自己确立一个专属市场区域，与竞争对手形成区隔，这样有利于建立属于自己的市场范围。

（2）从定位方面构建自己的唯一性。为品牌形象确定一个明确的独特定位，要与竞争对手有着鲜明的差异化，用独特的定位彰显自己的价值，并不断强化自己的独特定位，让自己成为行业“老大”。

（3）从特殊市场垄断打造专属性。找到专属自己的唯一市场区隔。可选择提供特殊的产品、定制性业务或者专业人员服务等，还可以选择用专供协议、终端买断等手段独享市场，抬升竞争壁垒，提高自己的竞争力，抢占唯一市场份额。

（4）在消费群体中树立唯一形象。消费者需求千变万化，一个产品满足所有需求是不可能的事情。所以要敢于创新，研制新产品，为他们提供个性化的产品和服务。

总之，关于品牌风格性思维，我们应该记住这样一句话：

做不了第一，就要做唯一。

第二十二章

换个方向你就是“老大”

——非常规手段的品牌侵略性思维（aggression）

从产品运营进入到品牌运营，其实中间只隔了一层纸。捅破这层纸，就什么都知道了，也想通了。想通的应该是这样一个理念：过去卖产品，现在卖企业；过去卖苦力，现在卖身价。

第一节 短视不会造就国际品牌

17 年的品牌策划生涯中，我们见过太多中小企业的短视行为。他们根本没意识到：中小企业，又穷又小，却不思变，不知道换个方向就会成为“老大”。

这里的换个方向，指的是品牌思维。

改革开放初期，有一些企业仅靠“实用主义”“赚钱主义”就发了财。只是放眼望去，没有几个做大做强的。为什么呢？就是当时，也包括现在、将来，他们都在准备一如既往地走下去，卖产品赚一辈子钱。

有的中小企业家做了二三十年，竟然不知道有品牌这个名词，也谈不上去换下品牌思维，让自己的企业成为一个有文化有使命有愿景的企业，传承下去，最终走出去，走到国际舞台上去。他们小富即安，他们知足而乐。这是很可怕的。

也正是这种短视行为，造成了改革开放 30 多年，中国没有国际品牌的主要原因之一。

企业家没有进取心，企业也只能原地踏步，甚至原地踏步都无法坚持。我们眼前已经死掉的，或还在苟延残喘的企业，原来有的曾风光一时，但现在人们基本忘却了。因为他们从未真正成功过，只是一个有钱人而已，穷得只有钱。

这也正应了《三国演义》的开头诗：

滚滚长江东逝水，

浪花淘尽英雄。

是非成败转头空。

青山依旧在，几度夕阳红。

白发渔樵江渚上，

惯看秋月春风。

一壶浊酒喜相逢。

古今多少事，都付笑谈中。

那样做企业，最后只能有一个相同的结局：“赚钱多少事，都付笑谈中！”

但是，现今科技浪潮一波接一波，中小企业还想一如既往地轻松赚钱继续短视，恐怕就不行了。

尤其是在目前的经济增速放缓的大环境之下，如果还延续以前的产品思维，不换上品牌思维，通过品牌战略管理，与时俱进地进行品牌建设，企业就不能转型升级，就没有几个中小企业会笑到最后，当然也就不能到达“青山依旧在，几度夕阳红”的境界。

“走捷径，赚快钱”的时代已被经济全球化所终结。如果还想把企业做好做大，就需要开启非常规手段的侵略性思维，去抢占品牌市场空白点。

关于这一点，2015 年 1 月开始的天堂鸟与吉林省天泽管业的合作很能说明问题。

天泽管业，是一家集生产、销售、施工为一体的高新技术企业。他们坚持开发多元市场，产品远销瑞典、巴西、澳大利亚、俄罗斯、日本、加拿大等多个国家。

经过一番文化溯源，我们为其梳理出环保健康、品质高尚及未来双赢的产品文化，最后上升到精神层面的品质生活，确定了他们的企业愿景，即：

我们到这家企业调研后，认为他们的产品具有经济耐用、专业优质、技术领先等特点。但他们自觉品牌意识需要更新换代了，我们也认为这是一家经营理念非常理智的企业。

“品质通天下，好管赢未来”

根据这些品牌规范，我们还为其设计了专卖店、产品包装、运输车等视觉识别系统。企业上下感觉到企业品牌一下子上了一个层次，摆脱了原来的三四线城市特点明显的品牌文化。产品定位也随之侵入高档高端的市场定位。

据此，我们为他们策划、设计出了更具国际范的Logo。

Tainzors
天泽管业

目前，企业经营形势比过去明显好转，利润率有了大幅提升。

既然经济大环境在变，电商市场又方兴未艾，消费主体又以 90 后甚至 00 后为主，你就会发觉不换个思维有多可怕。

第二节 换个方向你就是“老大”

其实，中小企业只要换个方向，从重视技术转到探究品牌营销，从竞争意识转换到研究消费者需求上，就一定会找到具有品牌差异化的产品，走进企业发展的“蓝海”，而不是闯入与实力雄厚的大型企业硬碰硬地竞争的“红海”之中。

中小企业是打不过那些“大老虎”级企业的，因为在你还是一只羊时，你连狼都打不过，何谈与虎争斗？

羊如何成为虎？简单地说就一句话：看你想不想成为虎。你的愿景是成为虎，不成为虎至少也会成为豹、狼。如果愿景就是想做羊，最后连羊都没机会做。

这就是品牌的“潜规则”：你想做羊的品牌，而不是虎的品牌，注定没机会。

当然，如果品牌建设成功，一直到让你的品牌成为行业代言词，这时，你就可以换一个方向，拓展横向产品，再次成为“老大”。

这是什么意思呢？

一群鱼都往同一个方向游，有的可能连去干什么都不知道。但其中有一条鱼突然掉头往回游，这条鱼是不是看到了什么新的希望？这条鱼不一定是最大的那条鱼，倒有可能是最弱的那一条。

换个方向，它可能就找到了属于自己的东西，渐渐就可能变成“老大”。

有一句话，叫“富人思来年，穷人思眼前”，这就是换个角度的品牌式思维。

这就是看问题的角度，品牌思维的角度，或者就看你是否具备品牌的侵略性思维。

什么是侵略性思维？

顾名思义，就是企业用非常规的手段夺取和侵占新的市场，填补新的市场空白，去开辟市场上一直空缺的新品类。

那里是蓝海，而不是红海。

我们合作过的典型案例，就是在 2016 年 2 月，天堂鸟与长春小海丁海鲜企业合作的电商品牌策划。

这家企业自身在长春经营实体店已近 20 年之久，生意一直不错。这次合作，是小海丁老板之子准备创立电商企业而发起的。

说到海鲜海丁，内陆人一般不太了解。其实它的正式学名叫海螺丝，各地各种叫法都有，而海丁则是长春一地的叫法。

它属软体动物腹足类，产于沿海浅海海底。以山东、辽宁、河北沿海地区居多，高产期在每年1月到8月。海螺贝壳边缘轮廓近似于四方形，大而坚厚，壳高达10厘米左右，螺层达6级，壳口内有肉，为杏红色，有珍珠光泽。螺肉丰腴细腻，味道鲜美，素有“盘中明珠”的美誉。它富含蛋白质、维生素和人体必需的氨基酸、微量元素，是典型的高蛋白、低脂肪、高钙质的天然动物性保健食品。

年轻的小老板意识到互联网对于生活方式的改变，就想到要换个方向，适应时代要求，从网上找到企业品牌的突破口。

2 月 15 日，天堂鸟团队来到该企业进行了认真而彻底的调研，进行品牌诊断，发现了如下问题：

（1）企业没有一个具有识别度和品牌个性的Logo。

（2）企业缺乏产品文化定位或行业基本属性的识别。

（3）门店主体颜色缺乏品牌个性，大众化严重。

（4）企业核心价值主张不够凸显。

（5）企业经营应用的风格过于发散，不聚焦，不够彰显，不利于口碑传播。

为此，天堂鸟有针对性地提出四条解决方案：

（1）塑造 Logo，设计标准字体，在视觉设计上突出行业属性，在标准字上使用无衬线体（Sans-serif）。

（2）建立 VIS 标准，在设计和使用上进行标准化规范。

（3）统一品牌风格，统一的 VIS 应用设计。

（4）突出品牌文化，将价值主张通过网络特有的视觉系统充分表现，并巧妙地向网购者客观地传达。

就此，天堂鸟为其电商项目进行品牌梳理：

在智能手机普及后移动应用无处不在的情境下，在消费者方面，要求商家的餐品信息要丰富，而消费者辅助评价信息的全面及真实的现实，以及他们微信、支付宝等支付方式的多样化，对海鲜安全可靠的要求，还要方便网购随时查询配送状况，可打破用餐时间、地点等界限，适应“懒人经济”的网络现实，要让顾客一“懒”到底；本着快、好收拾、方便吃等方向进行贴心服务。

在同类产品项目上，有微店下单，电话下单和微信私约等电商服务。基于这些情境，天堂鸟认为，小海丁就应该具备这样的品牌素质：“快、新鲜、精致、时尚”。

为此，我们为小海丁提出了五个品牌核心价值的方案，最后选定了方案五：

DING一下，海鲜到家

由于小海丁专做海螺丝海鲜，当地再无第二家。因此，他们运用侵略性思维，找到了市场空白，生意极好。因此，这是一个典型的极具侵略性思维品牌。

由于小海丁对天堂鸟品牌的策划十分满意，现在他们的实体新店也将“DING 一下，海鲜到家”的品牌文化进行了落地，生意持续火爆。

小海丁的电商生意，也在网络上稳步提升。

下面以中华立领为例，我们来看看侵略性思维的重要性：柒牌男装就是这个企业的品牌。

成立于1979年的福建柒牌集团有限公司，是一家以服饰研发、制造和销售为一体的综合性集团公司。他们还拥有世界一流的服装生产设备和技术，已在全国31个省、市（自治区）设立了3000多家专卖店，并连续九年产品销售收入、利润总额名列全国服装行业前十强。

这个品牌诞生于一个特殊时代背景下：当时，恰逢国企改革伊始，下岗职工较多，这一群体感到人生灰暗，情绪低落。也就在这时，柒牌男装到了提升品牌关键期。

“男人，就应该对自己狠一点”这话其实与服装无关，

他们针对这一特殊时间节点，拿出一个创意：男人，就应该对自己狠一点。

但与大众消费者有关：有人正处于下岗情绪低落期，身上本就没钱，还有人敢买这品牌服装吗？这样的男人日后还敢不敢、能不能成为女人的坚强靠山？

他们策划出这样的创意，鼓励男人对自己要狠一点，要信心满满地走向生活。

与此同时，他们还有一个创意：迎着风向前的男人。这个创意也寓意深长：男人逆风而行，必定是坚强的有勇气的男人。

这个品牌策划过程中，还有一个小插曲：

当时，他们选择银幕形象干练、坚强不屈的功夫影星李连杰做代言。

这时的厂家并没有研发立领西装。那天，李连杰赶到拍摄现场后相商如何拍摄时，有人提出：如果李连杰穿西装拍功夫片子，怎么看也不太搭调，赶紧改制一套立领中山装。

但企业老总不干：我没开发也没有的服装，你让李连杰拍，我拿什么服装卖给顾客？双方各执己见，吵将起来。李连杰一见，赶紧打圆场：立领中山装，我给你拍一套，西装的我也给你拍一套，你们就不要再吵了。

结果，最后他们选择了立领的广告在央视播出。结果谁也没想到：社会反响巨大！

结果，引发顾客不满，差点演变成一起不大不小的公关事件，但最后竟不知不觉变成了一场“饥饿营销”。厂家当然要以顾客需要为生产方向，就赶紧组织研发力量，一边研发一边加快生产满足市场需要。

顾客纷纷到当地柒牌专卖店找这一款立领装，但是店里根本就没有。

这就是他们根据当时的下岗潮而制定的品牌侵略性诉求：男人要坚强，承载家庭和事业，要有不屈不挠的斗志，不怕艰难险阻，在人生的道路上勇敢前行……

这种品牌在精神层面上的侵略性思维，一下子填补了市场空白，让人立刻记住了这个品牌。其后，他们通过在央视

“饥饿营销”“以销定产”，当然也不存在“库存”问题。没多长时间，这款立领装就火得不行，日后竟然还成为柒牌男装品牌中的核心竞争力产品。甚至，后来在外交场合，国家领导人也穿过这款男装。

平台上的重复传播，使品牌取得了相当不错的社会效果，品牌价值也得到了直线提升。

一次误打误撞，成就了一个品牌，一代中国柒牌立领装，形成了企业的核心竞争力。

2004 年、2008 年，柒牌广告语“男人就应该对自己狠一点”分别被评为“中国十大流行广告语”。

由此可见，企业在打造品牌时，就应该挖掘出这种从产品层面一直到精神层面的诉求点，解决可能是市场的也可能是消费者的矛盾，或者是市场空白点的矛盾。

第三节 侵占空白利益点

找到行业的空白利益点，并侵占它，这就是侵略性思维。

2016年3月，与天堂鸟品牌策划合作的吉林省松原市的尊致登皮草，原来在松原地区经营长达20多年。在当地，他们虽然只有一家店面，但其总销量却在当地同行中名列前茅，甚至是几家大店的销量总和。

但老板感到单品利润率比同行低得多，还想把企业做大做强。为了解决这一矛盾，他们把目光投向了创立自己的品牌。

合作伊始，我们首先梳理了其同行业品牌，发现有多达十几个，其中名气比较大的有：海宁皮草、贵夫人、金夫人、東兰皮草、佟二堡皮草等，梳理出一些品牌的优点与缺陷：如有的在平面设计上，没有较为突出的视觉识别系统；有的陈列设计出色；有的拥有世界上规模最大的水貂养殖基地；有的是产销一体化，同时供货海外多个国家的十几个皮草公司；有的还引领了当地的产业革命，拥有多家皮草广场；有的则缺乏品牌意识……对同业品牌优缺点的梳理、分析，让我们对帮助松原这家企业建立自己的品牌有了更好的创意。

同时，我们也深深地懂得：在传播品牌声望上，既要让受众通过视觉认识你，同时也要让他们通过精神上的传播记住你。

认识你是谁固然重要，但让顾客记住你是谁却更重要。

上述这些皮草品牌的共同缺陷是：既不能让人记得自己，也不能让人们认识自己。

2016 年 4 月 5 日，天堂鸟品牌团队来到松原的企业进行调研，发现企业存在较多的问题：

一是其门头不够具象，识别度不高；二是缺乏 Logo 标识以及标准字识别系统；三是缺乏个性识别标准色，也就是文化符号；四是价值主张和品牌个性不够彰显；五是文化定位和目标顾客主体不够明确。

针对上述问题，天堂鸟团队经过深入的调研梳理，慎重策划，感觉到还是要凭借侵略性思维，找到同行业的空白点，进行品牌策划。

最终，我们天堂鸟给出了解决之道：

一是 VIS 设计。
二是标准设计。
三是品牌定向引导。
四是提炼核心价值主张。

经过一系列的品牌梳理，我们给予其产品文化定位：

精致、高贵

为其确定了具有国际范儿的品牌名称：

尊致登

在确定其核心价值主张上，我们提出了三个方案。其中，第二个方案引起企业方的重视。本着赋予尊致登品牌含义的原则，我们要塑造其“高贵的”品牌人格，针对性地研究目标顾客群体在这一品牌消费时的积极动机和重大决策，确定了以输出其感性渲染氛围为立足点，并说出顾客心里想说的话，梳理出其核心价值主张：

尊贵人生尊致登

Zenthdum 尊致登

尊致登
Zenthdums
尊致登

Zenthdums
尊贵人生 尊致登

GUARANTEE
Zenthdums
尊贵人生 尊致登
THROUGH SPECIAL WASHING
RMB:

Zenthdums

持卡须知
Zenthdums

随后，天堂鸟又向企业提交了其标志提案，对其卖场门店进行了具有独特调性的设计：一是确定其粗犷与细致的原则，充分利用其门店的原生态状态，进行欧洲风格的装饰、陈列的设计；二是辅之以高贵与朴实的风格，对其情景式橱窗进行改革改良改造式设计、规划，强调其层次化，即直白、神秘交集，高低与错落罗列有致。

现在，该企业已进行了品牌文化落地，销售势头良好，单品利润有了令人惊喜的提高，顾客反响也非常良好，企业老总对我们的品牌侵略性思维极为认可。

这里，我们需要关注一个概念，就是侵略性思维中的品牌渗透率 (Market penetration rate)。

品牌渗透率，就是对于有形的品牌产品，在被调查的对象中使用（拥有）者的比例。

品牌渗透率也可以说是用户渗透率或者消费者占有率，是一个品牌在市场中位置的总和，它是多年形成的结果。

品牌渗透率与我们常说的“市场占有率”的区别在于：市场占有率，是有时间和单位限制的，也就是在某一时间段如“年”“季度”“月度”中某一品牌产品的销售额在所有这个品类产品中的份额。

对品牌渗透率的精确统计，就能量化出品牌侵略性思维的力度及效果，从而调整品牌思维的方向，发挥出品牌思维的最大效力。

第二十三章

美国女明星的“绯闻”营销

——品牌运营中的营销性思维（strategy）

品牌运营中的营销性思维，我们认为有一条原则：

凡是敌人支持的，我们都反对；凡是敌人反对的，我们都支持。

当然，只有有愿景的企业才能用上这句话，没有愿景用不上。

第一节 发散性思维营销自己

这种营销理念，身为“80后”的美国影星帕丽斯·希尔顿（Paris Hilton），用得相当纯熟，得心应手，真不愧为有着挪威、德国、爱尔兰、意大利四国血统聪明绝顶的混血儿。

帕丽斯·希尔顿，1981年2月出生于美国纽约，模特、演员、歌手、作家、商人集于一身，是个多栖明星，同时还是希尔顿集团继承人，典型的美国“富二代”。

她的这些做法，正是利用了发散性思维来营销自己和她的品牌。

在她的策划下，关于她的绯闻不断，即使有的不是她一手策划的，她也能借力打力，兵来将挡、水来土掩地熟练运用，甚至经一番运作造成剧情大反转，从而为自己的品牌加分，这种高智商明星真是少见得很。

国内外很多公众人物及明星，都对惯于制造绯闻的狗仔队唯恐避之不及，有的无奈之下甚至恼羞成怒，对狗仔队大打出手。

2007年5月，帕丽斯·希尔顿因酒后驾车被判入狱。这种负面新闻实在足以令涉事明星从此星光暗淡，甚至导致退出娱乐圈。

不过，在23天后，到了她刑满释放的日子。令人意想不到的是，走出监狱大门时，面对世界各地主要媒体的闪光灯，帕丽斯·希尔顿竟然一如从前容光焕发、穿着光鲜，仿佛她不是走出监狱，而是要上领奖台。在闪光灯下，帕丽斯·希尔顿尽情展示甜美而性感的身姿和微笑，现场气氛狂热。——

第二天开始，她的服装品牌突然大卖，人们终于如梦初醒：出狱那天，她身上穿的就是她自己的服装品牌。原来，她不用花费任何成本，不动声色地为自己的品牌服装做了一把广告。

把负面事件转化成正面营销活动，这个“富二代”明星聪明如斯，让人不得不折服。

其实，品牌营销学上讲：就看你跟着谁学，跟着老大学，将来你也会成为老大；你跟着弱者学，死得也一定更难看。

发散思维也叫扩散思维或辐射思维，是指人们在创造和解决问题的思考过程中，以已有的重要信息为圆心基础，向外扩散，尽可能向周围任何方向扩展，不受已知的或现存的方式、方法、规则和范畴的约束，并且从这种扩散、辐射和求异式的思考中，求得多种不同的解决办法，衍生出各种不同的结果。

发散思维特征有点像自行车车轮一样，许多辐条以车轴为圆心向外辐射，是多向的、立体的、开放的思维。

有一个故事，父亲问年幼的儿子：“你知道一块砖头都能做什么？”小孩子脱口而出说可以建房子。但是父亲却说：“一块砖头的作用远远不止于这些。比如，恶狗来咬你时，砖头就是打狗的武器；你个头不够高，还要够东西去，那砖头就是垫脚石；我们开车停在斜坡上，在两边车轮下分别垫块砖头，就不会溜车……”这就是用发散性思维，思考一块砖头而发现的诸多功能。

还有这样一个故事，说是李嘉诚曾经提问手下：“你们把车开到加油站，最想满足的需求是什么？”有人第一反应是：加油。

但是，李嘉诚如果问这样一个问题，其答案一定不会如此简单。

结果，李嘉诚的答案是：早点离开。

发散性思维，就是鼓励你从多个方向寻求答案。

第二节　事业和生意有何区别

如果具备了发散性思维，你就会很容易发现一片不一样的天地。

雷军有句话："站在风口上，猪都能飞起来。"但是我们认为，即使猪在"风口"上要飞，也一定要有翅膀才行，否则会因体重抵消了风力，而被吹到"风口"下面的山底下，摔个一命呜呼。

这个翅膀，就是发散性思维。

所以，当我们发现了"风口"，就要给自己一双"翅膀"，结合时下的热点去思考，可能一夜之间就火了。当然，千万不要朝着人家做过的也曾经火过的老方向。

我们必须要懂得这样去考量：每个风口下，都有着非常多而不相同的机会，涉及这个方向的上下游，不同领域的不同商业模式，都是发散性思维的方向。

因此，我们的中小企业家们，要选择做事业，而不是做生意。

事业和生意有何区别？

简单来说，生意是一个人谋求温饱，解决生活质量问题的交易行为。

事业则不是你一个人的事，而是你通过你的产品或者服务，改变成千上万人及至人类的生活方式、生活质量。这样的产品或服务最终就会成为品牌，并会创造出巨大的社会价值。

当然，好的生意，最后往往也会转变成事业。

2015 年 8 月，河南省宏升粮食制品有限公司与天堂鸟品牌合作的"东坡爱上息坡面"案例，可以说是营销性思维

宏升公司，地处息县，位于河南南部，淮河上游，属信阳市管辖，是历史上第一个以“县”命名的地方，素有“天下第一县”之称，历史悠久，人杰地灵。

中的另一个文化思维典范。

宏升公司建有5000平方米的面粉生产车间，2300平方米的大米生产车间，2400平方米的营养馒头生产车间，4800平方米的营养保鲜面条及挂面生产车间，2400平方米的干湿面叶生产车间……

我们去企业调研时，却惊讶地发现：企业了无生气，2400米的营养馒头车间的生产线上甚至布满灰尘。一问，原来企业现在经营状况十分不好，像馒头，生产得越多赔得也越多。没办法，只好停产，每天只生产500个馒头应付了事……我们还看到，他们的企业品牌意识不强，品牌名称非常直接，甚至直接到把息县名称印到了包装上：“息县坡面”“息县坡挂面”……包装也不具现代感。

我们做了大量工作，包括企业内部多层次调研、外部的市场调研，还发现了诸如“目前面粉市场评价基本可以，但没有针对性，只能走大众市场”“无品牌运作，缺乏品牌竞争力”等不足，我们认为应该进行“头脑风暴”。

在借势上，我们确定了几个寻找“老熟人”的原则：民众熟悉化、有趣味性、易记忆，还要与息县有关的品德卓越又家喻户晓者。据此，我们遍寻当地“贪吃名人”。最后，我们从息县县志中惊喜地发现了一个人物：

苏轼苏东坡！

纵观中国美食历史，“老饕”无敌，“吃货”浩如烟海，但其中最璀璨的一颗莫过于苏轼苏东坡。

苏东坡，是我国家喻户晓的古代文学大儒，又经常以“老饕”形象出现于古代趣事中。当年被贬谪途中，苏东坡曾到息县，被这里的美食美景吸引过，也曾有过想留在息县的想法。

我们想，宏升公司的品牌完全可以借东坡先生这个中国百姓的“老熟人”之势，进行品牌故事等宣传推广，从而提高品牌能量。

据此，我们果断地确定了企业核心价值主张：

东坡爱上息坡面

我们搜集到了这样一个具有浪漫色彩、寓意深长的品牌故事：

当年，苏轼常听父亲苏洵说起其好友任师中（任师中，讳汲，世家眉山。曾作新息县令），说他上任的地方是个“人好、食好、山水好”的“三好之地”，而息县素有“天下第一县”的美称，这令好吃好玩的苏轼欣喜不已，充满期待。

后来，时年已45岁的苏轼被贬谪黄州。元丰三年（1080）正月初一，苏轼从京城汴梁出发，正月十八日到距陈二百六十里的蔡州（今河南汝南）。过蔡州向东南走三百里，约二十日到达新息（今河南息县），探望任师中旧居。他一到息县，即被这里的美食美味所深深吸引，这也勾起了他的游兴。

于是，苏轼开始遍走息县，遍尝息县各地的美味佳肴。其中，最以息县坡（简称息坡）的“面”一直让苏轼啧啧称道，欲罢不能。饱览息县山山水水，遍尝息县美食美味的苏轼竟然萌生了要定居息县的想法。但转念思量，终因心系家国而作罢。

有了这样一段佳话故事，“息坡面”就不再是一种面的称呼了，而是和中国历史名人及传统文化融为一体，有了自己的品牌故事。

在营销活动中，无论你运用什么样的思维，都是为营销服务。而这样一种文化思维，无疑是一种比较讨巧的思维方式。

在品牌文化落地后，企业开始正式投产。

2016年6月，他们把实物包装等视觉识别系统的图片，传回到天堂鸟，以示品牌文化正式落地、面世。

对此，天堂鸟团队十分欣慰，祝愿千万顾客能像苏东坡那样深深地爱上“息坡面”。

第三节 神奇的情感性思维

我们策划的“东坡爱上息坡面”的品牌故事中，除了文化思维外，我们认为似乎还有一些情感性思维，只是不那么明显。

但发生在印度的一桩军火生意里，用情感思维营销的色彩就比较明显了。

事情是这样的：

法国有一位推销员，有一天奉命去印度。此前公司的一笔军火生意，已多次与印度方面谈判，却一直以失败告终。此去他的使命非常特殊：要搞定印方，拿回订单。

到达印度后，他与军界高层负责军火谈判的一位将军取得了联系。在电话里，他说：“尊敬的将军阁下，我将到加尔各答去，这次是专程来拜见您的。您如果能给我10分钟时间，我就非常满足了。”

两人约好时间，他准时来到将军办公室，却听见将军说自己很忙，别占用太多时间，态度长腔短调，倨傲不恭。

他却视而不见，不卑不亢：“将军阁下！您好，首先请让我向您致意，衷心地感谢将军对敝公司的态度如此强硬！”

他最后一句话里有话，让将军眼睛一瞪，颇为不解地看着他。

他不慌不忙地解释：“因为您使我有机会在我生日的这一天，得以回到自己的出生地。”

“哦！先生，您出生在印度？”听到对方故乡在本地，将军脸上才稍许缓和，嘴角也现出一丝微笑。

“是的，将军。正是这样。20 世纪 40 年代，我父亲是法国密歇尔公司派驻贵国的代表，母亲也一同来到了印度。

1943 年 3 月 4 日，我就出生在名城加尔各答，并且在那里度过了我最美好的童年。印度民风淳朴，民众热情好客，对我们全家关怀备至，至今还令我难以忘怀。”

对往事的回忆，让他动了真情：“记得在我三岁生日的那一天，收到隔壁一个印度老妈妈赠送的精致小玩具。那一天，我和印度小朋友一起骑在象背上，玩得十分开心……”说完，他的眼角似乎湿了。

将军被眼前这个印度出生的法国人的动情回忆感动了，就豪爽地邀请：

“尊敬的先生，今天是您的生日，而且要在我们印度度过，这真是一件喜事。我想请您一道共进午餐，以表示热烈祝贺。好吧？”

在去往饭店的小车上，法国人又从随身包里小心翼翼地找出一张泛黄的旧照片，放到将军眼前。

“将军阁下，请您看看他是谁？”法国人指着照片中间的人问将军。

将军一惊，立即认出：“啊！是我们的国父圣雄甘地啊！”

“对！请您再瞧一瞧左边的这个孩子，就是我。4 岁时，

印度将军激动了，紧紧地握住法国人的双手："太谢谢您了！感谢您对圣雄甘地和印度民众的友好感情！"

第二天，法国人志得意满地回国了。因为，他的随身包里放有一份将军签字的关于印度购买本公司军火的意向书……

父母领着我回国，途中非常荣幸地有机会和一代伟人圣雄甘地乘同一条船，这张照片就是当时拍下来的。它已成为我父亲最珍贵的礼物，一直保存至今。我这一次还要去拜谒圣雄甘地的陵墓，以表达我最崇高的敬意！"

这个法国人聪明透顶，其情感思维步步为营：先是说出自己的出生地，与将军寻求乡土地域共鸣；再次出示与甘地的合影，用政治情感炸弹，彻底攻下了将军据傲防守的堡垒，打通了"最后一公里"的情感通道。

在"真功夫"快餐还没有成为"真功夫"之前，餐饮市场上也就是麦当劳、肯德基等在市场上厮杀、混战。我们在繁华街头上也经常能看到，左边的店是麦当劳，另一侧可能就是肯德基。当时，有一个专走三四线城市的"麦肯姆"，店面一度开到了1000多家，老板开玩笑地说，我就是麦当劳和肯德基的老母。

情感产生信赖，信赖产生消费。这就是情感思维的效力。

但是，当麦当劳、肯德基进入二三线城市后，"麦肯姆"就渐渐地消失了。毕竟他的管理、他的品牌无法与这两家大品牌相抗衡。现在，我们几乎看不到"麦肯姆"的店面了。这让我们得出了这样的结论：如果你学老大，学到一定程度时，你再不创建自己的品牌，而缺乏营销性思维，就必死无疑了。

第二十四章

不觉悟就会耽误

——创意性思维（originalit）来自意义深远的核心价值

在日常生活中，如果我们买半瓶水，却要花整瓶的钱，一定会让人心里不太得劲，甚至干脆不去买它。

但有没有一种可能，你换个方式，人们就会对花整瓶水钱买来半瓶水“感冒”呢？这里当然少不了创意性思维！

第一节　品牌营销在创意

耐沃特公司（Life water），创建于美国加利福尼亚州，是一家著名的家庭饮用水处理设备生产企业，致力于研发家庭净水、饮水、生活用水技术。

美国有一家公司，就把半瓶水卖出了一瓶水的价钱。

这个故事是真实的。

这个公司渐渐发现：日常会议、聚会结束后，经常有人扔掉喝了不到一半的矿泉水，很多时候人们并不关注这些。

那些剩下的半瓶水，是不是可以捐助给缺水地区的孩子们？

他们统计到：每人每天扔掉的那些剩余矿泉水，累加起来几近于干旱少水地区近百万个儿童每天的用水量。绝大部分人平时半瓶水就足以解渴，剩下的水在不经意间浪费掉了。

不久，他们想出了一个点子，发起一项主题为“life water，make life more useful”（生命水，使生活更有用）的公益活动。

他们还重新设计了 7 款打印着缺水地区孩子形象的包装，让顾客体验到助人为乐的崇高，在买水时产生一种荣誉感和快乐感，让人内心深处那“勿以善小而不为”的善良、

原来，他们特意设计出新的瓶装水包装，每瓶水只装原来一半的水量。另一半呢，他们策划捐给那些缺水地区的儿童。这个创意一经问世，足以秒杀那些用文字标注“你每买一瓶水，就相当于向贫困儿童捐款多少”的创意。

同情心得以释放和满足。

“他们的销量增加了 652%。活动期间，53 万儿童收到了捐助，此次活动获得了 300 家媒体报道，超过 30 万人关注，Life Water 也因此获得了更多关注，品牌知名度大大提高，收获赞美无数。”事后，当地媒体如是报道。

创意上乘，公益可嘉，那顾客会对这花整瓶水钱买来半瓶水“感冒”吗？

耐沃特公司成功的原因在于：他们细致观察生活、洞察习惯的能力很强。一旦发现问题，就想办法解决，还要和创新、公益结合起来。

无疑，耐沃特公司发起的这个公益活动非常成功，显然比我们平时常见的小包装瓶装水来得更聪明。

一样的价格，一样的利润，却落得个“一举四得”：节约用水；又向顾客提供方便快捷的捐助通道，缺水地区儿童得到了水喝；企业品牌知名度大幅提高；营销业绩则直线上升。

据此，我们认为，品牌营销的关键还在于创新型的创意，而这些都来自于意义深远的核心价值。

2014 年，“冰桶挑战”一时占据了公众眼球，让“创意营销”撬动了传统传播，吸引了无数关注的目光，火遍网上网下。

时下，广告充斥在现实中、网络上，我们已经被无孔不入的广告“骚扰”得厌烦至极。此时，我们只有回归营销与传播的本源，拿出创新型的创意，才能拉回消费者，让我们的品牌营销再上一层楼。

其实，它的游戏规则非常简单：参与者只需要将一桶冰水从头向下浇下去。如果害怕就要向美国 ALS（肌萎缩侧索硬化症）协会捐赠 100 美元，如果挑战成功，就可以公开点名 3 个人参与挑战。被点名者必须在 24 小时内应战，否则也要向美国 ALS 协会捐款 100 美元。以此类推……

结果，谁也没想到，就在短短两周内，“冰桶挑战”迅速风靡美国巨富大贾阶层，一时成为社交媒体热得烫手的“头条”话题。

像富豪比尔·盖茨、苹果 CEO（首席执行官）蒂姆·库克、Facebook（脸书）的创始人马克·扎克伯格、微软 CEO 纳德拉及文体明星、社交名媛等各界名人纷纷参与挑战……

在中国，小米的雷军接受“冰桶挑战”后，即通过其官方微博公布：已向美国 ALS 协会捐款 100 美元。同时，他还向中国“瓷娃娃罕见病关爱基金”ALS 项目捐款一万元人民币。

而雷军的这一万元人民币，成为“瓷娃娃罕见病关爱基金”成立以来，收到的数额最多的单笔捐款之一。

而在“冰桶挑战”进入中国的短短一天半时间内，“瓷娃娃”就收到善款 4 万多元。

时至今日，“冰桶挑战”公益游戏的成功已毋庸赘述。

什么样的品牌创意性思维才会收到最佳效果呢？

一是创意要尽量简便可操作，尽量减少参与者的成本。

二是创意要有乐趣、有笑点、有亮点，内涵积极，使参与者开心，没有心理负担。倘若再有荣誉感、幸福感，就更会分分钟提高参与度。

三是创意结果可晒“朋友圈”。这类创意活动，首先要给参与者足以示人的主题，也要有可供参与者去影响其他人的思想和行动的内涵。

众所周知，奔驰、宝马历来是一对冤家对头，一直在明争暗斗、针锋相对地竞争。

所以说，真正上乘的创意，落地时可能就是一个最简单的思想果实。

2014 年 6 月，在世界杯期间，宝马、奔驰却不约而同地同时贴出为德国队加油的“We are one team”（我们是同一个国家）主题的官方微博。这种为支持自己的国家握手言和的举动，让球迷们大为感动、敬佩。与此同时，奔驰、宝马还分别以国家之名对球队进行各种致敬，而且似乎谈好了“分工”：奔驰向自己的国家足球队球星致敬，宝马则向一个个被淘汰的球队敬礼。

显然，他们既有分工也有竞争。在他们的各种营销动作中，都不动声色地推广着自己品牌汽车的主要性能和最具特色的优点。

两家共同精心策划了这一次的世界杯营销，用了不少心思。这种变对手为朋友的营销也是取得双赢局面、提升品牌思想境界和高度的典范，被网友惊呼为“奔驰宝马世界杯基情四射”。

这样的创意性品牌营销思路实在是高明得很。

第二节　法国白兰地的思维

20 世纪中叶，法国白兰地（Franch　Brandy）进入美国的“荣誉式营销”也可圈可点：

1950年，法国企业界开始策划白兰地酒进入美国市场。

一直以来，白兰地酒在法国国内享有盛誉，畅销不衰。

不过，现实很残酷：如果一个国家的产品要想打入另一国家的市场，首先就会碰到该国市场的本能抵制。

他们策划了利用美国总统艾森豪威尔67岁寿辰这个时机，决定用专机将两桶窖藏达67年的白兰地酒空运到美国，向美国总统献上这一来自法国的特殊寿礼。

如何让白兰地酒进入美国的市场？生产厂商悄然请来各界专家进行策划。经过调研，策划团队决定：采取独特的进入方式、打入美国某一个影响力巨大的场合，从感情方面入手，造成轰动性的舆论氛围……

在艾森豪威尔总统寿辰前的一个多月，美国百姓就开始从各种媒体上了解到寿礼酒将进入美国的信息，全美国上下都开始有所期待。

作为法国白兰地交接地的白宫，其气氛更热烈，到处都是一派喧闹场面，人们笑容可掬，挥动两国国旗等待“白兰地”。

1957年10月14日，运酒专机抵达时，整个华盛顿一下子就开始“过年”了：街道两旁竖起彩色标牌，“美法友谊令人心醉”“欢迎您，尊贵的法国客人”，甚至还有广告牌上画着美国鹰与法国鸡干杯的动画画面，主要街路的商户也纷纷挂起美法两国国旗。

白兰地酒赠送仪式开始了：

白宫花园里，4 个潇洒倜傥的法国小伙身着本国传统宫廷侍卫服装，抬着两桶白兰地，神情庄严地正步进入白宫。艾森豪威尔率领同僚亲自迎接生日厚礼，整个白宫群声沸腾，歌声和欢呼声响彻云外。

至此，法国白兰地成功打入美国市场。

从此，白兰地酒在美国成为国家招待用酒，一些美国百姓以能品尝到白兰地酒为荣，在美国各种层次的宴会上、商场里、饭店里，甚至是家庭餐桌上，白兰地酒身影频现，日渐风行……

法国人出奇制胜的创意性营销思维令人称道：大打感情牌，送礼给总统；不是商品是寿礼，美国民众从心理上没有理由拒绝，这是首要的成功缘由；再者，白兰地酒的高尚品质，也是后期白兰地酒风行一时的重要前提。因为美国人相信：法国人断断不会把烂酒送给总统，白兰地一定是好酒。

于是，白兰地酒的品牌形象在民众的一致推崇下悄然清晰，不胫而入口入心。

这种求异思维，极具创意性，赢得了出奇制胜的奇效，值得中国中小品牌企业借鉴。

同样是感情营销，谷歌做得更绝。

2014 年 6 月间，一个小女孩给在谷歌工作的爸爸的上司写了一封信：

亲爱的谷歌，你可以在我爸爸上班的时候，给他放一天假吗？比如让他在周三休息一天。因为我爸爸每周只能在周六休息一天。

凯蒂

附笔：那天是爸爸的生日。

再附笔：这是夏天（暑假）。

就这样一封信，一般会认为是恶作剧，但谷歌竟回复了。

2014 年 6 月 17 日那天，小女孩收到了爸爸上司的回信：

亲爱的凯蒂，感谢你的来信和你提出的要求。你的父亲在工作上一直很努力，他为谷歌和全世界千千万万人设计出了很多漂亮的、令人欣喜的东西。鉴于他的生日已快到来，以及我们也意识到了在夏天挑个周三休息一下的重要性，我们决定让他在 7 月的第一周休假一个星期。

祝好！

丹尼尔·席普蓝克夫

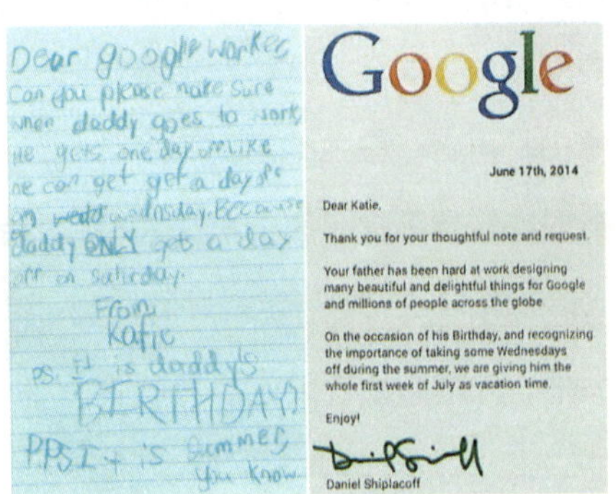

Dear google worker

Can you please make sure when daddy goes to work he gets one day off like he can get get a day off on wednsday. Because daddy ONLY gets a day off on saturday.

From,
Katie

PS. It is daddy's BIRTHDAY!

PPS It is summer, you know.

Google

June 17th, 2014

Dear Katie,

Thank you for your thoughtful note and request.

Your father has been hard at work designing many beautiful and delightful things for Google and millions of people across the globe.

On the occasion of his Birthday, and recognizing the importance of taking some Wednesdays off during the summer, we are giving him the whole first week of July as vacation time.

Enjoy!

Daniel Shiplacoff

这个一问一答、一来一往式的来信复信，一下子击中了人们内心最柔软的那个角落，在 Facebook、Twitter（推特）等社交网络上得到大量转载，Google 搜索到的相关记录也超过 7500 万条。

就此，谷歌甚至没花费什么成本，人们也不忍心推定是谷歌的推广广告，其效果却可与大手笔投入相媲美。

就是这样一个看似信手拈来的简单故事，竟出人意料地在全球范围内得到了广泛传播，不动声色地在人们的记忆里留下了深刻印象：一个小女孩为父亲请假，实在感人至深。

回归内容，回归人性，是创意营销要着重考量的因素。

能够打动人心的，最终还是人性美、人情美。

所以无论你在哪个行业，也不管你做什么品牌，也不管你搞什么思路的营销活动，如果能拿出有人性、人情的，极具个性的创意性思维来，基本就成功一半了。

人内心是相通的，这条通道就是人性、人情。

主打情感牌的营销从来不会落后，且是创意性思维中的主要架构。只是需要我们出新、出奇、出其不意，以攻陷人内心最柔软的那个角落，完成品牌在消费者心目中的“注册”。

当然，无论你是什么模式的营销，都要有持续强势、把握个性的推广思维，要有数量可观的传播广告。像上述小女孩的信，如果转载数量少的话，就不会有后来那么可观的营销效果。

第三节　消费者认识你吗

强大的传播打造出强大的品牌，强大的品牌会改变消费者对产品，尤其是品牌文化的认知。

在这里，你是谁不重要，消费者认识你是谁才最重要。

认知与事实之间自然有距离，但许多时候，认知大于事实。所以，我们要注意在营销思维中，经常转换思维的角度去看产品。

倒盆洗脚水洗脸，不行。但是滋源的“洗了一辈子头发，你洗过头皮吗”，这种转换角度看产品的创意性思维，有时却能准确地找出产品亮点。

2002年，三一集团开始研制挖掘机。几年后，他们的销量达到了全国第六。

三一集团的危机意识很强：对手太强大，不进则退。

三一集团强有力的竞争对手是：日本小松 (Komatsu)。

他们调研过小松的质量，认为自己有把握超越它，但行业第六的位置，想击败销量第一的小松，谈何容易？

他们出人意料地确定了一句广告语："三一挖掘机全国销量第一！"

他们在研究小松时意外地发现：日本侵华时，他们在挖掘、掠夺东北煤矿资源时，用的就是小松煤矿设备……得知这一消息，农民兄弟终于义愤填膺，纷纷把目光转向三一挖掘机，一时间订单潮涌般到来……

2010 年 1 月，三一挖掘机果然销量达 20614 台，如愿以偿地高居行业第一名。

当初对"第一"说法提出过质疑的人，这才开始渐渐明白了一些什么……

于是，我们认为打造品牌必须要走好"四部曲"：

（1）确立正确的品牌核心价值。

（2）用优秀的推广策略表现这一核心价值。

（3）重复推广，积累重复效果。

（4）强化消费者心目中一对一的品牌联想。

这里就涉及什么是品牌愿景的问题。

品牌愿景，是指一个品牌为自己确定的未来蓝图和终极目标，是对品牌的所有显现和潜在目标受众，使用品牌的终极欲望的表达和描述。

品牌愿景与企业愿景有什么区别呢？

企业愿景，是指企业的长期愿望及未来状况，组织发展的蓝图，体现组织永恒的追求，是企业的最高管理者对于企业未来的设想。

因此，企业愿景可以划分为三个层次：

两者的区别在于：企业愿景，是从组织的角度出发，描绘企业作为一个整体的发展目标；而品牌愿景，则是从受众角度出发，不仅代表员工的共同愿望和目标，更表达自己希望能够得到所有目标用户的认同。

上层是针对社会或世界的。

中层是针对经营领域和目的的。

下层是员工的行动准则或实务指南。

品牌愿景则必须与企业使命、价值观和愿景描述保持一致。主要由品牌蓝图、品牌范围、品牌价值观组成。

企业愿景包括两部分：核心信仰（Core Ideology）、未来前景（Envisioned Future）。

核心信仰，包括核心价值观（Core Value）和核心使命（Core Purpose）。它规定了品牌的基本价值观和存在的原因，是企业长期不变的信条，如同把组织聚合起来的黏合剂。核心信仰必须被组织成员认同，它的形成是企业自我认识的一个过程。核心价值观是一个企业最基本和持久的信仰，是组织内成员的共识。

未来前景，则是企业未来10~30年欲实现的宏大愿景目标及对它的鲜活描述。

亚瑟·叔本华说过：“世界由两部分构成：一部分是表象，一部分是意志。意志是起决定性作用的，任何表象都只是意志的客体化；意志永远表现为某种无法满足而又无所不在的欲求，世界的本质就是某种无法满足的欲求。”

于是，出现了品牌欲满足人们无法满足的欲求，而人的欲求又永无止境。于是，品牌成为可传世的文化，甚至可以继承。因为民众需要伟大的品牌，以满足他们的欲求，满足他们对快乐与幸福的追求。

当然，市场竞争还有两个层面：一是产品竞争，性能和价格上的竞争；二是品牌竞争，心理感受上的竞争，并有明确的附加值。

由产品、品牌两个层面的竞争出发，我们综合考量，才能提炼出品牌愿景。

什么是产品真相？即和消费者紧密联系的具体功能属性。这些属性必须被识别，并被仔细且清楚地表达。

下面6个问题，把它搞清楚也就找到了产品真相：

（1）这个产品怎么样？里面有什么、没什么，为什么这样设计？

（2）这个产品服务的特性是什么？如何使用？

（3）这些特性带来了什么好处？

（4）竞争产品服务之间的相似或者不同点是什么？

（5）能感觉到的真正的不同是什么？

（6）他的使用者是谁？

因此，我们认为，对于品牌，对于品牌思维，对于品牌产品的真相，不在觉悟的路上，就在耽误的路上。

第二十五章

“微信买红薯”与“赭橙进京”

——互联网思维（internet）下的品牌观

回顾过去，我们已经走过了工业革命的“四个阶段”：

大规模生产的第一次工业革命、电气化生产的第二次工业革命、自动化生产的第三次工业革命和定制化生产的第四次工业革命。

这些阶段，有的中国并没有深刻或深入地经历过，但中国自己却经历了 20 世纪以制造为导向的计划经济时代，到后来以渠道为导向的市场经济时代，突然就进入了 21 世纪以需求为导向的网络经济时代。

第一节 烤红薯大爷火起来

原来，这位大爷在摊位上打出了“互联网＋烤红薯”招牌，支持微信、支付宝支付……或许是人们觉得特有时代感、喜感，就拍了照片传到网上，被频频转发后，大爷意外地火了。

2016 年年初，河南南阳街头卖烤红薯的一位七旬大爷火了。

“互联网 +”时代，这个烤红薯大爷的互联网营销思维，瞬间变成“高大上”的科技时代产物。对此，网友纷纷感叹：大爷都如此拼，自己还有什么理由不努力呢？

其实，网友的理解有失偏颇：那位大爷值得点赞的并不是“拼”，而是他的移动互联网思维，跟上了时代科技的发展。试想：如今 90 后还有几个手拿现金买东西的？卖红薯大爷跟进移动互联网，方便少男少女街头点击手机支付，不然，老大爷会丢失大部分“客户”啊……

也有网友点赞很到位：“大爷太会拓展生意了！为大爷的机智点赞！”“大爷，好潮！有商机有头脑，给大爷一个大写的棒！大爷是咱南阳‘互联网＋’创业的优秀典范啊，值得我们学习！”

如今，移动互联网已经日渐融入百姓生活，成为这个时代最鲜明的烙印。也有网友评论烤红薯大爷：“这不就是‘大众创业、万众创新’的生动写照吗？”

一个红薯，一大智慧，互联网与烤红薯成功结合在一起了，不由得让人对“互联网 +”又有了全新认识：这就是时

代浪潮的力量，科技正在毫不留情地改变人类的生活。

于是，有网友一针见血地指出：如果今天的企业或员工不借助互联网平台发展自己，那么，未来也许这位烤红薯的大爷都可以打败你！

如今的移动互联网究竟怎样影响我们的生活？

原来，人们出行不易。但现在你只要在手机上安装一个滴滴软件，说走就能走。于是，移动互联网改变了人们的出行方式。

原来，我们购物只能到商场、超市。今天，只要你想，你就可以24小时在线购物。于是，移动互联网改变了我们的购物方式。

原来，外出吃饭，人们要现金结账。现在，可以在家里团购、在线选座位，还可以享受优惠。于是，移动互联网改变了人们的休闲娱乐消费方式。

原来，人们去银行交水电燃气费，要在那里排队。现在，坐在家里用手机就可以交完这些琐碎的费用。

移动互联网真真切切地改变了人们的生活方式。

……

现在，网上网下充斥着O2O、VR（虚拟现实）、大数据、微商、物联网、机器人、3D（三维）打印……我们已经被现代科技所包围，你想逃离都没有可能。

据第37次《中国互联网络发展状况统计报告》显示：截至2015年12月，中国网民规模达6.88亿人，手机网民规模达6.19亿人。

于是，我们认为，品牌建设也要有互联网思维。

根据国家工业和信息化部公布的《2016 年 1 月份通信业经济运行情况》统计：移动电话用户规模达到了 12.8 亿，其中，80 后 +90 后 +00 后占据了 73.6%，三线以下城市占比达 49.3%。由此我们可以得出结论：年轻一代已经主宰了移动互联网。

2016年“3·15”期间，“饿了么”因违规被曝光。

先不说“饿了么”是否违规，只说它的思维模式，为什么稍具互联网思维的餐饮商家都要入驻“饿了么”，因为它是个互联网平台，如果年轻人网上订餐，就会登录“饿了么”。

所以说，品牌也要有互联网思维。品牌注定要有时代气息，要与时俱进。

科技的发展，一直就是人类社会发展的推动力。

第二节　谁在改变我们的生活

互联网就这样以迅雷不及掩耳之势、改变一切的力量，在全球范围内掀起一场影响我们个人、企业、社会等各个层面的科技巨浪。

移动互联网具有这样的特点：

任何人任何物永远在线，任何时间任何地点随时互动。

而互联网最大的影响在于：通过提高沟通效率的方式，消除了距离。传统经济的商业距离是地段，PC（电脑）互联网的商业距离是流量，而移动互联网的商业距离就是时间了。

如此，我们也可以列出如下的等式：

营业额＝地段，地段，还是地段

营业额＝流量×转化率×客单价

营业额＝用户×时间×消费

最后一个等式就是互联网时代的等式。因此，互联网最大的价值就是连接。

在移动互联网环境下，企业品牌传播首先要注重整合。我们想一想：以前，企业品牌只要登陆CCTV进行一番“狂轰滥炸”，就会让自己的品牌最后达到家喻户晓的目标。

所以，现今的品牌传播，不仅要具有视觉、听觉、移动性，而且品牌传播的连接节点，也有了互联网、移动互联网、电视、报纸、杂志、广播、体验、促销、社区、路演、口碑营销等渠道。当然，其原则是线上线下要协同一致，同心发力。

互联网对经济生活就是能起到这样的作用：

（1）打破信息不对称。

（2）去中心化、渠道、媒体。

（3）从争夺空间到争夺时间。

（4）社群成为主流。

据统计：现在每天人们使用移动互联网104分钟，而使用电脑或笔记本上网100分钟，其次才是看电视、用平板设备、阅读报纸和杂志，最后才是听电台。

但时至今日，随着移动互联网时代的到来，消费者接触信息渠道平添无限变数，品牌传播路径也只能一变再变。这时，品牌如果还采用过去那种传播方法，已经很难到达目标受众那里了。

因此，必须要懂得：互联网直面而来，预见才能遇见。否则，势必要被时代所抛弃，被科技所淘汰，进入恶性循环发展之路。

第三节 互联网下的品牌运营

以下是我们归纳出的互联网思维下的“品牌运营十大办法”：

第一个办法：“粉丝为主是中心”。

互联网时代，你虽然不能也不用与消费者面对面，但是他们是客观存在的客体，你必须一如既往地服务好自己的“上帝”，以人为本，深度理解客户，得到消费者的认同，有了认同人家就会来“拍”你。

粉丝，是火了好长时间的词汇。同样，在品牌经营中，“上帝”已经被粉丝所替代。而且，这种粉丝一旦跟定了你的品牌，比“上帝”还要有黏性，轻易不会扭头而去。

因为互联网情境下，粉丝的忠诚度极高，一旦他们忠诚于你的品牌，就会成为你的“回头客”，而且轻易不会变换“城头大旗”。

所以，可以说：得粉丝者得天下。

此时的“粉丝经济”，是需要品牌运营者拿出专业精神，吸粉不掉粉，真正站在粉丝角度想问题，努力让粉丝体验到你品牌的真诚、产品的品质和无微不至的服务，让粉丝一直爽到底，让他们有切身的品牌和产品的体验感觉。

像微信新版本一再更新后，添加的新服务，几乎全是针对粉丝而来的服务，这就是典型的“用户体验至上”服务，就是典型的品牌互联网思维。

褚时健，红塔集团原董事长。

2012 年 11 月，褚时健的“褚橙”通过电商开始售卖。

2012 年 11 月 5 日，褚时健种橙的第十个年头，“褚橙”首次大规模进入北京市场，即“褚橙进京”。了解褚时健故事的王石等一大批企业家，开始转发相关文章，让褚时健的励志精神辐射到更广的人群中。电商还邀请来蒋方舟等 80 后励志人物，拍摄了“80 后致敬 80 后（特指 80 多岁的老人）”梦想传承系列视频，并在网上迅速流传开来，一时引起网友的大量点击……

后来，多地“褚橙”开始提前预售，掀起了一场“橙色风暴”。在一次接受媒体采访时，褚时健希望自己在 90 岁时，让更多人吃到“褚橙”。

2014 年，“褚橙”庄园修建完成。

他是中国很有争议性的财经人物，曾经是有名的“中国烟草大王”。1994 年，他被评为全国“十大改革风云人物”。1999 年 1 月 9 日，他被处无期徒刑、剥夺政治权利终身，后减刑为有期徒刑 17 年。2002 年，保外就医的褚时健承包了一片 2400 亩的荒山，种起了橙子，而这一年他已经 70 多岁。

“褚橙”的粉丝都是非富即贵的人物，粉丝影响力巨大。加之授权电商的组合营销，于是，“褚橙”火了，褚时健再次成为风云人物。

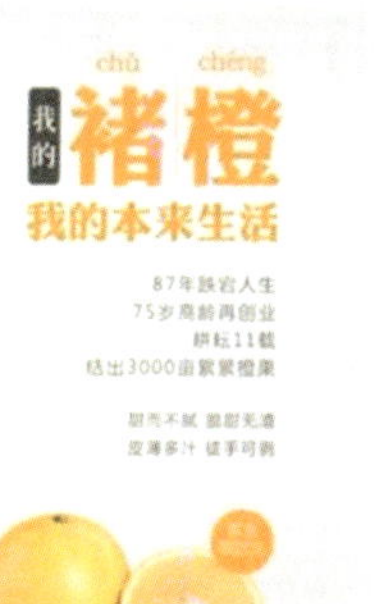

2014年11月，褚时健传记《褚时健：影响企业家的企业家》正式出版发行。

2014年12月18日，褚时健荣获由人民网主办的第九届人民企业社会责任奖特别致敬人物奖。

……

由此可见，粉丝的力量，决不可小觑。

粉丝，也是不折不扣的“上帝”。

第二个办法：“闪婚闪恋一生情”。

这是一个急功近利、心态浮躁的时代，所以，如果还习惯于用过去慢时代的节奏运营你的品牌，推广你的产品，一定会失败。必须如同闪婚一般的速度抓住它，自然，“闪婚”需要“闪恋”做基础。如此，品牌定位就要专注、简单，突出一个让消费者选择你的理由，一个就足够。我们产品推广就要简单，品牌定位就要准确。

越简单越准确的文化就越容易被人理解，越容易被传播。

像前文提到过的耐克，只有区区的一个“钩子”，但绝不耽误联想到它的品牌。

这就是最简单的品牌文化，最容易被人记住的品牌。

第三个办法：自我超越要口碑。

产品需求要想用户所想，一直抓住顾客需求，在产品上超越自己。如汽车自动落锁器，有个品牌的电子落锁器，买回来，自己插到相关插孔上即可，这就抓住了用户不想费事还想安装一个落锁器的矛盾，解决了，自然卖得就火。

还有的品牌卖化妆品，赠送一个粉扑，非常贴心，这是要口碑的节奏，也是拉住“回头客”的办法。

第四个办法：免费策略争用户。

免费，是释放人类爱占小便宜人性的最方便之门。

当然，不是所有企业都能用免费吸引消费者的目光，这也要看你自己的资源和产品类型而定。如果不能满足消费者需求，效果肯定也会大打折扣。

但是，一般人想不到，其实，免费才是最巧妙的收费方式，只不过那费用被转嫁到第三者头上而已。而用户才不管谁付费，自己免费谁管其他？

第五个办法：坚持到底求胜利。

互联网情境下，任何产品只要其客户数量多到一定的量，必然会引发质变，给自己带来绝佳商机或品牌价值。

第六个办法：互联企业求创新。

可以想见，随着未来科技发展的突飞猛进，所有企业都将无一能幸免移动互联网的“洗礼”，也不会再有什么互联网企业，也不会有人还坚持自己是“传统企业”。未来，所有企业都将是互联网企业 。

近年来，国内互联网行业斩获颇丰，电子商务企业、新媒体企业都吸引了无数眼球，加之政府对创新型企业的空前重视，更是引导企业向“互联网+”靠拢，从中寻求生存发展的空间。

所以未来的企业经营者，如果不具备互联网思维，不在互联网情境下追求创新、发展，那确实很危险。

第七个办法：深度参与“发烧友”。

像小米手机，在研发过程中，即让用户深度参与其中，培育粉丝种群，一旦产品上市，粉丝种群就能迅速扩展人群及地域，形成“粉丝经济”。

小米，就这样在粉丝中悄悄地“不明不白”地火了起来，进而影响到了市场。

第八个办法：“阿米巴”群策群力。

可以看到：互联网企业改革，都在践行“阿米巴理论”。比如，海尔把 8 万多人分拆成 2000 个经营个体，阿里巴巴已分拆为 25 个事业部，腾讯则规划出 6 大事业群……这都是在发掘企业里每个人的全部潜力，所谓群策群力，让每个人都成为自己的 CEO。

人多力量大。这样，特别有利于企业创新，集中各种各类的智慧，优化每个人的智力，让每个人都“脑洞”全开。

第九个办法：并购收购“滚雪球”。

时下，全球信息服务发达繁荣，互联网企业应当适时跟进各项科学技术的发展，从中找到各种机会，再迅猛出击，布局全球，寻求更大的发展空间，带领自己的品牌冲出包围圈，冲出红海，冲到国际竞争市场的大舞台上，找到自己的那片新天地。

第十个办法：关注信息“千里眼”。

互联网思维的时代，企业就不应该再囿于一时一地“窝里横”，而要放远眼光，放长眼光，聚焦世界，眼收全球。

因为，在移动互联网方兴未艾的年代，任何环节的信息交流都会以加速度出现，信息传输的效能，也成倍地翻着跟头渗透进各行各业。

如果我们不能关注到每一个信息群，不能敏感地分析出何时何地、何种路径适合企业出击，结果就是不仅做不成国际品牌，也会被人家笑话“思维太 low（低端）”了。

互联网，本来就属于信息技术的范畴。前面探讨过信息技术带给人们在生产、生活等方面的巨大影响，以“互联网思维”面对现实。但其实用“学习型思维”替代一下“互联网思维”，似乎更为准确，这也是我们国家一直在提倡建立“学习型企业”“学习型组织”的缘由。

总之，如今互联网时代之下，无论品牌建立，还是后期运营，都将不同程度地受到“互联网 +”的影响及鞭策，如何适应移动互联网的要求，走出企业自己的一条路来，确实是一个大课题，也是一场大考验。每个企业，每个品牌，都将交出不同的答卷。

因为只要学习了，你就不会low，就会永远走在时代的前面。当然，我们还得会学习，别不差钱却稀里糊涂当了“冤大头”，那也是low的表现。

第四节　互联网里有情感

这场大考验，2014 年的“三八”节前后，有一家企业就考赢了。

百雀羚，创立于1931年，一个老品牌，是上海百雀羚日用化学有限公司（英文缩写：SPDC）旗下品牌。2008年，百雀羚曾获“中国驰名商标”称号，此前已连续两次获“上海市著名商标”。

2014 年 3 月 8 日那天，百雀羚在天猫上却用互联网思维，一天就卖出了 380 万元的产品，销售额居同类品牌第一名。

原来，2014 年“三八”节前一个月，“百雀羚旗舰店”决定搞一次“事件营销”。做事件营销要先确定一个“话题”，让别人觉得特别，主动传播。

最后，他们决定采用“落差法”。他们认为：百雀羚，是一个国货老品牌，一向比较“正经”，甚至有点古板，似乎和互联网不那么搭界。但当百雀羚某天突然“不大正经”时，会不会让人大跌眼镜？

2014年2月28日凌晨，他们店铺店招、首页轮播图等店铺最显眼处，全部悬挂起“选择百雀羚，美过黄永灵”的广告，站内外广告也同步投放。

于是，他们开始“不正经”起来。

“黄永灵”，这个名字一夜之间铺天盖地，无数消费者和同行好奇地开始询问客服：黄永灵是谁？

他们决定：要把关子卖到底，有关于“黄永灵是谁”的问题，客服一律恕不奉告，只回答3月8日揭晓答案。有好事者就去找“度娘”，结果也一无所获。

人性就是如此：当人的好奇心无法被满足时，就到处找答案，自然就无意中充当了传播者。人们的好奇心开始发酵，传言四起：黄永灵是百雀羚新代言人、是内地某女演员……

但百雀羚方面并没有就此罢休，反而为扩大话题，又在微淘和帮派开帖，让网友参与有奖投票和竞猜。

3月7日，店铺首页轮播图开始以“撕纸”形式一步步揭开黄永灵的神秘面纱。

客服接单转化率此时却跌得很惨。百雀羚方面认为：该

店里也涌进一大批只“追星”不买东西的，客服主管说场面快控制不住了！

3月8日，最后一步：黄永灵身份正式揭晓。原来，黄永灵既不是明星，也非话题人物。她不过是百雀羚旗舰店的一名文案，出身平凡，长相一般……

让“明星”黄永灵亮相了！

经过前期留悬念、卖关子，粉丝们都以为此黄姓明星一定是个大人物。

网友们瞬间惊呆：追了10天的“明星”，竟然是普通人一枚。

原来，黄永灵只是一个文案人员，2012年9月才来到店铺工作。她性格腼腆，没什么工作经验……历尽种种磨炼，几乎成了一个女汉子！不到一年时间，就从一个菜鸟成为文案组主管。如今，她工作能力出色，谈吐幽默自信，且极具自黑勇气，是团队名副其实的开心果！

他们知道，此时必须把故事圆起来，让人信服，不然可能会有人来“砸场子”。

百雀羚方面出面释疑：

虽然她相貌一般，但那由内向外散发的自信心，成为她身上最美的特质。

黄永灵，就是所有普通却自信的女人代表。

只要有自信，每个女人都是美女。

随后，百雀羚方面又打了几个组合拳，贩卖黄永灵的自信：

粉丝们见证了一个平凡女孩，只因自信就被当作明星一样来宣传。于是，他们明知黄永灵是平凡女孩，但追捧热度不减反增。

当天所有购买的包裹里，都放入一面有黄永灵卡通肖像的定制版化妆镜，让买家每天照镜子时提醒自己要自信；还有一封黄永灵的亲笔信……

又一个互联网思维也诞生了：卖产品卖不过服务，卖服务卖不过情感。

于是，一个百雀羚“自信是女人最好的护肤品”的理念，悄然而生。

由此可见，互联网思维里也有情感文章可做！

第二十六章

处处都有文化墙

——用文化性思维（culture）找到共鸣

今天的科技浪潮之下，诞生了一大批电商企业，经过十多年的大浪淘沙，成长为大鳄的电商只有几家。而这几家，却各有自己特色的文化，如核心价值主张、企业使命、企业愿景等。

第一节　品牌文化与企业文化的区别

先看一下著名的京东商城的企业文化：

京东商城，于2004年正式涉足电商领域，经过近9年的行业深耕，于2013年3月完成了企业文化建设。

首先，他们确立了价值观：

客户为先

诚信、团队、创新、激情

企业核心价值观：

客户为先

企业使命：

让生活变得简单快乐

企业愿景：

成为全球最值得依赖的企业

与此同时，京东域名也正式更换为jd.com，并推出一只名为“Joy”（快乐）的京东吉祥物。

Joy，寓意是一只能为大家带来快乐的金属狗，可以给客户带来轻松、省心、放心和快乐的购物体验，承载着京东对各位网友的承诺和努力。狗向来以对主人忠诚而著称，同时也拥有正直的品行和快捷的奔跑速度。于是，Joy成为京东化身，代表坚持“客户为先”，努力提升用户体验，不断

2016年7月中旬，京东集团首席执行官刘强东在央视《对话》中说道："……京东要做全球最好的用户体验：一是快，二是真。"由此可见，京东一直在坚持自己的企业价值观定位，且一直努力至今。

为大家带来惊喜和欢乐。

因为富于文化定力，现在的京东业绩惊人：

2014年5月，京东集团在美国纳斯达克证券交易所正式挂牌上市，是中国第一个成功赴美上市的大型综合型电商平台，并成功跻身全球前十大互联网公司排行榜。2015年7月，京东凭借高成长性入选纳斯达克100指数和纳斯达克100平均加权指数。

2015年，京东集团市场交易额达到4627亿元，净收入达到1813亿元，年交易额同比增长78%，增速是行业平均增速的两倍。京东，是中国收入规模最大的互联网企业。截至2015年12月31日，京东集团拥有近11万名正式员工，业务涉及电商、金融和技术等多个领域。

企业文化及品牌文化有何区别？

企业文化（Corporate Culture），是企业由其价值观、信念、仪式、符号、处事方式等组成的其特有的文化形象。

品牌文化（Brand Culture），指通过赋予品牌深刻而丰富的文化内涵，建立鲜明的品牌定位，并充分利用各种有效的内外部传播途径，形成消费者对品牌在精神上的高度认同，创造品牌信仰，最终形成品牌忠诚度。

人们有理由相信，京东的发展与强大、刘强东的"做全球最大的最可信赖的企业"的愿景目标，指日可待。

我们为企业引入品牌建设时，要充分重视企业文化建设及品牌文化建设。

可见，企业文化是针对整个企业的，是与生俱来的。品牌文化主要针对的是品牌，体现了企业的外在宣传、整合优势，是企业文化的子系统。

拥有品牌忠诚，就可以赢得顾客忠诚，赢得稳定的市场，培育、增强企业核心竞争能力，为品牌战略的成功实施提供强有力的保障。

第二节　企业文化的“四个层次”

企业文化由企业形象、企业行为、管理制度和企业价值观“四个层次”组成：

企业形象层：包括企业的名称、标志、广告、宣传画册、办公环境以及员工服饰等，通过这些形象表现出来的文化，称之为形象层或物质层。

企业行为层：企业的经营作风、精神面貌、人际关系、行为习惯等。

管理制度层：企业拟定的用以保障企业正常运转的各种规章制度，我们称之为制度层，它是企业文化的基本保证。

企业价值观层：企业在长期实践过程中所形成和遵循的基本信念和行为准则，是企业对自身存在和发展意义、企业目的、企业员工和顾客的态度等问题的基本观点，以及判断企业和员工行为的标准。

品牌文化则是在品牌的建立、品牌的传播、品牌的维护、品牌的再生等过程中精心策划形成的。

企业文化能影响品牌文化的建立，而品牌文化在运行过程中也能对企业文化产生一定的影响。

一般情况下，消费者大多不太关心企业理念是什么，但会关心品牌在使用价值上能否让自己得到满足。

品牌忠诚度受多种因素影响，企业文化就是其中的重要因素之一。

因此，宣传企业文化可以帮助消费者相信品牌品质，进而培养顾客品牌忠诚度，便于顾客对品牌形象的理解。

比如，我们上文中提到过的华为，凭借他们对理想的狂热追求、崇尚技术与竞争精神的价值观吸引了公众目光。

虽然华为品牌推广举动并不多，但并不妨碍华为成为中国电信领域最著名的企业之一。

2015 年 10 月，天堂鸟品牌策划与邦嘉 (BANNER) 长春建材有限公司合作。

因为人们对华为的印象多是建立在其企业文化基础上，特别是总裁任正非对内教育员工的一篇文章《华为的冬天》，给人留下了深刻印象。

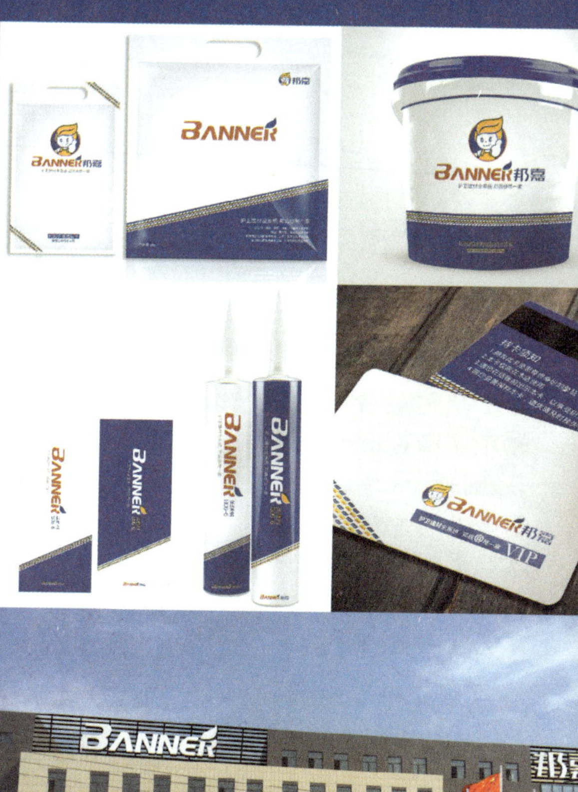

护卫建材全系统

邦嘉@每一家

我们在对企业进行调研时，认为企业应该用文化符号体现其品牌本质。

文化符号，是人人都看得懂的符号，人们多按照它的指引行事，它可以轻易地改变消费者的品牌偏好；也可以在短时间内发动大规模地购买，也可以让一个新品牌在一夜之间成为亿万消费者的朋友。

这个企业是东北地区最早的聚合物干粉制造商之一，专业从事新型防水材料研制开发、生产、销售、施工的高新技术企业。

文化符号，是品牌的文化精髓。用品牌嫁接文化符号，激发人的整体性经验，将文化符号运用于品牌建设与营销传播中，将爆发不可思议的力量。

如果人类不曾建立"品牌"，那么用"符号"来表述这一领域，或许还更为准确些。

符号功能一：识别、标签和指代。

符号功能二：浓缩信息。

符号功能三：影响人的行为。

文化符号这三个功能，其实也是品牌的功能，这就是文化符号在品牌战略中的巨大价值。

用文化符号，还可以降低品牌传播的成本。

（1）每个人首先记得的都是同一个符号。

（2）易记记牢，不容易忘记。

（3）直接代表品牌的身份及其价值。

我们研究文化符号，就是谋求将记忆碎片中的最小一片，打造成一个独特、富于个性化的文化符号，最终达到三个效果：

所以，我们称文化符号为"最小有效记忆单位"，用以提高记忆和传播的效率和准确性，同时，极大地降低记忆和传播成本。

基于以上认识，我们为邦嘉确定了其文化符号：

节能环保叶

此外，我们还对企业名称"邦嘉"进行了言简意赅的解读：

邦：家装建材好帮手。

嘉：千家万户，谐音同"家"，意指企业之家，百姓之家，人类之家。

我们就是要用文化挖掘到企业品牌与消费者的共鸣点，提炼其精髓，最终完美落地，把精神文化转化为视觉符号。

据此，我们确定了“邦嘉”企业愿景：

邦嘉建材　引领全球

对于企业合作伙伴来说，“邦嘉”则要帮助千家万户，表达远大目标，给员工以向心力、凝聚力。

对于社会责任来说，“邦嘉”则要引领中国建材行业走向世界。

这个企业愿景，对于企业意味着不局限企业地域及产品，更加明确了企业责任，担当起高度责任，使企业立足世界去发展。

我们为企业梳理出了常规的价值主张：

环保建材+时代主题+互联网+

于是，就确立了“邦嘉”品牌的核心价值主张：

环保建材+互联网+

据此推导出：

护卫建材全系统　邦嘉@每一家

针对企业的防水系统 + 瓷砖黏结系统 + 其他系统的品牌产品定位则为：

安全　绿色　贴心　便捷

放心　省力　全面　稳固

……

2014年11月，李克强总理出席首届互联网大会时指出：互联网是“大众创业、万众创新”。而这一提法后来也成为2015年“两会”政府工作报告中的重要主题，被称作中国经济提质增效升级的“新引擎”。基于这样的认识高度，我们聚焦时代，于是，为“邦嘉”确定了其企业使命：

护卫系统性　与时建材

释义为：为社会提供最好的产品与服务，打造绿色健康环保的生活与工作环境。

为其企业确立了“邦嘉”行业领军旗帜：

精湛品质，用心创新；

科技民生，创业共赢；

服务亿家，助力天下。

我们还为企业设计了吉祥物：

标志整体为吉祥物叶子的人物变形，叶子代表自然，无添加，体现绿色环保的邦嘉建材理念，同时突出的大拇指有最好最棒的寓意，以吉祥物的形式，一经面世，就能让大众尽快地认识企业，形成企业的超级视觉符号，且易记也容易记得牢。标志整体颜色以黄、蓝、棕色为主，简单大方，迅速提升企业的声望与名气。

品牌标准字，用国际化的英文字母占主导体位，体现与国际接轨的思想，后面配中文名称，中西合璧体现“邦嘉”的文化与内涵。

同时，我们还为“邦嘉”企业品牌设计了一整套的视觉识别系统。

这种文化思维为“邦嘉”企业品牌加分不少。品牌文化落地后，他们很快在经营中就取得差异化带来的产品溢价；内部员工也认为企业变得比过去多了浓厚的文化气氛；企业合作伙伴们也对品牌大加赞赏，认为企业面貌焕然一新；而企业品牌产品以崭新的品牌包装面世，销售量即开始以10%~30% 的速度递增起来……

文化性思维，如果运用得当，就会让企业品牌拥有鲜活的灵魂，塑造出一个全新的品牌形象。

第三节　企业发展的根本问题

吉林省德伟米业有限公司（以下简称德伟米业）是吉林省松原市的一家经营长达二三十年的企业，一直致力于有机农业生产、高品质有机食品研发，集种植、加工、生产、销售于一体的农产品企业。

公司坐落于风景秀丽的松原市宁江区雅达虹工业集中区。企业拥有厂区 20000 平方米，生产车间 6000 平方米，生产装卸自动化；公司经营“德伟”牌有机杂粮、笨榨豆油、石磨面粉等系列产品，其中“德伟”小米为其主营产品，享誉国内，深受中高层消费人群的喜爱。

2012 年 6 月，该公司与我们进行品牌合作时，其农业营业额刚达 2000 多万元，一直是微利产品。我们到这家企业进行调研后，发现：

企业无品牌运作理念，只是一家粮食生产企业，一直在经营产品。

企业发展缓慢，没有核心价值主张。

产品品类繁多，但没有“明星产品”。

所有产品品牌模糊，都是在为行业做贡献。

企业文化系统空白，更没有文化墙，企业内部到处一片苍白。

爱因斯坦说过：“如果用一个小时解决一个问题，先用55分钟界定问题，然后用5分钟解决问题。”

德伟®小米
909

德伟
德伟农家小米
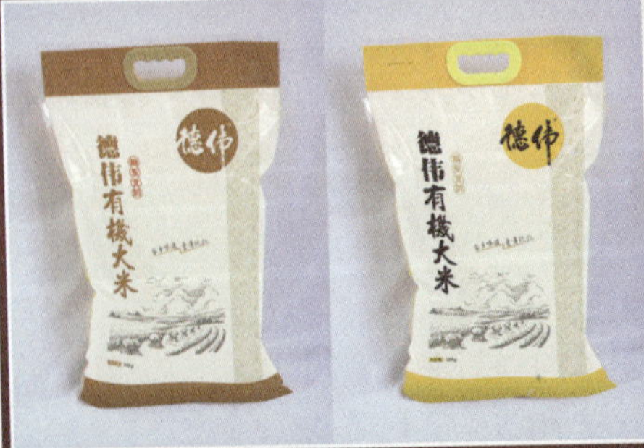
德伟
德伟有機大米
德伟
德伟有機大米

为了达到上述目标，我们针对该企业具体情况，进行了一系列的文化溯源，发现了一些行业企业中的常规价值主张：

比如“健康”“原生态”“好山好水好地方”“纯净”“绿色”“有机”“无公害”……据此，我们对其产品进行定位，认为把产品上升到感受的层面，会找出差异化。我们就据其主要产品小米，推导出“记忆”的产品定位。

企业发展的根本问题是什么？这是任何一个企业经营者都无法回避的问题。

企业要赚什么钱？什么是值钱的？什么是核心价值？这些问题都需要企业来回答。

我们认为，企业经营不是方式的问题，是教育的问题；也不是市场的问题，是趋势的问题；也不是想法的问题，是愿景的问题。

总体来说，企业就是要从经营产品时代，过渡到品牌运营时代，这样才能解决上述问题。

于是，我们为其编撰了品牌故事——《德伟的故事》：

相传在咸丰年间，有一朱姓读书的书生，家贫至极，常年食不果腹。

一天，其老母生病，腹痛如绞，肠胃纠结。书生便进山采药，中途，书生发现了一片野谷子地。走近一看，发现这片谷子较之寻常谷子颗粒饱满、色泽金黄，并有馨香之气，好奇之下采之回家，以石磨研细，取米为老母煮粥食之，不日即痊愈。

老母称奇，让书生开荒种植此谷。

春去秋来，母子以此为食度日，耕种、采收、售卖，周围多地民众食之，大见奇效，人们的胃肠疾病均一扫而光。

于是，此谷名声相传千里，闻名遐迩。

随着谷子的种植面积扩大，书生的家境也渐渐改善，一朝脱贫。待到当朝科举之时，书生赶考，并一举金榜题名，遂将此事告知咸丰皇帝。咸丰命其将谷子献于宫中，咸丰皇帝食用半月有余，竟治好了其多年的失眠顽症。

帝大喜，赞其为“神谷”，命其不可遗失谷种。

后又为褒奖书生仁孝，功在庙堂，遂赐其“神谷”“德味”皇匾一块，朱家后人便将此米称为“德味米”，一直流传至今。

朱家后人为世代弘扬积家之德，传承祖业，造福世人，注册了“德伟（德味之谐音）”为小米商标，采用传统方式种植，保持谷物原有的营养价值和口味。久而久之，至今深受广大消费者的喜爱。如今，“德伟小米”早已畅销全国，名扬天下。

德伟

小米故事

小米，营养丰富，具有极好的药用价值。《本草纲目》：『治反胃热痢，煮粥食，益丹田，补虚损，开肠胃。』

相传在咸丰年间，有一朱姓读书的人，家贫，终年食不果腹。一日，老母生病，腹痛如绞，肠胃纠结，书生便进山采药。途中看见一片野谷子，较之寻常谷子颗粒饱满，色泽金黄并有馨香之气，好奇之下采之回家，以石磨研细，取米为母煮粥食，不日痊愈。母视稀奇，遂其开荒种植此谷。春去秋来，母子以此地为生，耕种、采收、外卖，多地食之，相传千里，家境逐渐好转。待到科举赶考，书生金榜题名，遂将此事告知咸丰皇帝，令其送入宫中，咸丰皇帝食用半月，多年失眠症痊愈，帝大喜，赞其神，命不可遗失此米。为褒奖书生之仁孝，功在庙堂，赐『德味』皇匾一块，后人便将此米称为『德味米』，流传至今。

朱姓后人为弘扬家德，传承祖业，造福世人，注册了『德伟』（德味的谐音）为小米商标。采用传统方式种植，保持谷物原有的营养价值和口味，深受广大消费者的喜爱。如今，『德伟小米』已遍布全国，名扬天下了。

这个品牌故事让企业老板朱德伟欣喜不已，认为体现了其产品的文化精髓。

在品牌文化中，许多时候，“像比是更重要”。据此，我们为其企业提炼出了核心价值主张：

家乡味道，童年记忆

并最终定位其产品“德伟小米”为企业“明星产品”。

同时，我们还以中国传统文化为参照系，梳理出了德伟小米的企业文化精髓。

我们找到了《素书》。此书相传为秦末黄石公作，民间视为奇书、天书。它虽提出“道、德、仁、义、礼，五者一体”，但仍以道家的“本德宗道”为主，辅以儒家的仁、义、礼，是一部审视历史、增广智慧的道家著作。

《素书》以道家思想为宗旨发挥道的作用及功能，同时以道、德、仁、义、礼为立身治国的根本、揆度宇宙万物自然运化的理数，以此认识事物、对应事物、处理事物的智能之作。传说，黄石公曾三试张良，而后把此书授予张良。而张良凭借此书，帮助刘邦平定天下，并得以全身而退。

2012 年 3 月 14 日，“两会”记者会上，时任总理温家宝还曾引用本书中的名句：“守职而不废，处义而不回。”

基于这样的有历史纵深度的文化溯源，我们确立了其企业文化精髓：

德　信

并取《素书》中两处原文，彰显其企业的德与信：

夫道、德、仁、义、礼，五者一体也。

德足以怀远，信足以一异，义足以得众，

才足以鉴古，明足以照下。

而其中“德足以怀远，信足以一异”为其企业文化定位，并释义为“大行德广，传遍天下，步步向前，与日俱进”。

在其企业品牌文化落地时，我们还将《素书》关于“道、德、仁、义、礼”的解释，经艺术手法处理后，以“道者，人之所蹈，使万物不知其所由。德者，人之所得，使万物各得其所欲。仁者，人之所亲，有慈惠恻隐之心，以遂其生成。义者，人之所宜，赏善罚恶，以立功立事。礼者，人之所履，夙兴夜寐，以成人伦之序”的解读形式，张布于企业办公室、会议室等公共场所……

之所以如此苦心孤诣，我们就是要让品牌企业处处都有文化墙。员工在这样的文化环境中，必将会受到耳濡目染、潜移默化的文化熏陶，成为对企业拥有强烈责任心的员工。

在“德伟小米”企业中，我们为这家企业设计了“企业文化落地十六面墙”：

简介墙、使命墙、愿景墙、定位墙、战略墙、目标墙、荣誉墙、故事墙、誓言墙、溯源墙、精髓墙、口号墙、能量墙、事迹墙、榜样墙、展品墙。

同样，我们也为这家企业设计了一整套的企业视觉识别系统……品牌产品销售走上了差异化道路，想不火都不可能。

2015 年 1 月，“德伟小米”品牌文化全部落地。

现在，“德伟小米”已进入吉林省农业标准化示范区，成为吉林省诚信经营示范单位，年加工原粮 10000 吨，年产值也从 2000 万元达到现今的两个亿；产品已进驻沃尔玛、大润发、家乐福、吉之岛、欧亚、北京华联、华润万家等大型商超；市场网络遍布上海、北京、广东、四川、江苏等全国各大省市，客户群体稳定，销售节节攀升；网络销售已入驻淘宝、中粮等强势网站，口碑及业绩良好。

对此，我们总结到：不到三年时间，企业就由原来我们进行调研时，所表现出的诸多品牌缺陷，到焕然一新地成为一个“品牌理念突出，从卖产品进入到卖品牌”，到有了自己的核心价值主张“家乡味道，童年记忆”，从没有明星产品到由“德伟小米”领军，企业文化空白也得到了文化定位“德足以怀远，信足已一异”的填补……

未来的全球，注定是一个品牌王国。今后 5 年到 10 年，将是中国企业，尤其是中小企业认识到品牌竞争力的年代。

一个企业有了品牌文化，就等于为自己注入了新鲜血液，拥有了全新鲜活的灵魂。

今后，企业竞争就是企业愿景上的竞争、赢利模式上的竞争，在本质上就是企业市场反应速度的竞争；企业核心价值上的竞争，本质上也就是经营规则上的竞争。

因此，今后，所有的企业家只应该干一件事：品牌；只应该想一件事：愿景。

企业之间所有的管理竞争，实际上就是企业管理流程的竞争。

到底什么是企业使命？说得直白些，企业使命就是：

我从哪里来？向哪里去？要做什么？

企业家使命又是什么？就是要分配好企业愿景，和股东分享愿景。

对于企业中层，企业家应该分配给他们以荣誉，对于基层员工，则要分配给他们以收入。

不同企业家就会有不同的分配：

三流企业家，分配钱景。
二流企业家，分配前景。
一流企业家，分配愿景。

但这里也要注意，企业家不能分配一个共同愿景，那样，容易引起各类纠纷。而共享愿景就没那么麻烦，那就是有规则地分配愿景。

一家企业，有什么样的愿景，就有什么样的品牌，而品牌是为愿景服务的。

所以，企业要有敏锐的洞察力，看到别人看不到的东西，把它呈现出来，并将洞察力与品牌策略相结合，描绘出企业独一无二的愿景，让企业员工看到企业最终目标到底是什么。所以，我们也应该意识到：

与此同时，也必须发现：愿景是企业成功的密码。

梦想，是愿景的基因。
愿景，是梦想的种子。
欲望，是前进的动力。

那么，什么是企业愿景呢？

企业愿景要回答这三个问题：

我们要到哪里去？我们未来是什么样子？目标是什么？

哈佛商学院教授赫尔曼·西蒙先生认为，一些名不见经传、却在某个窄小的行业里做到顶峰的中小企业，有不可动摇的行业地位、稳定的员工队伍、高度的创新精神和丰厚的利润回报，这些中小企业就是“隐形冠军”。

中小企业就要做这样的“隐形冠军”。

这些“隐形冠军”，要想成功，就要奋斗目标非常明确：在行业上要做全球领袖，并专注这一目标，且孜孜不倦。要观察顾客需求和相关技术，把自己的市场定义得很窄，开口很小，这便于企业高度专注，专注得有深度而不求广度。

在产品和专有技术方面，要有独到的见解，能与全球化营销融合，并用各种办法服务全球目标市场。非常贴近客户，尤其是顶级客户，要通过技术与市场共同驱动取得竞争优势。

这些企业无论产品还是生产流程都要高度创新，并以全球为导向，且持续不断。善于和强大对手“亲密接触”，甚至主动出击，不惜一切代价维护行业地位。不搞战略联盟，也不要把业务外包，要认为只有自己才能做得最好。企业文化要非常强大，员工要有高度的认同感与工作积极性。

当然，挑选新员工也要非常苛刻。

企业领导也要非常杰出，专注地服务企业……而企业则要专注地服务于客户。

第四节　什么样的企业文化最好

电商企业，现在是经济界、企业界的一大热门话题，韩都衣舍电商集团的品牌文化建设就很典型：

创立于 2006 年的韩都衣舍集团，目前是中国最大的互联网品牌生态运营集团之一。

其企业愿景是：

成为具有全球影响力的时尚品牌孵化平台

其企业使命是：

成就有梦想的团队

其经营支撑体系是以产品小组为核心的单品全程运营体系。

多年来，他们努力践行“款式多，更新快，性价比高”的产品理念，服务于消费者，深得网购消费者的喜爱和信赖。

2010 年，这个集团获“十大网货品牌”以及“最佳全

2011 年 3 月，企业获得第一家进入中国的美国技术信息服务公司——美国国际数据集团（IDG）近千万美元投资。

2014 年 9 月，又获得由李冰冰、黄晓明、任泉三人成立的明星风险投资机构（Star VC）投资，系该机构首个投资项目。

球化实践网商”的称号；2012—2015 年，连续四年在国内各大电子商务平台综合排名均名列前茅。

截至 2016 年 4 月，这个集团共有 58 个业务部门，员工逾 2600 人。

韩都衣舍独创的“以产品小组为核心的单品全程运营体系（IOSSP）”是企业利用互联网提升运营效率的一个成功案例，入选清华大学 MBA（工商管理硕士）、长江商学院、中欧商学院以及哈佛商学院 EMBA（高级管理人员工商管理硕士）教学案例库。

短短十年间，韩都衣舍发展迅速，得益于其核心竞争优势——基于产品小组的单品全程运营体系（IOSSP）。

这就是我们在前文中说到的“阿米巴理论”，在这个企

2014 年 4 月，韩都衣舍签约韩国巨星“国民女神”全智贤，10 月签约“国民弟弟”安宰贤。2015 年 3 月，签约新生代“亚洲女神”朴信惠，10 月签约韩国实力派明星池昌旭。韩都衣舍是中国拥有国际明星代言人最多的互联网企业。

业得到了非常到位的创新与运用。其独创的运营管理模式，在最小的业务单元上，实现了“责、权、利”的相对统一，对设计、生产、销售、库存等环节进行全程数据化跟踪，实现针对每一款商品的精细化运营。

截至2015年12月，韩都衣舍共有300多个产品小组，它们是公司的发动机，独立核算，独立经营。

通过对韩都衣舍的企业经营文化进行分析，我们发现：他们非常善于学习，尤其是眼睛向外学习，并创新自己的企业文化。

对此，我们有诸多感悟：有一种培养叫作放手。

这个世界上，最困难的事情，就是把一件你很有把握的工作交给别人，再眼睁睁看着他把事情搞砸，而你还能心平气和地一言不发。这叫培养人。

而世界上最容易的事情，就是把你最有把握做好的一件工作交给别人，再手把手地教他把事情做对，不给他犯错的机会，其实，这不是培养人，是重复自己。这叫锻炼自己。

同样，一个企业如果在企业经营文化上，连想都没有想过，连学习都不想学习，那就不要指望能发生什么奇迹。

那么，什么样的企业文化才是最好的呢？

（1）具备个性色彩。这种个性包括两个层面：企业家的精神个性和企业组织个性。企业经营者要具备个人的伟大追求，有专业思想，有高远情怀；企业要有自己的经营理念，个性化的管理制度。个性化，是企业文化的生命线。

企业文化个性化，又有四条标准：一是经营者的个性，他如何总结企业经营的经验教训。二是企业经营管理过程中要形成一种精神，这种精神助力企业走向成功。三是独特的品牌来自于企业文化个性。企业文化没有个性，品牌就没有个性。没有个性的品牌，就无法在消费者心目中完成“注册”。四是企业文化的个性，必定让对手难以模仿，并可以培育企业形成核心竞争能力。

（2）支持发展战略。好的企业文化可以提升经营业绩。

（3）来源于竞争原则。企业遵守市场竞争基本规则，遵守诚信、公平公正。企业如果失败，大多源于其产生了信任危机。

（4）符合人性化原则。企业文化尊重人性，必将凝聚人心，团结力量，被消费者认同。

老子说过：“道可道，非常道。”品牌的道是什么呢?《道德经》里说“水几近于道”，水为什么接近于道呢？因为水利万物而不争，顺势而为。

好的企业文化这四点要求，层层递进。就是要先找到企业经营者的个性和企业组织的个性，然后与企业发展战略关联，最后在市场准则和人性化上得到提升和完善。

在品牌建设上，我们认为，品牌之道就是恒久之道，就是水之道，就是一心真诚有益于企业发展，有益于经济发展，有益于国家富强，而且，我们最后要全力以赴地把品牌之道实施到位，助力我们的中小企业走向市场，走向蓝海，走向国际。

综上所述，我们中小企业在建设品牌的道路上，走好我们总结归纳的“品牌思维八步逻辑”，一步步地将企业推向品牌的江湖，在更大更广的核心竞争舞台上，发展壮大自己的核心竞争力，是今后十年里企业非常重要的一个节点。

作为品牌策划企业，心生念动的就是如何真诚相待合作对象企业，殚精竭虑地助力品牌企业一路攻城略地，让他们在市场的红海中，硝烟争霸，走出中国，走向世界。

在品牌的江湖上，这不仅是我们每一个企业经营者的梦想！

在品牌的江湖上，这也是我们每一个品牌策划人的梦想！！

在品牌的江湖上，这更是我们每一个中国人的梦想！！！

我们希望，品牌建设的“品牌思维八步逻辑”，能助力中小企业的成长与发展，能在实现中华民族伟大复兴的“中国梦”的道路上，看到中国品牌走出中国，走向世界，风靡全球。

后 记

在这本书即将付梓之际，我仍然沉浸在一种中国品牌如何走向世界的感慨与焦虑之中。

多年来，我一直就有这种焦虑：如何帮助我们的中小企业建设自己的品牌，如何帮助他们把品牌文化落地，真正助力中小企业做好、做大、做强？这是我们天堂鸟品牌团队每天都在殚精竭虑思考的一个问题。

这个现实是让人心痛的。

而我的感慨也在于：即使在今天，我们可以在国际上说得出、叫得响的品牌，可能也只有卫星、高铁、新能源汽车等。过去我们所耳熟能详的一些国内知名的品牌，如今多数被外资控股，从严格意义上来说，那些品牌已经不是我们自己的了。

曾几何时，中国著名女企业家董明珠碰到的现实，却让中国品牌业界几近无地自容：

2015 年 9 月 22 日，珠海。格力电器董事长董明珠在“中国品牌在行动”中国制造业高峰论坛暨新闻发布会上感慨万千，她讲道：

“中国产品在世界上被别人瞧不起，就是因为没有自己的核心技术。中国企业现在应该想的不是赚钱，而是担当。

“今年春节的马桶盖事件，又一次给我们敲响了警钟。如果一个企业依附于别人，当这个大树倒下或者离开时，你必然也会跟着倒下。

“我们制造业的真正价值，是因为我们的创造而改变了别人，这恰恰就是我们要走自主创新道路的一个最重要理由。”

董明珠还回忆起一个场景：“格力的产品在中东销售时，那里的经销商说格力质量非常好，但建议不要打上‘中国制造’，而要打上‘泰国制造’。至于为什么，我想也是众所周知了。”

这句话，不可能仅仅只深深刺痛了董明珠一个人，相信我们每一个中国人，对此都会深感震惊，扼腕叹息。

残酷的现实告诉我们：中国的企业家们和每一个中国人，从此都应该为中国品牌走向世界而努力。

此前，已有经济专家指出：近年来，世界经济全球化，已经使企业品牌进入了白热化竞争的时代。许多国际品牌的实践已经证明：品牌，对经济发展的贡献度正在不断提高。而据统计，目前，中国品牌产品对国家的经济增长贡献率刚刚超过25%。

有数字表明：改革开放30年来，我国已有约170万个品牌，其中还有数以万计的中国名牌。但令人大跌眼镜的是：在全球品牌百强中，中国品牌还是没有一席之地。

还有一个统计：

在全球10大企业中，中国的企业就占了4个，但中国到现在却还是没有一个真正的风靡全球的国际知名品牌。

“中国品牌的弱势，与国家竞争力的逐步增强不能成正比。”越来越多的企业家已意识到这一点。

毋庸讳言，“品牌”，正在成为中国企业走向世界的一块短板，最后必将会影响我们的经济长足发展。因为当今世界，经济全球化，你不参与竞争，你就会被“地球村”淘汰，就会被人抛弃。若果如是，我们还敢往下设想那种种结局吗?

中国需要国际品牌。事实上，中国需要很多个国际品牌。显而易见，中国如果想成为一个超级经济大国，那么就需要拥有更多的自己的国际品牌，就要冲出中国走向世界。

早在改革开放时，中国人其实就已经意识到了世界品牌的重要性。

其时，中国的青岛啤酒、五星啤酒、全聚德等知名品牌准备进军海外市场，但当他们刚走出国门时，却发现自己的品牌几乎无一例外地都遭遇到抢注，逼迫着他们只好另外注册品牌。这就造成了自身的品牌价值眼睁睁地无法嫁接海外市场。

其时，这些企业的老总就不由得扼腕长叹、连呼遗憾……

这就是当时中国品牌落后于世界的状态：几乎没有人懂得什么是品牌，更不知如何塑造品牌，至于品牌价值更是闻所未闻。其后，又有诸多品牌遭遇诸多变故，中国企业到底吸取了多少有关于品牌的教训，到底交了多少“学费”，怕是谁也说不太清楚。

好在，事情最后终于有了一点变化：

1989 年 10 月 4 日，中国加入了《马德里协定》。

也就是从那个时候开始，中国人才开始渐渐懂得利用商标、专利等知识产权保护工具，来保护自己的品牌。也意识到，原来，一个品牌竟然还具有惊世骇俗的品牌价值。

多年前，当“中国制造”风行国外时，我们的企业家不是做品牌，而是非常短视地做产品，并以最便宜的产品价格作为自己的核心竞争力。

但，时至今日，这一竞争优势已不复存在，也不再复来，昔日的廉价劳动力、环境资源等优势已成过眼云烟。摆在我们面前的是，要求有真正的核心竞争力的有实力的大中型企业，品牌竞争也再次进入中国企业家们的视野。

品牌的发展，其实是一个时间积累的过程。改革开放后的前 10 年、20 年以来，国内市场环境给予我们的机会太好，让很多企业非常浮躁地把眼睛盯在如何经营产品，大打价格战去赚钱上，却没有耐心和兴趣去打造一个可持续发展、有更大附加值的中国品牌。这使得我们中国的企业，难以像诸多欧洲奢侈品牌一样，具有企业价值观的传承意识，失去了一次又一次的绝佳机会。

机遇，一直都偏爱有准备的头脑。我们的企业家们到今天是否开启了做好品牌建设的模式了呢？

这，就成了我们编写这本书的初衷：我想为我们的中小企业经营者启蒙一下品牌意识，让他们觉醒起来，行动起来，为了中国品牌，为了中国的未来。

那些目前还躺在企业赚钱业绩簿上沾沾自喜、小富即安的老板们，如果此时还不猛然惊醒，立而起行，将来淘汰你的不是别人，正是你自己和你自己的思维。因为你一直在满足于产品思维，求得一个温饱，求得一个有钱却短视的名头，忽视的却是真正的品牌思维。

也就是在将来不远的那一天，当时代浪潮、互联网科技把你甩到经济快车之下时，你后悔，你哀怨，那都将为时过晚。因为中国品牌的发展，是不会等待浑浑噩噩的人的，也不会对那些甘愿平庸者发善心、施同情，让你苟延残喘地活下去。

而那些一心追求事业大发展的企业，当你面对一个个风险投资大鳄时，如果他们发现你的企业只具备了产品思维，而缺乏品牌思维，甚至根本没有品牌意识时，投资人就将会对你和你的企业另眼相看，而慎重考虑投资意愿。投资人只爱那些有品牌、有文化、有使命、有愿景的企业。因为只有那样，那些投资人才会觉得自己是一个清醒理智、对自己的资本、对社会负责任的投资者。

所以，我在写完这本书时，我还在想，相比我们服务过的上千家的企业老板，那些还蒙在品牌之鼓里的经营者，但愿他们快些醒来，给我们的中小企业、给我们中国的品牌事业增光添彩。要知道，你的企业使命和企业愿景并不应该止于目前，更不应该止步不前。

2016年6月，全球最有价值的品牌排行榜前百名，前10名根本没有中国品牌入榜……

整个榜单中，无论是美国品牌还是中国品牌，科技都是主导力量。人们对科技价值的认可越来越同步，人们对新技术的追求也越来越强烈。

但是中国的上榜企业和中国榜单中，依然乏善可陈，比如创新不足、国有企业的强势、中国金融业的喧宾夺主、中国企业全球化力量的薄弱……中国企业需要走的路还很长，中美企业之间的差距依然非常明显。也就是说，我们中国品牌与美国品牌之间的差距，还有很长一段路要走，要赶超。

2016 年 7 月，欧洲足球锦标赛（简称欧锦赛或欧洲杯）决赛落下帷幕。我们欣喜地从电视上看到，欧锦赛上出现了中国元素——海信（Hisense）。

这说明，中国知名家电品牌海信，已成功地借助欧锦赛成熟的商业平台，获得空前的曝光率，其国际知名度就此将大幅提升已毫无悬念。

据悉，海信这次是 2016 年法国欧锦赛 10 大顶级赞助商之一，也是欧锦赛设立 56 年以来第一个中国品牌顶级赞助商。

毫无疑问，这是中国企业走向世界的一个新里程碑，也是本届欧锦赛上最大、最抢眼的中国元素。

我们知道，欧锦赛关注度并不亚于世界杯。这个赛事已运行几十年，其商业开发平台相当成熟和完善。所有比赛城市的核心区域、机场、火车站、主要公交线路车站、地铁、地标建筑、旅游景点等，都有大量的欧锦赛宣传标语、旗帜、招贴画、广告板，其中大部分都印有 10 大顶级赞助商的品牌标识。各比赛城市都有专门的球迷广场，场内的超大屏幕电视的冠名标识也是顶级赞助商的权益。

海信的“金牛产品”就是电视，在欧锦赛电视节目中的曝光率极高，包括在法国电视台实况转播的球赛、各类访谈和集锦节目中。

而在赛事核心区域，即承办 51 场比赛的 10 个赛场，比赛场地周边的 LED（发光二极管）广告牌无疑也是最吸引眼球的。10 个顶级赞助商的标识依次排列，且随着比赛进行不断变幻画面：

一是每隔一段时间，全场的广告牌同时显示一个品牌，如恰逢进球或精彩场面出现，随着电视转播和慢镜头反复回放，某品牌的曝光率会成倍增长。

二是每隔一段时间，一个品牌会“借用”紧邻的广告牌打出它想说的一句广告词。海信在本届欧锦赛小组赛阶段使用了“中国第一”，在淘汰赛阶段又使用了“销量第一”。

在球场外，在球场边，著名球员接受电视采访时的背板上，160多场各队赛前、赛后及组委会新闻发布会的背板上，球票上，各类采访证件上，每场比赛的首发名单、赛后统计表上，甚至发给记者的各类资料上，都出现了顶级赞助商的品牌标识。

至于“第一”一词的使用，那是要经过欧洲足球协会联盟和法国广告审批机关审查的，赞助商必须提供相关证据。海信提供的证据显示：海信，在中国国内已连续10多年零售销量名列前茅。在全球市场上，海信的销量也高居中国品牌榜首。

海信作为中国品牌，首次与可口可乐、麦当劳等国际品牌同台亮相，并驾齐驱。

据欧足联官方统计，观看本届欧锦赛51场比赛直播的全球累计人数达到70亿，平均每场1.5亿，揭幕战是2亿，决赛达到3亿。法国10个球迷广场，共接待世界各地球迷360万。

对于看惯了可口可乐等大牌广告的外国人，对新出现的中国品牌兴趣更大。经常会有外国人指着随处可见的“Hisense”，问这是什么，得到的回答是:“中国的电视，No.1。”

海信集团副总裁林澜说:“2016年上半年，海信产品在欧洲的销量比去年同期增长了50%，其中电视增长了64%。海信做出了最明智的投资（欧锦赛）。世界在快速变化，我们必须紧跟时代潮流。梦想让一切皆有可能！”

根据CSM（索福瑞）数据，央视欧洲杯电视直播累计覆盖4.24亿受众；截至7月11日，全部51场赛事平均收视率1.203%。决赛尽管在凌晨3:00，平均每分钟也有

2016年7月15日，海信举行欧洲杯营销总结媒体沟通会，公布了相关数据：赛事转播中仅央视CCTV-5直播就折合广告价值5.7亿元。

714 万人观看，收视率高达 1.934%，这个数据接近央视《新闻联播》，超过了上一届奥运会。

此外，整个赛事，国内全媒体、全平台新闻照片播放、回放等，广告价值已无法评估。

根据世界三大市场研究调查集团之一的益普索在赛前（6 月 9 日）、赛后（7 月 10 日）全球 11 个国家的抽样调查显示：海信知名度在中国提高 1 个百分点（由 80% 提高到 81%），全球 11 个被调查国家知名度提高 6 个百分点（由 31% 提高到 37%），欧洲五国（英国、德国、法国、意大利、西班牙）海信认知直接翻番。海信电视在中国市场领先地位的认知度提高了 14 个百分点 (20% 提高到 34%)。6 月份月报显示，海信销售额市场份额为 18.74% 新高，环比提高了 1.87 个百分点，销量市场份额提高 1.51 个百分点，品牌指数由 104 提升到了 106。欧洲市场：海信电视销售第二季度同比增长了 56%，环比增长了 65%；海信 43M3000 出货为法国市场月度销量第一；德国 Amazon（亚马逊）网站，海信 65 寸产品是 60~69 寸单品销量第一名。

业内人士评价，凭借欧洲杯海信跻身国内一流品牌，并在海外彻底拉开了与中国同行的距离。

海信这次的成功，也给了我们一些信心：中国品牌走向世界并不是一个遥不可及的梦。这是一个中国梦，这个中国梦离我们越来越近，这个中国梦在我们脑海里也越来越清晰！

前些天，我曾高兴地看到一个信息：中国网约车品牌滴滴出行，成功收购了美国在中国的网约车品牌优步

（Uber）。根据滴滴与优步达成的战略协议，滴滴将收购优步中国的品牌、业务、数据等全部资产……滴滴总裁柳青说：“优步中国人才和经验的加入，将让我们能更好地服务中国人的需求。滴滴也将继续积极拓展国际化策略。”

这，让我们似乎看到了中国品牌走向世界的希望。曙光就在前方，我们任重而道远！

最后，我个人要感谢诸位在此书编辑出版等方面做出努力的朋友们，也唯愿“这一本”关于打造品牌的“品牌思维八步逻辑”及“五行品牌”系统，能风行流传于品牌江湖之上，为中国品牌走向国际大舞台添砖加瓦、再续薪火。

中国，不能再对世界品牌、对世界品牌价值仅仅停留在羡慕、慨叹的阶段。

因为今日之经济实力竞争，到最终都将是品牌文化的竞争。

全球品牌的路很长，中国的中小企业须承认自己的差距，应有勇于超越的愿景和使命。

全球品牌的路很远，中国的中小企业不要只顾低头拉车，而是要抬头看路，认清方向。

全球品牌的路很难，中国的中小企业必须要坚持创新企业文化，在向世界品牌殿堂进军时，不畏披荆斩棘，不畏艰难险阻地跋涉前行。

中国品牌一定要走向世界！这是我们伟大的梦想，也是我们伟大的使命，更是我们伟大的目标！

带着“中国梦”，带着中华五千年文明孕育的东方智慧，用世界品牌的梦想，唤醒我们沉睡的心灵，让我们的中小企业家立而起行吧！

2016 年 10 月